AF309508

EMILE CHENON

Professeur à la Faculté de droit de Paris
Ancien élève de l'École polytechnique
Membre résidant de la Société des Antiquaires de France

LIBRAIRIE
DE LA SOCIÉTÉ DU
RECUEIL SIREY
A^{nne} M^{son} LAROSE & FORCEL
LÉON TENIN, Directeur
22, rue Soufflot, PARIS, 5^e

1915

HISTOIRE ET COUTUMES

DU

PRIEURÉ DE LA CHAPELLE-AUDE

IMPRIMERIE
CONTANT-LAGUERRE
LVX VITAM
BAR LE-DUC

HISTOIRE ET COUTUMES

DU

PRIEURÉ DE LA CHAPELLE-AUDE

PAR

ÉMILE CHÉNON

Professeur à la Faculté de droit de Paris
Ancien élève de l'École polytechnique
Membre résidant de la Société des Antiquaires de France

LIBRAIRIE

DE LA SOCIÉTÉ DU

RECUEIL SIREY

Anne Maon LAROSE & FORCEL

LÉON TENIN, Directeur

22, rue Souifflot, PARIS, 5e

1915

PRÉFACE

Le prieuré de la Chapelle-Aude, sis au diocèse de Bourges, à trois lieues au nord-ouest de Montluçon, fut formé au xie siècle au moyen des biens que l'abbaye de Saint-Denis-en-France possédait en Bas-Berry, les uns depuis les temps mérovingiens, les autres récemment acquis ou restitués. Au point de vue canonique, il dépendit de la célèbre abbaye depuis ses origines jusqu'à la sécularisation de cette dernière; il tomba alors sous le patronage royal. Au point de vue géographique, il fit toujours partie du « pays » de Berry. Il avait été bâti, il est vrai, sur des terres relevant en fief du sire de Bourbon; mais érigé de suite en alleu justicier, il était indépendant au point de vue féodal de la seigneurie de Bourbon, et lorsque le Bourbonnais finit par se constituer, il ne cessa pas de faire partie du Berry [1]. La paroisse et la justice de la Chapelle-Aude formaient, avec les paroisses d'Aude, Preuille, Vaux, et Lanage en partie, une *enclave* berruyère au milieu du

---

(1) Cf. Chazaud, *Fragments du Cartulaire de la Chapelle-Aude*, Moulins, Desrosiers, 1860, in-8°, appendice, p. 156, charte de 1356-1386 : « ... prioratus de Capella-Aude *in Bituria* », « ... in parlamento ad dies *Biturie* ».

Bourbonnais [1]. Cette enclave était comprise dans le
ressort du bailliage de Dun-le-Roy, siège particulier du
bailliage de Berry [2]. Le prieuré de la Chapelle-Aude
se trouvait, de ce chef, soumis à la Coutume générale
de Berry ; mais il avait de plus des Coutumes particu-
lières, qui ont été écrites de très bonne heure (1073).
Aussi l'histoire de ce prieuré offre-t-elle un véritable
intérêt, au double point de vue de l'histoire *locale* et de
l'histoire *du droit*, au moins jusqu'au XIIIe siècle : c'est
ce qui nous a déterminé à la retracer jusqu'à cette
date.

Cette histoire semble au premier abord assez facile à
faire, grâce aux nombreux textes concernant la Chapelle-Aude et ses dépendances, que renfermaient les
archives de Saint-Denis et qui nous sont parvenus en
grande partie. En 1860, M. Chazaud, archiviste de
l'Allier, les a rassemblés dans sa précieuse édition des
fragments subsistants du *Cartulaire de la Chapelle-
Aude* [3] ; et tout récemment, M. Pierre Gautier, archi-

----

(1) Sur les limites de cette enclave, cf. la carte de Cassini, et E. Chénon,
Le pays de Berry et le détroit de sa Coutume, n° 17, dans la *Nouvelle
Revue historique de droit français et étranger*, année 1915.

(2) N. de Nicolaÿ, *Description generale du païs et duché de Berry*
(1567), éd. Aupetit, Châteauroux, 1883, in-8°, p. 86, cite parmi les paroisses
du ressort de Dun-le-Roy : « La parroisse et justice de Vaulx soubz Modun....
La parroisse et justice de la Chappellaude, appartenant au prieur dudict
lieu ».

(3) Chazaud, *Fragments du Cartulaire de la Chapelle-Aude, op. cit.*,
168 pages de textes et 94 pages d'introduction. — L'année suivante, M. Chazaud a publié quelques additions à son *Cartulaire*, peu nombreuses, mais
intéressantes, dans le *Bulletin de la Société d'émulation de l'Allier*,
t. VII (1861), p. 477 et suiv. — Le *Cartulaire* de la Chapelle-Aude, dont
on perd la trace au XVIIe siècle, doit être considéré comme perdu. Les
chartes rassemblées par M. Chazaud ont été empruntées par lui au fonds de
l'abbaye de Saint-Denis aux Archives nationales, aux collections manuscrites
de Baluze et de Duchesne à la Bibliothèque nationale, et à divers ouvrages
imprimés des XVIIe et XVIIIe siècles (cf. pour les détails, Chazaud, *Cartulaire, op. cit.*, introd., p. I-II).

viste de la Haute-Marne, en a publié environ 25 nouveaux [1]. Cela fait plus de 130 textes à notre disposition, échelonnés de la fin du VIIe siècle au début du XIVe.
Malheureusement l'étude de ces textes se heurte à une
double difficulté : un certain nombre ne sont pas
authentiques, et beaucoup ne sont pas datés.

C'est surtout pour les diplômes mérovingiens que se
pose la question d'*authenticité* [2]. Depuis longtemps,
la fausseté du plus grand nombre a été reconnue [3] :
il est donc impossible de les prendre à la lettre. Toutefois, et c'est ce qui complique la question, ces
diplômes faux n'ont pas été fabriqués de toutes pièces.
La plupart sont d'anciens diplômes *refaits*, soit au début
du IXe siècle par les moines de Saint-Denis, soit à la
fin du XIe par ceux de la Chapelle-Aude, pour leur
servir d'arguments dans leurs revendications [4] : à
travers le titre refait, on saisit çà et là des lambeaux du

---

(1) PIERRE GAUTIER, *Nouveaux extraits du Cartulaire de la Chapelle-
Aude*, Moulins, 1912, in-8° (extrait du *Bulletin de la Société d'émulation
du Bourbonnais*, n° de janv. 1912). — M. Pierre Gautier a trouvé ces
nouveaux documents, avec 17 autres déjà publiés par Chazaud, dans le fonds
Baudot, à la Bibliothèque municipale de Dijon, ms. n° 6, f°s 52 à 55; seulement ce ne sont que des extraits et non des textes complets.

(2) La plupart ont été publiés, avant CHAZAUD, par Dom JACQUES DOUBLET,
doyen de l'abbaye de Saint-Denis, *Hist. de l'abbaye de Saint-Denis-en-
France*, Paris, 1625, in-4°; — Dom FÉLIBIEN, *Hist. de l'abbaye royale de
Saint-Denis-en-France*, Paris, Léonard, 1706, in-f°, preuves, *passim;* —
PARDESSUS, *Diplomata, chartæ*, etc., t. II; — et depuis par JULES TARDIF,
Cartons des Rois, Paris, 1866, in-4°.

(3) Cf. R. P. GERMON, *De veteribus regum Francorum diplomat.*,
Paris, 1703 et 1706, in-12 ; — et CHAZAUD, *op. cit.*, introd., p. II : « Tout
est faux dans ces diplômes, style et formules, date, noms et titres des
témoins ».

(4) Cf. CHAZAUD, *op. cit.*, introd., p. IV : « Serait-il donc impossible d'admettre qu'au XIe siècle, la plupart des papyrus de Saint-Denis se trouvant ou
détruits ou en trop mauvais état pour qu'on pût facilement les déchiffrer en
entier, l'abbé de Saint-Denis, sûr de son droit, dont parfois la tradition
locale même venait attester l'existence, ait fait refaire ou plutôt récrire et
vidimer ses titres, etc. ? »

titre ancien. On ne peut donc pas rejeter complètement
ces diplômes apocryphes; il faut au contraire tâcher
d'en extraire la substance historique. On n'y peut par-
venir que par une critique attentive et des comparai-
sons minutieuses.

Quant aux chartes et autres pièces du Moyen âge
féodal, elles sont en général, et sauf exception, authentiques. Mais il est souvent difficile de les classer dans
un ordre chronologique rigoureux, la plupart d'entre
elles n'étant *pas datées*, ou l'étant d'une façon très insuf-
fisante [1]. Le seul moyen qu'on ait de fixer l'époque de
leur rédaction, c'est d'utiliser les synchronismes que
fournissent, quand ils sont mentionnés dans les actes,
les noms des papes, des rois de France, des archevêques
de Bourges, des abbés de Saint-Denis, des prieurs de
la Chapelle-Aude, des sires de Bourbon, et de quelques
autres seigneurs du Bas-Berry. Certains événements de
dates connues, comme la première et la seconde croisade, peuvent aussi servir de points de repère. En
procédant ainsi, M. Chazaud a donné pour tous les actes
qu'il a publiés des dates approximatives [2]; mais il faut
avouer que, sous ce rapport, le savant éditeur s'est
souvent contenté de peu, et qu'il est loin d'avoir
tiré parti des ressources que sa propre édition met
aux mains des chercheurs [3] : nous avons été obligé
de refaire entièrement le travail, et nous croyons être
arrivé dans nombre de cas à une précision plus satis-

---

(1) Plusieurs actes portent simplement : « Hoc factum est tempore Philippi
regis Francorum ». Philippe Ier ayant régné de 1060 à 1108, on voit que
l'approximation est mince.

(2) Cf. CHAZAUD, *op. cit.*, introd., p. LXXXVIII à XCIV.

(3) Exemples : une lettre d'Innocent II est ainsi datée « *circa* 1129 » ; or,
Innocent II n'est devenu pape que le 17 février 1130; — une autre, du
pape Eugène III, datée « *circa* 1153 », est du 8 septembre 1152; — une autre,

faisante [1]. Pour permettre le contrôle des dates que nous proposerons, nous donnerons en appendice : — 1° la chronologie bien connue des papes, des rois de France, des archevêques de Bourges, et des abbés de Saint-Denis de 1050 à 1200, ainsi que la chronologie des sires de Bourbon telle que l'a établie M. Chazaud [2], et celle des prieurs de la Chapelle-Aude telle que nous la déterminerons au cours du présent travail; — 2° l'index chronologique des différentes chartes que nous aurons utilisées, avec l'indication des éléments de datation qu'elles renferment.

Avant de retracer l'histoire du prieuré de la Chapelle-Aude, il sera indispensable de rechercher, dans une *Introduction*, quelles ont été dans le Bas-Berry, à l'époque frank, les possessions de l'abbaye de Saint-Denis, possessions qui devaient plus tard former la majeure partie du domaine prieural. Nous exposerons ensuite, dans trois *Parties* distinctes : — 1° les origines du prieuré de la Chapelle-Aude, les restitutions opérées

du légat Albéric, cardinal-évêque d'Ostie, datée « *avant* 1120 », ne peut pas être antérieure à 1145, etc.

(1) Dans ses *Additions, loc. cit.*, p. 483, M. CHAZAUD signale que Dom Thomas, auteur d'un inventaire des titres de l'abbaye de Saint-Denis (Arch. nat., LL, 1190, t. II), donne la date de 1107 à trois chartes de l'archevêque Léodegaire, celles qui portent dans son édition les n°ˢ XVII, XXXIII, XXXV. Il est facile de préciser davantage. En effet, la charte XXXV a été rédigée « apud Capellam sci Dyonisii, in die ascensionis Domini », donc le 23 mai 1107. Dans la charte XXXIII, l'archevêque dit qu'il est à la Chapelle : « me veniente Capelle »; elle est donc contemporaine de la précédente, mai 1107. Enfin dans la charte XVII, l'archevêque dit qu'il est venu à la Chapelle, « veniens ad Capellam », et que là il a donné à un seigneur voisin une assignation à comparaître devant lui au château de Saint-Désiré, qui est tout proche : cette troisième charte, qui relate le jugement prononcé à Saint-Désiré, est donc postérieure, mais de très peu, aux deux précédentes; elle est de la fin de mai ou du début de juin 1107. Beaucoup de témoins sont communs aux trois chartes.

(2) CHAZAUD, *Étude sur la chronologie des sires de Bourbon* (x°-xiii° siècles), Moulins, Desrosiers, 1865, in-8°, 3° partie, p. 139-242.

à son profit lors de la réforme grégorienne, les donations diverses qui ont accru son patrimoine ; — 2° les
Coutumes du prieuré, la condition des personnes et des
biens dépendant de lui, les droits de justice du prieur,
le régime particulier des foires ; — 3° les conflits et les
procès que le prieur eut à soutenir contre les seigneurs
et les monastères voisins, conflits relatifs au domaine
du prieuré, à ses églises, aux immunités des habitants.
Nous aurons ainsi une idée de ce que pouvaient être au
Moyen âge, en pleine féodalité, la consistance, les institutions, et les tribulations d'un grand alleu monastique.

INTRODUCTION

LES POSSESSIONS EN BAS-BERRY
DE L'ABBAYE DE SAINT-DENIS-EN-FRANCE
DU VIIe AU Xe SIÈCLE

1. — On sait que l'abbaye de Saint-Denis-en-France a été fondée par le roi Dagobert Ier entre le mois de janvier 623 et le mois de juillet 625, et qu'elle reçut le droit de posséder et d'avoir un patrimoine distinct de celui de l'Église de Paris, par une charte du roi Clovis II, du 22 juin 654 (1). Elle ne tarda pas à recevoir de nombreuses donations, et à posséder en divers lieux d'importants domaines. On peut évaluer, nous le verrons, à une vingtaine les villas et les églises qu'elle acquit ainsi dans le Bas-Berry et qui provenaient toutes ou presque toutes du fisc royal. Il est malheureusement impossible de savoir à quelles dates et par quels rois ces différentes donations ont été faites. En effet, sur les neuf diplômes mérovingiens rassemblés par M. Chazaud dans son *Cartulaire* et dans ses *Additions*, huit sont faux (2).

Le seul qui soit digne de foi concerne la villa de *Nassigny*. Il a bien été attaqué comme apocryphe par le P. Germon (3); mais il a été défendu par Mabillon, et doit être tenu pour authentique. L'original, qui existe encore aux Archives natio-

---

(1) Cf. JULIEN HAVET, *Les origines de Saint-Denis*, dans ses *Œuvres complètes*, t. I, p. 206; le texte de la charte de 654 est reproduit, *ibid.*, p. 236-241.

(2) Cf. GERMON, *op. cit.*, p. 3, 108, 110, 113, 120, 125.

(3) GERMON, *op. cit.*, t. I, p. 319.

nales (1), a été examiné par M. Chazaud, qui déclare « qu'il
réunit tous les caractères du véritable diplôme mérovingien,
matière, écriture, style, et synchronismes » (2). La villa de
Nassigny, en latin *Napsiniacus*, est, comme le suffixe *acus*
l'indique, une villa d'origine gallo-romaine (3), située sur la
rive gauche du Cher, à 1.200 mètres de la voie romaine de
Bourges à Néris. Vers 690, elle appartenait à « Godin, homme
apostolique, évêque de Lyon », lequel la donna peu après au
roi Clovis III (691-mars 695), en échange d'une villa royale
nommée *Villa Orbana*. Cette dernière villa était située près
de Lyon, et son nom (Villeurbane) est devenu celui d'un des
quartiers de la grande ville. La villa de Nassigny fut ensuite
concédée par Clovis III à titre de bénéfice viager à un *vir
illuster* de la célèbre famille des Pannichius (4). A la mort
de ce dernier, survenue quelques mois plus tard, la villa de
Nassigny fit retour au fisc royal (5).

C'est alors, le 13 décembre 695, que le roi Childebert III,
qui venait de succéder à son frère Clovis, donna à l'abbaye
de Saint-Denis, gouvernée par l'abbé Chaïno, la villa de
Nassigny avec ses diverses dépendances : terres, maisons,
édifices, serfs, vignes, champs, prés, pacages, cours d'eau,

---

(1) Arch. nat., K, 3, n° 8.

(2) Chazaud, *Cartulaire*, op. cit., introd., p. iii. Cf. le fac-similé donné
par Letronne, *Diplômes et chartes de l'époque mérovingienne*, Paris,
s. d., gr. in-f°, p. 45-47. — Ce diplôme a été publié par Dom Félibien,
op. cit., preuves, p. xiv, n° xx; — par Chazaud, *op. cit.*, p. 18-20; —
par J. Tardif, *op. cit.*, p. 27-28.

(3) Sur le sens du suffixe *acus* dans les noms de lieux, cf. d'Arbois de
Jubainville, *Recherches sur l'origine de la propriété foncière et des
noms de lieux habités en France*, Paris, 1890, in-8°, p. 125 et suiv.; —
et Giry, *Manuel de diplomatique*, Paris, 1894, in-8°, p. 385-387.

(4) Cf. de Raynal, *Hist. du Berry*, Bourges, 1845, t. I, p. 333-334.

(5) *Diplôme de Childebert III*, 13 décembre 695 : « Idioque cognuscat
magnitudo seu butilitas vestra, quod nos villa noncopanti *Napsiniaco*, in
pago Bitorico, cum omni merito vel adjecentias suas, quam aposthelicus vir
domnus Godinus, Lugduninsis urbis episcopus, de parti ecclisiæ suæ, pro
alia villa nuncopanti villa Orbana, tempora bone memoriæ germano nostro
Chlodovio, condam rige, ad parti fisci, in conmutationis titulum visus fuit
dedisse, et postia de fisco inlustri viro Pannichio fuit concessum, et post dis-
cessum predicto Pannichio ad parti fisci nostri fuit revocatum » (dans
Chazaud, *op. cit.*, p. 18-19; — et dans Jules Tardif, *op. cit.*, p. 27).

moulins, etc., en toute propriété, et en outre en toute *immunité*, c'est-à-dire avec défense aux officiers royaux de péné-
trer sur la terre concédée. [1]. En échange, les moines de
Saint-Denis renoncèrent à une rente annuelle de 200 sous
d'or qu'ils recevaient du trésor royal pour leur luminaire, et
à une autre rente de 100 sous sur le fisc de Marseille [2];
ces 300 sous d'or revinrent ainsi à perpétuité au fisc du roi [3].
Childebert fit faire deux exemplaires de cette convention,
dont l'un devait être conservé dans ses archives, et l'autre
dans celles de la basilique de Saint-Denis [4]. L'acte, daté de
Compiègne, est signé par le roi et par le référendaire Vulfolaïcus, qui est un personnage connu [5].

(1) *Ibid.* : « Hoc ad basilica pecoliaris petroni nostri domni Dionisii, ubi
ipsi præciosus domnus in corpure requiescit, vel ubi venerabelis vir Chaïno
abbas preesse veditur, plina et integra gracia, pro mercidis nostre augimen-
tum, visi fuimus concessisse.... Idio, per presentem precepcionem decernimus
urdenandum. quod in perpetuo volemus esse mansurum, ut neque vos, neque
junioris, seu successoris vestri, nec quislibet ipsa villa Napsiniaco... nihil
exinde contradicere, nec de parti ipsius domini Dionisii minuare, nec abstrahire,
nec nulla calomnia ob hoc generare penitus non præsumatis,... omni tempore, sub *emunetatis* nomine valiat esse concessum adque indulthum » (dans
Chazaud, *op. cit.*, p. 19). Sur les conséquences de l'immunité au vii° siècle,
cf. Kroell, *L'immunité franque*, Paris, 1910, in-8°, p. 77 et suiv.

(2) Cette rente, do née par Dagobert, avait été confirmée le 5 juin 692
par Clovis III (cf. J. Tardif, *op. cit.*, p. 24-25).

(3) *Diplôme suprà cit.* : « Et congregacio ibidem consistencium soledns
docentus, quod de sacello publico annis singolis ibidem fuit consuetudo in
alemunia vel in lumenarebus ipsius sancti loci de palacio dandi, seu et solidus
cento eximtis, quod de Massilia civetati judecis publeci ad missus ipsius basi-
leci consuetudinem habuerint dandi, pro eo quod ipsa villa firmissimo jure
pars ipsius domni Dionisii perenniter debirent possidire, ad parti fisci nostri
relaxsassint » (dans Chazaud, *op. cit.*, p. 19; *adde*, p. 20).

(4) *Ibid.* : « ... duas precepcionis uno tenure conscriptas exinde fieri
jussimus, una in arce basilice sancti Dionisii resediat, et alia in tessaure
nostra » (dans Chazaud, *op. cit.*, p. 20).

(5) *Ibid.* : « Childeberthus rex subscripsit. Vulfolæcus jussus optolit.
Datum quod ficit minsis decembris dies xiii anno primo rigni nostri, Conpendio,
villa nostra, in Dei nomene feliciter » (*loc. cit.*). — Sur Vulfolaïcus, cf.
Lauer et Samaran, *Les diplômes originaux des Mérovingiens*, Paris, 1908,
in-f°, n° 23 et pl. 17, 24, 28; — Levillain, *La souscription de chancellerie
dans les diplômes mérov.*, dans le *Moyen âge*, année 1910, p. 91, 92, 93,
96, 97, 100, 112, 115; — et L. Perrichet, *La grande chancellerie de
France des origines à 1328*, Paris, 1912, in-8°, p. 456.

2. — Les rois mérovingiens ne se sont pas bornés à cette seule donation envers l'abbaye où, depuis Dagobert, ils élisaient leur sépulture, « auprès du glorieux Denis, leur patron spécial ». Les huit diplômes faux signalés plus haut mentionnent une vingtaine de villas et d'églises qu'ils ont détachées de leur fisc du Berry en faveur des moines de Saint-Denis. Mais de ces diplômes faux que peut-on tirer? Pour répondre à la question, il importe de faire entre eux un triage. Ils se divisent en effet en deux groupes :

1° Quatre, attribués à Dagobert et présentés comme l'œuvre de son « chancelier » (*sic*) Dado, *aliàs* saint Ouen (1), se distinguent par un préambule court, le simple titre de *rex Francorum* donné au roi, et un petit nombre de témoins, deux au plus, toujours les mêmes : Arnulf, évêque de Metz, Éloi, orfèvre du roi ou évêque de Noyon, l'abbé Germer; le donataire est toujours (sauf dans le diplôme n° III, où son nom n'est pas indiqué) l'abbé de Saint-Denis Aigulf, qui siégeait en 629 et 653; enfin la date affecte la forme caractéristique des dates carolingiennes, c'est-à-dire que l'indication du lieu et celle du temps y sont séparées, et annoncées, la première par le mot *Datum*, la seconde par le mot *Actum* (2). Il y a donc tout lieu de penser que ces quatre premiers diplômes ont été « refaits » en même temps, et refaits à l'époque de Charlemagne, vers l'an 800 : nous verrons plus loin quelle utilité présentait alors cette « réfection » (*infrà*, n° 4). — Il faut joindre à ce premier groupe un cinquième diplôme attribué à « Clotaire, roi des Franks, *frère* de Childebert roi et *aïeul* ou *oncle* de Clovis », c'est-à-dire à un personnage imaginaire. On ne peut tirer aucune indication chronologique de ces données fantaisistes (3).

2° Les trois autres diplômes, attribués à Dagobert, à Clovis II, et à Childéric II, ont, malgré cette diversité d'attributions, un « air de famille » très prononcé. Ils débutent par

---

(1) Savoir les n°⁸ III, IV, V, VII, de l'édition Chazaud. Dans ses *Additions*, M. Chazaud publie un autre diplôme de Dagobert, mais qui n'est qu'une reproduction presque littérale du n° V. —

(2) Cf. sur ce point : J. Havet, *op. cit.*, p. 122-123; — et Giry, *op. cit.*, p. 717.

(3) Cf. le texte dans Chazaud, *Additions, loc. cit.*, p. 482.

de longs préambules, dans le goût du xi⁰ siècle (1), emploient
des mots pompeux ou des périphrases pour désigner le roi,
fourmillent d'anachronismes, et se terminent par de longues
listes de témoins, où reviennent les mêmes noms d'évêques
et de comtes, avec des attributions parfois différentes et
souvent erronées (2). Ces trois diplômes ont été certainement
fabriqués ou refaits à la fin du xi⁰ siècle : nous verrons plus
loin quel intérêt a pu les inspirer (*infrà*, n° 12). Le fait est
d'ailleurs certain pour l'un d'eux, le diplôme attribué à Childéric II, avec la date du 29 juillet 670 (pièce n° IX). On en
possède encore « l'original », qui a été publié en fac-similé
par Letronne; or il suffit d'y jeter les yeux « pour y reconnaître, dit M. Chazaud, sans hésitation possible, l'écriture
des xi⁰ et xii⁰ siècles »; comme au surplus, le document a été
utilisé au début du xii⁰ siècle, on est exactement fixé sur la
date de sa confection (3).

3. — Des huit pièces fausses dont nous venons de déterminer l'âge probable, cette dernière, qui concerne la « villa »
de *Viplaix* (4), est la plus intéressante. Elle en donne, il est
vrai, une description tout à fait invraisemblable pour l'é-
poque mérovingienne et même pour le début du xii⁰ siècle;
mais elle contient deux passages, d'une « saveur » archaï-
que, qui ont dû être copiés sur un document plus ancien par
le scribe chargé de le « refaire ». C'est d'abord celui où la
villa en question est désignée, non pas par le calembour
Vicus-plenus en usage dans les documents postérieurs à

(1) Cf. GIRY, *ibid.*, p. 734.

(2) Ces trois pièces portent dans l'édition Chazaud les n°ˢ VI, VIII, IX. —
La pièce n° VI comprend 21 témoins; la pièce n° VIII, 14, dont 11 communs avec la pièce précédente; la pièce n° IX, 8, tous communs avec la
pièce n° VI. Il serait trop long de faire ici la comparaison de ces pseudo-
signatures. Je ferai remarquer seulement qu'en tête des listes se trouve un
« archevêque » (*sic*) appelé *Palladius* : dans la pièce n° VI, son siège n'est
pas indiqué; dans la pièce n° VIII, il est qualifié archevêque de Bourges,
et dans la pièce n° IX, archevêque de Rouen : or il n'y a jamais eu d'archevêque de ce nom à Rouen; quant à l'évêque de Bourges Palladius, il est
mort en 384. De plus, en Gaule, le titre d'archevêque n'apparaît qu'en 859
pour la première fois (GIRY, *ibid.*, p. 336, note 1).

(3) Cf. CHAZAUD, *Cartulaire*, *op. cit.*, introd., p. II; — et *infrà*, n° 48.

(4) *Viplaix*, canton d'Huriel (Allier).

l'an 800 (1), mais par son nom ancien et correct de *Vipple-siacus*, suivi de l'énumération habituelle dans les formules frankes : « avec les esclaves, serfs, serves, terres, bois, prés, pacages, eaux et cours d'eau, moulins, et autres dépendances » (2). La forme du mot *Vipplesiacus*, dont dérivent *Vippleis* (3) et *Viplaix*, indique une villa d'origine galloromaine ; elle était à 2.000 mètres à peine de la voie romaine de Châteaumeillant à Néris. Le second passage ancien est celui qui mentionne « Godin, homme apostolique et évêque de Lyon », comme tenant du roi (à titre de bénéfice évidemment) une partie de Viplaix ; il y a renoncé, d'accord avec le roi, « en faveur des martyrs et des moines de Saint-Denis » (4). Étant donné l'époque à laquelle Godin était évêque de Lyon (688, 701, 713), il est probable que le roi dont il s'agit était Clovis III ou Childebert III, et non Childéric II, mort en 675. En tout cas, on peut conclure de là que Viplaix était, à la fin du VIIe siècle, une villa royale comme Nassigny.

Viennent ensuite les quatre diplômes du premier groupe attribués à Dagobert. Ils ne contiennent aucun synchronisme qui permette de retrouver le véritable donateur. Cependant, s'il est permis de tenir compte de ce fait que l'abbé désigné

---

(1) Cf. CHAZAUD, *op. cit.*, p. 21 (charte de 802), p. 49, 100, 115, 116, etc.

(2) *Pseudo-diplôme de Childéric II*, juillet 670 : « Inter que precipue quandam villam, in pago Biturico sitam, Vipplesiacum nomine, cum... mancipiis, et servis, et ancillis, terris, nemoribus, pratis, pascuis, aquis aquarumve decursibus, farinariis, ceterisque adjacentiis » (*ibid.*, p. 16). — On trouve une énumération presque semblable dans le diplôme de Childebert III concernant Nassigny.

(3) Cf. CHAZAUD, *op. cit.*, p. 85 (*Vippleis*), 114, 115, 116 (*Vipleis*).

(4) *Pseudo-diplôme de Childéric II* : « ... Godinus, vir apostolicus Lugdunensisque episcopus, a regia tenebat majestate, sed nunc eas sponte sua supra nominatoram martiram monachorumque suorum, me annuente, concedit in perpetuum potestati » (dans CHAZAUD, *op. cit.*, p. 17). — D'après un passage analogue, contenu dans un autre diplôme faux, Godin tenait encore du roi dans la même région : *Gouélat* (par. de Saint-Désiré) et *Longa villa* (peut-être La Villate, même par.) : « ... cum duabus villis ad eamdem ecclesiam pertinentibus, scilicet Goloaco et altera quæ dicitur Longa villa, quas domnus Godinus vir apostolicus Lugdunensis archiepiscopus a regia tenebat majestate » (dans CHAZAUD, *ibid.*, p. 11). Le mot *archiepiscopus* trahit la « réfection ».

comme donataire est toujours l'abbé Aigulf, qu'on trouve en fonctions en 629 et 653, on peut les attribuer soit à Dagobert, soit à Clovis II, mort en 657 (1). On sait que ce dernier a concédé à l'abbaye de Saint-Denis le droit de posséder. En tout cas, dans ces quatre actes, les *villæ* données sont indiquées comme faisant partie du domaine royal (*juris nostri, de fisco nostro*). C'était : — 1° la villa appelée *Vallis* (Vaux), sur le fleuve du Cher, et la villa appelée *Argentières*, sur la rivière de la *Magneuria*, avec toutes leurs dépendances (pièce n° III) (2) ; — 2° la villa de *Malliacus* (Maillet), située à deux mille pas du fleuve du Cher (pièce n° IV) (3) ; — 3° les deux villas de *Noth* (Nocq) et de *Pascellarius* (Paslières), avec leurs dépendances (pièce n° V) (4) ; — 4° la villa appelée *Givrettes*, à deux milles du Cher, avec toutes ses dépendances (pièce n° VII) (5). — Le pseudo-diplôme attribué à Clotaire, mentionne, outre Maillet, la villa de *Reuilly*, entre Issoudun

(1) Ce n'est pas péremptoire; car le faux diplôme de 670 concernant Viplaix désigne aussi l'abbé Aigulf comme donataire.

(2) *Pseudo-diplôme de Dagobert*, avril 634 : « ... villas quasdam juris nostri, quæ sitæ sunt in pago Biturico, scilicet villam quæ vocatur *Vallis*, quæ sita est super fluvium Carum, ac villam quæ vocatur *Argenterias*, sitam super Magneuria fluvium, eum omnibus appenditiis earum » (dans CHAZAUD, *op. cit.*, p. 6). — *Vaux*, sur le Cher, canton de Montluçon-ouest (Allier); *Argentières*, sur la Magieure, anc. paroisse, *nunc* hameau de la commune de Vaux.

(3) *Pseudo-diplôme de Dagobert*, octobre 635 : « Donamus villam juris nostri que vocatur *Malliacus* in pago Bituriaco sitam a Caro fluvio duobus millibus distans fratribus monachis deservientibus ad basilicam domni Dionysii martyris, peculiaris patroni nostri, ubi præesse videtur Aigulphus abba, et nos sepeliri optamus, in alimoniam specialiter eorum in perpetuum administrandam » (dans CHAZAUD, *op. cit.*, p. 7). — *Maillet*, canton d'Hérisson (Allier).

(4) *Pseudo-diplôme de Dagobert*, novembre 636 : « Concedo villam nomine *Noth*, et alteram quæ vocatur *Pascellarius*, cum adjacentiis suis, sitas in Bituricensi pago, ... sicut hactenus a fisco nostro possessæ sunt » (*loc. cit.*, p. 8). — *Nocq*, canton d'Huriel (Allier); *Paslières*, hameau de la commune de Nocq.

(5) *Pseudo-diplôme de Dagobert*, décembre 637 : « Villam *Gyvretis* vocitatam, cum adjacentiis suis, jure perpetuo annuimus habendam, que sita est in Bituricensi pago, duobus millibus a Caro fluvio distat » (*loc. cit.*, p. 13). — *Givrettes*, ancienne paroisse, hameau de la commune de Domérat (Allier).

et Vierzon (1). — Les deux autres documents du second groupe ne contiennent que des énumérations des *villæ* appartenant à Saint-Denis; elles peuvent valoir pour le xie siècle, mais on n'en peut rien tirer pour les temps mérovingiens.

4. — En résumé donc, vers l'an 700, Saint-Denis possédait déjà dans le Bas-Berry, sûrement la villa de Nassigny, et très probablement celles de Viplaix, Vaux, Argentières, Maillet, Nocq, Paslières, Givrettes, et Reuilly. On peut y ajouter la villa de *Chasemais*, qu'une charte de 1135 représente comme « un don royal antique », et qui possédait alors une église sous le vocable de saint Denis l'Aréopagite, ce qui est un indice significatif(2). Cela fait au total dix villas; mais si l'on se borne à ce chiffre, c'est faute de documents, authentiques ou refaits. — En tout cas, vers l'an 750, Saint-Denis ne devait plus rien avoir dans le Bas-Berry. Dans l'intervalle, en effet, Charles Martel, le puissant maire du palais, avait forcé les églises et les abbayes à céder une grande partie de leurs biens à ses soldats, soit en pleine propriété, soit à titre de précaire (3). Cette « opération » n'avait pas épargné Saint-Denis, et c'est à elle qu'il faut attribuer, selon toute vraisemblance, la perte par l'abbaye parisienne de ses domaines berruyers.

Après la mort de Charles Martel, églises et abbayes réclamèrent contre la spoliation dont elles avaient été victimes. Elles n'obtinrent pas d'abord grand'chose de ses fils, même

---

(1) Chazaud, *Additions, loc. cit.*, p. 482 : « ... ipsas villas, quorum vocabula nuncupatur Reguliacus et Malliacus... ».

(2) Chazaud, *Cartulaire, op. cit.*, p. 99 : « Ecclesia Casimansi beati Dyonisii Ariopagitæ fuit ab antiquo regale donum, ... quod et majoris ecclesiæ predicti martyris et Capellæ testantur procrinia ».

(3) Sur cette confiscation opérée par Charles Martel, cf. : Paul Viollet, *Hist. des institutions polit. et administr. de la France*, Paris, in-8°, t. I (1890), p. 444, texte et notes; — et A. Bondroit, *Les precariæ verbo regis avant le concile de Leptines* (743), dans la *Revue d'hist. ecclésiastique*, Louvain, 1900, t. I. — On lit dans l'*Hist. Francorum Senon.* (Pertz, *Script.*, t. IX, p. 364) : « Hic res ecclesiarum propter assiduitatem bellorum laïcis tradidit » ; et dans le *Liber de compositione castri Ambaziæ* (éd. Halphen et Poupardin, *Chroniques des comtes d'Anjou*, Paris, 1913, in-8°, p. 18) : « Post hunc Karolus Martellus regnum obtinuit, qui per omnia bonus fuit, excepto quod decimas ecclesiis primus abstulit ».

de Carloman, malgré sa piété (1). Elles furent plus heureuses, quand Pépin le Bref songea à se faire couronner roi (2); elles le furent surtout auprès de Charlemagne. Une fois sacré empereur, celui-ci se préoccupa de leur faire restituer leurs anciennes possessions (3). Il leur demanda seulement de produire leurs titres. C'est alors qu'un grand nombre d'entre eux, effacés, déchirés, ou perdus, furent « refaits »; et parmi eux, nous croyons pouvoir placer les quatre diplômes faux analysés plus haut et attribués à Dagobert. Ces diplômes durent être présentés, avec le titre authentique concernant Nassigny et d'autres (authentiques ou refaits) qui ne nous sont pas parvenus, aux *missi* de Charlemagne chargés d'opérer les restitutions.

- Toujours est-il que le 31 août 802, Charlemagne restitua à l'abbaye de Saint-Denis dix-huit églises et villas situées dans le Bas-Berry, savoir : — 1° celles de Nassigny, Viplaix, Vaux, Argentières, Maillet, Nocq, Givrettes, et Chasemais, mentionnées ci-dessus; — 2° celles d'Aude, Preuille, Giverlais, Estivareilles, Onrezat, Lanage, Archignat, Verneix, Moussais, et Deux-Chaises (4), ainsi que « toutes les terres, villas, et églises en dépendant » (5). Parmi ces dernières, il

____

(1) En 743, il imite son père (*Cap. Liptianense* de 743, art. 2).

(2) En 751, Pépin restitue à l'abbaye de Saint-Denis des biens sis dans les *pagi* d'Amiens, Beauvais, Vexin, etc. (cf. J. TARDIF, *op. cit.*, n° 54, p. 44-46).

(3) L'abbé de Saint-Denis était alors le lombard *Fardulfus* (797-806), très aimé de Charlemagne. Cf. *Gallia christiana*, t. VII, col. 350.

(4) Aude, Preuille (anc. par., *nunc* hameau d'Aude), Giverlais, et Estivareilles sont dans le canton d'Hérisson (Allier); Chasemais, Moussais (anc. par., *nunc* hameau de Saint-Désiré), Onrezat et Lanage (anc. paroisses, *nunc* hameaux de la Chapelle-Aude), Archignat, dans le canton d'Huriel (Allier); Deux-Chaises, dans le canton du Montet, et Verneix, dans celui de Montluçon-Ouest (Allier).

(5) *Charte de Charlemagne*, 31 août 802 : « Reddo etiam et restauro in Bituricensi pago ecclesias et villas, scilicet de Casimansi, de Mosaïco, de Aldo, de Perolio, de Napsiniaco, de Malliaco, de Guierlaïco (*sic*), de Duabus-Casis, de Vernido, de Stivaliculis, de Givrelis, de Argenteria, de Vallo, de Lanatico, de Umreziaco, de Vicopleno (*sic*), de Noto, de Archiniaco, et terras et villas et ecclesias adjacentes cum servis et ancillis, silvis, pratis, aquis, farinariis, furnis, aquarumve discursibus.... Hoc actum est apud urbem Soession. II kal. septembris, indictione quinta, anno pontificatus domni Leonis papæ III XVI°, imperii vero domni Caroli serenissimi augusti II°, regnique Francorum XLIIII° » (dans CHAZAUD, *ibid.*, p. 20-21).

faut sans doute compter la villa de Paslières, dont le texte ne parle pas, et qui était située dans la paroisse de Nocq.

5. — Cet ensemble de *dix-huit* églises et villas, voisines les unes des autres, formait pour l'abbaye de Saint-Denis un domaine important, dont elle semble avoir joui, pendant plus d'un siècle, de Charlemagne à Charles le Simple, assez paisiblement, malgré les invasions des Normands en France. Mais aux invasions normandes succédèrent les incursions des Madgyars ou Hongrois. « Ceux-ci, dit une charte de l'archevêque de Bourges Richard II, d'environ 1080 [1], ayant envahi, par la permission de Dieu, le royaume des Franks, beaucoup de choses furent détruites ou injustement enlevées ; ils dévastèrent et incendièrent beaucoup de monastères, et détruisirent dans une certaine mesure les biens que Saint-Denis possédait dans la province de Berry et dans plusieurs autres. » [2]. Après les Hongrois, dont la principale invasion dans le Berry se place en 935 [3], vint la féodalité.

Les biens des monastères tentaient fort les seigneurs féodaux ; et ceux qui s'installèrent au xe siècle dans la région qui nous occupe, les sires d'Huriel, de Chambon, de la Roche-Guillebaud, ne se firent pas faute de s'approprier ceux des domaines de Saint-Denis que les Hongrois avaient laissés debout. C'est ainsi que l'église d'*Aude*, avec ses terres et ses dîmes, l'église et le « fief presbytéral » de *Lanage*, l'une des deux églises de *Viplaix*, la moitié de la dîme de *Vaux* étaient « possédés injustement » par le sire d'Huriel ; l'église de *Givretles*, par le sire de Chambon ; l'église de *Nocq*, par

(1) Sur cette date, cf. *infra*, n° 14.

(2) *Charte de Richard II*, 1079-1082 : « Ex quibus, post mortem Karoli magni, Humgris divina permissione Francorum fines invadentibus, multa vel diruta vel amissa esse injuste referuntur ; inter que multa monasteria vastaterunt, incenderunt, et res sancti Dionisii aliquantulum destruxerunt, quas habebat in Bituricensi provincia aliisque diversis provinciis » (dans Chazaud, *ibid.*, p. 48). Cf. P. Gautier, *ibid.*, n° XXV, charte d'Ives, abbé de Saint-Denis, mort en 1094 : « ... depopulatione paganorum antiquitus perditas in pago Bituricensi... ».

(3) Cf. de Raynal, *op. cit.*, t. I, p. 336 ; — Lauer, *Le règne de Louis IV d'Outremer*, Paris, 1900, in-8°, p. 24 ; — E. Chénon, *Notes sur le Bas-Berry*, Note XXXVII, dans les *Mém. des Antiq. du Centre*, t. XXXII, p. 70-71 (tirage à part, t. II, p. 108-109).

le sire de la Roche, etc. La terre et les dîmes de l'église
Saint-Genès d'*Onrezat* s'étaient partagées entre le seigneur
d'Huriel et une dame nommée Dea, femme de Goulfier, seigneur de Vallon.

Ces divers seigneurs n'avaient pas tous conservé pour eux
les églises et les dîmes usurpées. Ils les avaient souvent
inféodées à des vassaux (*fiscales*), qui les tenaient d'eux
« à la manière des laïques »(1). Ainsi, vers 1070, l'église, la
terre et la dîme d'*Aude* étaient tenues d'Humbaud d'Huriel
par Guillaume, fils de Bernard Grossinel, et ses deux oncles
Guillaume et Raoul Mauvoisin (2), lesquels faisaient desservir
l'église par le prêtre Airaud (3). Le fief presbytéral et l'église
de *Lanage* étaient possédés par Guillaume Blanc et son
frère Gautier (4) ; la terre et un quart de la dîme de Saint-
Genès d'*Onrezat* par Eudes de l'Age (5) ; la deuxième église
de *Viplaix* par Raoul de Passac (6) ; tous étaient vassaux
d'Humbaud d'Huriel. De même, l'église de *Givrettes* était

---

(1) Cf. dans Chazaud, *op. cit.*, p. 30 : « secundum consuetudines laïcorum »; p. 50 : « secundum laïcorum veterem consuetudinem »; p. 64 :
« more laïco ».

(2) Seigneurs de la *Forest-Mauvoisin*, par. de Courçais (Allier).

(3) *Charte d'Humbaud*, 14 mai 1075 : « ... illis qui tenebant de me
ecclesiam et terram et decimam et villam (de Alda), secundum consuetudines laïcorum, quas habebant in aecclesiis, scilicet Bernardo Grossinello,
qui dederat sco Dionisio pro Wuillelmo filio suo, et Wuillelmo Malevicino
et Rodulfo fratre suo, avunculis ipsius Wuillelmi. Dono quoque Airaldum
presbiterum et possessionem suam » (dans Chazaud, *op. cit.*, p. 30).

(4) *Charte de Richard II*, 15 ou 16 mai 1075 : « ... videlicet Humbaldus
Uriacensis dominus, et Wuillelmus Albus, et Galterius filius (*lire* frater)
ejus, supplici devocione in manu nostra reliquerunt presbyteralem fiscum
et ecclesiam de Lanatico, quam ipse Hunbaldus et fiscales sui diu tenuerant,
et de hoc quod injuste possederant culpabiles se Deo et nobis reddiderunt »
(*ibid.*, p. 102).

(5) *Charte d'Hugues, prieur de la Chapelle*, 1071-1090 : « Emi quartam partem decimæ et censum et terram sancti de omni parrochia de
Umreziaco, de Odone de Agia, et omnia quæ ad jus ecclesiæ pertinent,
vidente et concedente Hunbaldo domino Uriacense » (*ibid.*, p. 62).

(6) *Charte de Richard II*, 1087 ou 1089 : « ... quibus Radulphus de
Paciaco jam dederat, quod in eadem æcclesia (de Vippleis) tam intra quam
extra habebat, annuente Hunbaldo Huriacensi, a quo secundum laïcorum
veterem consuetudinem movere æcclesia dicebatur » (*ibid.*, p. 50). — Cf.
P. Gautier, *ibid.*, n° X.

tenue d'Ameil de Chambon, *more laïco*, par Ameil surnommé Geofroy, Albert surnommé Humbaud, Guillaume
Gascho, et Pierre du Chaume (1). Amblard Guillebaud possédait l'église de *Nocq* et avait aussi concédé plusieurs terres
d'église à ses *fiscales* (2).

Les ecclésiastiques eux-mêmes avaient cédé à l'entraîne-
ment général. L'archevêque de Bourges était devenu propriétaire : 1° de l'église d'*Archignat*, qu'il avait concédée pour
moitié au prêtre Arnaud de Saint-Christophe (3), pour un
quart au chapelain Emenon (4), pour le reste aux clercs
Ameil et Roger (5); 2° de l'église Saint-Bonnet de *Preuille*,
qu'il avait concédée à Jean, chapelain de Nassigny (6). Enfin
l'archiprêtre de Saint-Désiré, Geofroy, jouissait injustement,
« comme le faisaient depuis longtemps ses prédécesseurs »,
du champ dominical de Preuille, avec la vigne adjacente,
sur laquelle les églises d'Aude et de Maillet prélevaient chacune quatre deniers de cens (7).

Telle était la situation, lorsque, sous Philippe Ier, deux
événements, de portée bien différente, vinrent la changer, et

(1) *Charte d'Ameil de Chambon*, 1087 ou 1089 : « ... hi qui tenebant
prefatam æcclesiam (de Givretis), videlicet Amelius cognomine Gaufridus,
Albertus cognomine Hunbaldus, Wuillelmus Gascho, atque Petrus de Calmo...
Amelius Cambonensis, a quo hi viri more laïco tenuerant... » (dans CHAZAUD,
ibid., p. 64).

(2) *Charte d'Amblard Guillebaud*, 1087 ou 1089 : « ... dimisi in manu
domini Richardi, consilio procerum meorum, omnes ecclesias quas hactenus
ego et fiscales mei injuste possederamus » (*ibid.*, p. 57); plus loin est mentionnée l'église de Nocq.

(3) *Charte de Richard II* : « Ego Richardus dono et concedo ecclesiam
d'Archiniaco... Arnaldus presbyter qui mediatem hujus ecclesie habuerat... »
(*ibid.*, p. 117).

(4) *Charte d'Emeno* : « Ego Emino do... quartam partem ecclesiæ de
Archiniaco » (*ibid.*, p. 118).

(5) *Charte d'Ameil et Roger* : « ... scilicet Amelius et Rotgerius, prædictam ab eo Richardo tenentes ecclesiam (de Archiniaco)... » (*ibid.*, p. 116).

(6) Cf. P. GAUTIER, *op. cit.*, n° II; — et *infrà*, n° 16.

(7) *Charte de Richard II*, mai 1075 : « ... agrum de Pelolio, qui
dicitur dominicus, ita fuisse proprium sci Dyonisii, sicut vineam que illi
agro est adjacens, ex qua altare ecclesie de Aldo habet quatuor nummos
censuales, et altare sci Dionisii de Mauliaco similiter quatuor. Quo monachi
audito, calumpniaverunt agrum Goffredo archipresbytero qui tenebat illum »
(dans CHAZAUD, *ibid.*, p. 54).

permettre à l'abbaye de Saint-Denis de s'installer fortement dans le Bas-Berry et d'y recouvrer la plupart de ses possessions perdues. Ces deux événements sont : 1° la donation de Jean de Saint-Caprais, qui aboutit à la création du prieuré de la Chapelle-Aude ; 2° la réforme grégorienne, qui contraignit les laïques à restituer les biens d'Église qu'ils détenaient. C'est avec ces deux faits que commence à proprement parler l'histoire du prieuré de la Chapelle-Aude.

PREMIÈRE PARTIE

ORIGINES ET HISTOIRE DU PRIEURÉ DE LA CHAPELLE-AUDE

Le prieuré de la Chapelle-Aude fut fondé en 1059 ou 1060, à la suite de la donation faite à l'abbaye de Saint-Denis par un chevalier nommé Jean de Saint-Caprais. La réforme grégorienne s'annonçait déjà. Quand elle fut pleinement décidée, elle fournit aux moines de Saint-Denis l'occasion de revendiquer leurs possessions perdues, qu'ils groupèrent autour de leur nouvel établissement. Le patrimoine monastique ainsi constitué fut augmenté ensuite dans de notables proportions par de nombreuses donations émanées des seigneurs du voisinage. Nous allons étudier successivement ces trois ordres de faits.

CHAPITRE I

FONDATION DU PRIEURÉ DE LA CHAPELLE-AUDE

6. — L'auteur de la donation, qui fut le point de départ de tout le renouvellement des possessions de Saint-Denis en Bas-Berry, Jean de Saint-Caprais, chevalier, était un vassal d'Archembaud II, seigneur de Bourbon (1). Il tirait son nom d'une localité située au nord d'Hérisson, et possédait non loin de là, vers la fin du règne d'Henri Ier, « non à titre héréditaire (2), mais parce que son père Géraud les avait acquis par sa prouesse (*probitate sua*) du seigneur Archembaud », un certain nombre de biens qu'il tenait en fief de ce dernier. Il avait conservé la jouissance des uns, qui formaient son domaine propre, et concédé les autres, à titre de *casatæ*, à des tenanciers, de condition servile ou libre, auxquels les textes donnent le nom, assez singulier, d'*heredes* (3). Tout cela, Jean de Saint-Caprais, voulant « obtenir par l'intercession de saint Denis le pardon de ses péchés, le salut de son âme et de celles ses parents », le

(1) Sur Archembaud II de Bourbon, dit le Jeune ou du Montet (*de Monticulo*), cf. CHAZAUD, *Chronologie, op. cit.*, p. 159-165.

(2) Cela veut dire évidemment : « non à titre *allodial* ».

(3) Ce nom se retrouve dans diverses chartes du cartulaire d'Aureil en Limousin, intéressant des localités du Bas-Berry ou voisines; cf. notamment *Charte d'Alard Guillebaud*, 1099-1100 : « Omnes heredes ejusdem terræ, servos et liberos atque colonos »; et *Chartes* : de *Raoul de Déols*, env. 1120; des *frères Ajasson*, env. 1136; de *Seguin de Linières*, env. 1218, etc., dans G. DE SENNEVILLE, *Cartulaires des prieurés d'Aureil et de l'Artige en Limousin*, Limoges, 1900, in-8°, p. 160, 96, 128-129, 228, etc.

donna à l'abbaye de Saint-Denis, par un acte passé au lieu
dit *la Chapelle*, à l'extrémité ouest de la paroisse de Lanage,
« au temps de l'archevêque de Bourges Aymon, du roi
Henri Ier, et de son fils Philippe, déjà *rex designatus* » (1).
Cette dernière indication permet de placer la date de la
charte entre le 23 mai 1059, date du sacre anticipé de
Philippe Ier, et le 4 août 1060, date de la mort d'Henri Ier (2).

La donation faite par Jean de Saint-Caprais comprenait :
— 1º plusieurs tenures avec leurs *heredes* des deux sexes,
savoir : différents manses sur le mont Julian ou Julan (3) et
un autre à *Tiliacus* (Tilly ou Tillay), avec leurs tenanciers;
les serfs Étienne le Juge *de Ultriniaco* (4), Giraud de Tely,
Renaud de la Palice (5) et son cousin Constance, avec leurs
tenures; — 2º des redevances diverses, savoir : un porc, un
bélier, et trois septiers d'avoine, sur la terre de Haibrand
de Ultriniaco; un porc, un bélier, cinq sous de cens, six
septiers d'avoine, et deux poules, sur le manse de Giraud de
Tely; un porc, un bélier, une *summa* de vin, et cinq sous,
sur le manse d'Humbert de Laval; enfin tous les services dus
par le manse de Folcuin de la Grêlière (6). Furent témoins
de cette donation : Humbaud, seigneur d'Huriel, Émeno,

(1) *Charte de Jean de Saint-Caprais*, 1059-1060 : « Ego Johannes de
Sancto-Caprasio ut a Deo veniam peccatorum meorum consequi valeam,
interventu beati Dyonysii, pro salute animæ meæ et parentum meorum, dono
et concedo Deo et sancto Dionysio omnem possessionem meam, quam habebam in fiscum de domino meo Archembaudo Burbunensi, sive in casatis,
sive in meo dominio.... Volo autem scire omnes homines hæc omnia superius
denominata me hæreditario jure non possedisse, sed patrem meum Geraldum probitate sua a domino Archembaldo acquisisse.... Hoc actum est apud
Capellam, diebus domini Haymonis Biturigæ sedis archiepiscopi, et Henrici
regis Francorum, et Philippi filii sui jam in regem designati » (dans CHAZAUD,
Cartulaire, op. cit., p. 21 et 22; *adde*, p. 23, 26, 29).

(2) Cf. CHAZAUD, *ibid.*, introd., p. LXXVIII.

(3) Le mont Julian ou Julan est la colline sur laquelle est bâtie l'église de
la Chapelle-Aude.

(4) *Ultriniacus*, lieu inconnu. M. CHAZAUD, *ibid.*, p. IX, propose de
l'identifier avec Huriel ou Onrezat : « *de Uriaco* ou *Umreziaco* »; mais il
peut très bien s'agir d'un lieu dit *Outrigny*, aujourd'hui disparu.

(5) *La Palice*, probablement *la Palisse*, près de Nassigny, ou *Palisse*,
près de Loroux-Hodement (Allier).

(6) *La Grêlière*, probablement la Grillière, près Loroux-Hodement (Allier).

prévôt de Chambon, et deux frères, Humbert et Martin, qui étaient *heredes* sur le mont Julian (1).

Jean de Saint-Caprais ne s'en tint d'ailleurs pas là : nous verrons plus loin qu'outre les manses et redevances que nous venons d'énumérer, il en concéda d'autres à l'abbaye de Saint-Denis, à une date antérieure à 1079 (2).

7. — La donation de Jean de Saint-Caprais était assez importante pour que l'abbé de Saint-Denis, Rainier (1060-1073), songeât à créer un prieuré à la Chapelle. Il y envoya immédiatement un certain nombre de moines, qui y bâtirent, non loin du château d'Huriel, près de la rivière dite alors *Lasmars* (*nunc* la Meuselle), et au bord de la voie romaine de Châteaumeillant à Néris (3), sur le territoire de la paroisse de Lanage, une église en l'honneur des saints Denis, Rustique, et Eleuthère, et un monastère qui prit d'abord le nom de la Chapelle (4), puis de la Chapelle-Saint-Denis, et enfin

(1) *Charte de Jean de Saint-Caprais* : « Dono... mansos de Monte Juliano, et omnes hæredes utriusque sexus cujuscumque conditionis sint. cum hæreditatibus suis, terram, prata, sylvas, vineas.... Dono quoque apud Tiliacum unum mansum cum hæreditate et hæredibus, et Stephanum Judicem de Ultriniaco cum hæreditate sua et hæredibus. Et in terra Haibrandi de Ultriniaco, unum porcum, et unum arietem, et tres sextarios avenæ, et omnia quæ habeo in illa terra; et in manso Giraldi de Tely ipsum eundem hæredem cum hæreditate sua et hæredibus, et porcum et arietem et quinque solidos censuales et sex sextarios avenæ et duas gallinas. Dono et sancto Dionysio Reinaldum de Palicia et Constantium cognatum illius cum hæreditate sua, et in manso Humberti de la Val porcum et arietem et unam summam vini et quinque solidos, et in manso Folcuini de la Greleria omne servitium, et cætera, si qua alicubi tenere videor de eodem domino Archembaldo.... Istis præsentibus et videntibus : S. Humbaldi senioris de Uriaco. S. Emenonis præpositi Cambonensis. S. Humberti et Martini fratris sui qui erant hæredes de Monte Juliano » (dans CHAZAUD, *ibid.*, p. 21 et 22).

(2) Cf. *infrà*, n° 19.

(3) Cette voie, qui part de Châteaumeillant (*Mediolanum*), passait à la Filaine, à Goutte-Noire, près de l'oppidum de Sidiailles, franchissait l'Arnon, et gagnait la Chapelle par Saint-Éloi, les Fosses, Forgette, et Onrezat; elle allait ensuite rejoindre Néris par Montluçon, où elle retrouvait la voie de Bourges à Néris (cf. E. CHÉNON, *Notice historique sur Châteaumeillant*, Bourges, 1878, in-8°, p. 24-25).

(4) Cf. CHAZAUD, *ibid.*, p. 52 : « Capellam, quam... inter æcclesiæ (de Lenagia) fines devotissimè construxerunt »; p. 54 : « ... monachi Sancti Dionisii in Bituricensi pago apud Capellam ecclesiam in honore sci Dyonisii edificare cęperunt »; p. 26 : « videns locum de Capellæ constructum,....

de la Chapelle-Aude (1). Pendant que les bâtiments s'éle-
vaient, les moines logeaient à Aude, où ils n'étaient pas
toujours en sûreté. La maison de l'un d'eux, nommé Gar-
nier, fut en 1059 ou 1060 pillée par Achard Mauvoisin et des
voleurs venus d'Épineuil (2). Heureusement pour les moines
de Saint-Denis, tous les seigneurs du voisinage ne ressem-
blaient pas à ce Mauvoisin. Plusieurs d'entre eux au contraire tinrent à honneur d'aider les religieux dans leur
œuvre, notamment Amblard Gaudeth, Humbaud d'Huriel
l'ancien, et Archembaud II de Bourbon, frère de l'archevêque de Bourges, Aymon de Bourbon (3).

Les moines avaient à leur tête un prieur nommé *Hugues*.
C'est sous sa direction, qui dura environ trente ans, que le
prieuré de la Chapelle se développa. Pour attirer des habitants dans ses environs, Hugues eut soin d'abord de régula-
riser sa situation au point de vue féodal en faisant confirmer
le don de Jean de Saint-Caprais par le suzerain de celui-ci,
Archembaud II de Bourbon, de s'assurer l'appui des seigneurs

---

concedo Deo et monasterio sci Dyonisii apud Capellam fundato... »; p. 29 :
« videns monachos Sancti Dionisii prope castrum meum (Uriacum) hospitatos... concessisse monasterio sci Dionisii in monte Julano fundato »;
p. 40 : « cum in monte Julano basilica esset constructa, villa etiam eidem
adjacens... »; etc.

(1) Cf. CHAZAUD, *ibid.*, p. 30 : « ... monachis Capelle Sancti Dionisii manentibus »; p. 63 : « apud Capellam sci Dyonisii »; p. 66, 68, 69, 74, 79,
83, 138, *idem* ; p. 82 : « venit ad Capellam sci Dyonisii », etc.; — puis
p. 39 : « prior Capelle de Aldis »; p. 136 : « ecclesie beati Dionisii de
Capella Aude »; etc.

(2) *Notice sur l'invasion d'Aude*, 1059-1060 : « Achardus Malevicinus
et alii raptores de Spinioculo castro, quadam nocte, Audam invaserunt domum
Garnerii monachi sancti Dionysii.... Hoc factum est apud Spinioculum, tempore Henrici regis Francorum et Aimonis Bituricensis archipresulis. Hoc
viderunt et audierunt H. prior et alii » (dans P. GAUTIER, *ibid.*, n° XVII.

(3) Cf. *Chartes de Richard II*, 1075-1076 : « ... Capellam, quam istius
terræ potentes viri ac illustres. videlicet prædecessor suus domnus Aimo
archipræsul, Burbunensis Archenbaldus, atque Uriacensis Hunbaldus, ad
honorem sanctorum martyrum, sancti Dyonisii, Rustici et Eleuterii, divina
remuneratione, inter predictæ æcclesiæ (de Lenagia) fines devotissime construxerunt »; — 1087 ou 1089 : « Amblerdus cognomine Gaudeth, pro salute
animæ sue, ecclesiam sancti Dyonisii de Capella edificavit, et a fundamentis,
quamdiu vixit, fidelis fundator extitit, et multis donis eam sublimavit » (dans
CHAZAUD, *op. cit.*, p. 52 et 67).

d'Huriel, qui pouvaient être des voisins gênants (ils le prouvèrent parfois), et enfin d'obtenir du roi des privilèges judiciaires que Jean de Saint-Caprais n'avait pu lui donner.

Il résulte d'un diplôme royal, malheureusement suspect en la forme, mais exact au fond, qu'il obtint ce triple résultat le jour de la Pentecôte de l'année 1067 (1). Ce jour-là, il se présenta devant le roi Philippe Ier, en son palais de Paris, accompagné d'Archembaud II, seigneur de Bourbon, d'Humbaud d'Huriel, chevalier, et de l'abbé de Saint-Denis, Rainier. Là, devant de nombreux témoins, Archembaud déclara « confirmer intégralement, sans exception », la donation faite par son vassal Jean de Saint-Caprais. En compensation, le roi ordonna qu'un pauvre, vêtu par Archembaud, serait, pendant toute la vie de ce dernier, nourri aux frais du prieuré. Il chargea ensuite le seigneur de Bourbon et ses successeurs d'être les défenseurs des moines de la Chapelle (2). Enfin, à la prière d'Archembaud et d'Humbaud d'Huriel, il décida qu'autour du monastère seraient plantées quatre croix de bois, dans l'intérieur desquelles les criminels auraient droit d'asile, les habitants jouiraient de certains privilèges, et le prieur seul exercerait la justice (3).

---

(1) L' « original » de ce diplôme existe aux Arch. nationales, K, 20, n° 3. Il a été publié par Doublet, Félibien, Chazaud, *op. cit.*, p. 23-25; Jules Tardif, *op. cit.*, p. 176-177, et plus récemment par M. Maurice Prou, *Recueil des actes de Philippe Ier*, Paris, 1898, in-4°, p. 89-91.

(2) *Diplôme de Philippe Ier*, 27 mai 1067 : « Accedentes ad nostræ sublimitatis presentiam, Erchenbaldus scilicet Burbunensis dominus, atque Hunbaldus, Huriacensis miles venerandus, supplici petierunt devotione, ut cujusdam villæ munus, quæ in Bituricensi regione Capella nominatur, et ab incolis juxta fluvium Lasmars sita esse peribetur, fratribus Deo ac preciosissimis martiribus Dyonisio, Rustico et Eleutherio ubique militantibus, nostræ auctoritatis precepto fieri juberemus, atque sicut Sancti Caprasii quidam miles, nomine Johannes, supradictis martiribus pro sua omniumque animarum salute concesserat, inde carta facta nostro proprio sigillo in perpetuum confirmaremus..... Quia vero prefatus Erchenbaldus, Burbunensis dominus, ita integre sicut Johannes de Sancto Caprasio dederat quidquid ab eo tenebat, sive villam, sive homines, sive mansos et intus et extra, sancto Dyonisio, remota omni exceptione, me et proceribus meis audientibus, concessit, etc. » (dans Chazaud, *ibid.*, p. 23, et Prou, *op. cit.*, p. 89).

(3) *Ibid.* : « Tantorum igitur virorum petitioni adquiescens..., quod pete-

8. — Le diplôme indique en terminant qu'il a été rendu « le jour de la Pentecôte de la septième année du règne du roi Philippe » (ce qui correspond au 27 mai 1067, en partant du 4 août 1060, date de la mort d'Henri Ier), et qu'il a été écrit par le chancelier Baudouin (1). Cette dernière affirmation a mis en éveil la critique exercée de M. Prou (2): les signes paléographiques du diplôme montrent, dit-il, que cette affirmation est fausse; ce n'est pas Baudouin qui l'a écrit, mais un moine de Saint-Denis, dont l'écriture ressemble à celle du faux diplôme de Childéric II mentionné plus haut. Certaines formules, de plus, sont empruntées aux diplômes carolingiens et même mérovingiens. Le prétendu « original » n'est donc tout au plus qu'une *copie* libre. C'est en outre une copie fautive; car parmi les nombreux *proceres* qui ont souscrit le diplôme : archevêques, évêques, comtes, officiers, se trouve mentionné le *dapifer* Ferry, qui n'est entré en fonctions qu'entre le 18 mars et le 4 août 1070 (3). M. Prou en conclut que le diplôme de Philippe Ier a été *forgé* en 1071 ou même après (4).

Le mot « forgé » nous paraît excessif. Il faut observer en effet : — 1° que parmi les signataires du diplôme, plusieurs avaient disparu en 1071, notamment le chancelier Baudouin, dont le dernier acte connu est du 7 août 1067, l'évêque de Senlis Frolland, remplacé dès 1068, le comte de Flandre Baudouin VI, mort le 17 juillet 1070, l'archevêque de Bourges

---

bant in tanta libertate concessi ut in presentia multorum constituissem quatinus juxta supradictam Capellam loca quatuor terminarentur, in quibus singulis *crux lignea* poneretur, etc. » (dans CHAZAUD, *ibid.*, p. 23-24; et PROU, *ibid.*, p. 89-90).

(1) *Ibid.* : « Istud datum esse confirmamus in die Pentecosten, anno VII regni nostri, in palatio Parisiacensi. Fideliter (*sic*) in Dei nomine, amen. S. Balduini, cancellarii, qui hanc cartam scripsit » (dans CHAZAUD, *ibid.*, p. 25; et PROU, *ibid.*, p. 91). — On ne peut songer à prendre comme point de départ le 23 mai 1059, date de la *designatio* de Philippe; en effet la septième année de son règne correspondrait alors à l'intervalle 23 mai 1065-22 mai 1066 : or dans cet intervalle, il n'y a pas eu de fête de la Pentecôte; en 1065, elle tomba le 15 mai, et en 1066, le 4 juin.

(2) MM. Chazaud et Jules Tardif avaient admis au contraire l'authenticité du diplôme sans protester.

(3) Cf. PROU, *op. cit.*, introd., p. CXLIX.

(4) Pour les détails de cette discussion, cf. PROU, *ibid.*, p. 86-89, en note.

Aymon, mort avant Pâques 1071. En somme, la souscription de Ferry est la *seule* qui ne concorde pas avec la date du 27 mai 1067, jour où l'on sait par ailleurs que Philippe était vraiment présent à Paris (1) ; — 2° que le diplôme tel que le donne « l'original » est incomplet ; en effet dans une charte du 14 mai 1075, Humbaud d'Huriel, l'un des acteurs de la scène du 27 mai 1067, déclare qu'Archembaud de Bourbon, « lui voyant et entendant », a donné aux moines de la Chapelle, avec l'autorisation du roi, « tout ce que leur donneraient ses hommes, de quelque condition qu'ils fussent » (2). Or cette importante concession ne figure pas dans le texte qui nous est parvenu. — Il faut conclure de là qu'il a réellement existé un diplôme authentique du roi Philippe, daté du 27 mai 1067 et écrit par le chancelier Baudouin ; mais qu'à une date qu'il n'y a pas intérêt à préciser davantage, ce diplôme ayant été déchiré ou endommagé d'une façon quelconque, un moine de Saint-Denis a recopié ce qui en restait, avec les signatures qu'il a pu lire : celle du *dapifer* Raoul (3) ayant disparu, il l'a remplacée par celle du *dapifer* en exercice, Ferry (4). Ainsi s'expliquent, à notre avis, les anomalies justement relevées par M. Prou.

(1) Le 29 mai, il assista à la dédicace de l'église (rebâtie par lui) de Saint-Martin-des-Champs (PROU, *ibid.*, p. 91-94).

(2) *Charte d'Humbaud d'Huriel*, 14 mai 1075 : « Ego Humbaldus de Uriaco... perpendens ethiam domnum Archinbaldum, in curia Philippi regis Francorum in palatio Parisiacensi in die sancto Pentecosten, *me vidente et audiente* multisque nobilibus personis, tam episcoporum quam abbatum quam comitum, jussu et concessu ipsius regis, dedisse et concessisse monasterio sancti Dionisii in monte Julano fundato, quecumque homines sui darent monachis sancti Dionisii, cujuscumque conditionis essent, sive servi, sive liberi, ipsi monachi omnia in perpetuum possiderent » (dans CHAZAUD, *op. cit.*, p. 29 ; et J. TARDIF, *op. cit.*, p. 186). L'original existe aux Archives nationales, K, 20, n° 57. — Le *Cartulaire* de la Chapelle-Aude contient plusieurs autres références au diplôme de Philippe, mais sans qu'il soit possible de dire si elles visent le diplôme authentique ou le diplôme refait au temps de Ferry ; cf. les *Chartes de Richard II*, 11 mai 1073, et d'*Archembaud III de Bourbon*, 23 juin 1079 (dans CHAZAUD, *ibid.*, p. 40 et 26-27, et J. TARDIF, *ibid.*, p. 180).

(3) C'est lui qui figure dans le diplôme du 29 mai 1067 relatif à Saint-Martin-des-Champs, *supra cit.*

(4) Donc entre mars 1070 et mai 1077 (cf. PROU, *ibid.*, p. CXLIX-CL).

9. — Quoi qu'il en soit sur ce point particulier, le diplôme
royal fut certainement le point de départ de la prospérité du
prieuré de la Chapelle. En quelques années, une véritable
« ville » s'éleva à l'entour (1). Avant de mourir (1071), l'archevêque Aymon autorisa les moines à établir auprès du prieuré,
pour la commodité des habitants, une foire qui devait se
tenir dans la première semaine de carême (2). Peu après, le
prieur Hugues, comprenant la nécessité de donner des lois
à la nouvelle agglomération, assez mélangée, qui se formait
sur le mont Julian, avait réuni son chapitre, et, en présence
d'Humbaud d'Huriel et des autres seigneurs de la région,
avait rédigé des *Coutumes*, qui furent confirmées et promul-
guées devant une nombreuse assistance par l'archevêque
Richard, « le samedi après l'Ascension du Seigneur, dans la
troisième année de son pontificat », c'est-à-dire le 11 mai
1073 (3). Hugues y définissait ses droits, et réglait la condition
des habitants et des biens dépendant de lui. Nous avons là
un des premiers exemples de coutumes officielles *écrites*, ce

(1) Cf. CHAZAUD, *ibid.*, p. 40 : « villa etiam eidem adjacens » (mai 1073);
p. 52 : « mirum in modum brevi tempore excrescens » (1075).

(2) Cf. *Charte de Richard II*, 17 mai 1075 : « ... sicut Aymo Bituricensis
archipresul, predecessor suus, decreverat et preceperat fieri nundinam, que
vocatur feria, apud Capellam consuetudinarie prima ebdomada quadragesime... » (dans CHAZAUD, *ibid.*, p. 32).

(3) *Charte de Richard II*, 11 mai 1073 : « Cum, divina opitulante gratia,
in honore Dei beatorumque martyrum Dyonisii, Rustici et Eleutherii, in
monte Julano basilica esset constructa, villa etiam eidem adjacens, tempore
Aimonis Biturige sedis archipresulis, a rege Francorum Philippo, et Archim-
baldo Burbunensi, et Hunbaldo Uriacensi, ceterisque proceribus in curia regis
existentibus, ab omnium potestate hominum, nisi solius prioris et monachorum
Sancti Dionisii, esset immunis et libera effecta, quasdam *consuetudines* in
sequentibus singillatim descriptas, priori ejusdem loci Ugoni nomine, consensu
Richardi archiepiscopi Biturigentis, prefati Aimonis successoris, tociusque sui
capituli consilio, quin etiam Umbaldi Uriacensis aliquorumque illius regionis
optimatum asstante presencia et concedenti, constituere placuit » (*ibid.*, p. 40-
41). — La date est ainsi indiquée : « ... in eadem villa Capelle, sabbato post
ascensionem Domini, secundo et dimidio anno archiepiscopatus Richardi,
regnante Philippo rege septino regni sui anno, abbate quoque Rainerio sci Dionisii ecclesie presidente » (*ibid.*, p. 46). Il faut ici compter la septième année
du règne de Philippe Ier à partir de la mort de Baudouin de Flandre, son
tuteur : 1er septembre 1067; cf. sur ce point : CHAZAUD, *ibid.*, introd.,
LXXVIII-LXXIX, et PROU, *op. cit.*, p. 88, en note.

qui en rend l'étude particulièrement intéressante. Nous en ferons, dans la seconde *Partie*, un examen détaillé.

Deux ans plus tard, dans un séjour d'une semaine au moins qu'il fit à la Chapelle-Aude, à l'époque de l'Ascension, et qui fut d'une grande importance pour l'avenir du prieuré, l'archevêque Richard II concéda aux moines deux nouvelles foires, qui devaient se tenir dans la semaine de l'Ascension et dans la semaine de la fête de Saint-Denis, d'un dimanche à l'autre (17 mai 1075) (1). — Puis, ayant vu « l'accroissement si rapide de la ville », il la sépara, la même année ou l'année suivante avant Pâques, de la paroisse de Lanage, qu'elle surpassait déjà en importance, et, de l'avis de tous ses clercs, lui conféra « le baptistère, le chrême, l'huile, et le cimetière », c'est-à-dire tous les droits paroissiaux (2). De plus, comme la paroisse de Lanage était exemptée des droits de parée et de synode, il en exempta aussi la Chapelle (3).

En même temps, ayant déjà donné à la jeune Église la « paroisse mère » aux dépens de laquelle il la formait (4), il eut soin, pour éviter des discussions, que chacune conservât son honneur et son domaine propres. Aussi décréta-t-il sur l'avis conforme du chapitre de Saint-Étienne, que ceux qui avaient été paroissiens de Lanage avant la construction de la Chapelle pourraient continuer à aller à leur ancienne paroisse, sauf, s'ils habitaient dans l'intérieur du bourg de la Chapelle, à payer la dîme aux moines; les étrangers, déjà paroissiens de fait de la Chapelle, le resteraient pour le tout. Les femmes mariées devaient suivre la paroisse de leur mari, soit Lanage, soit la Chapelle, suivant les cas. Le paroissien de Lanage qui voudrait être enseveli à la Chapelle pourrait l'être, mais en payant à Lanage les redevances accoutu-

(1) Cf. *infrà*, n° 41.

(2) *Charte de Richard II*, 1075-1076 : « Quæ Capella, Dei gratia donisque fidelium uberrimis, mirum in modum brevi tempore excrescens, matrem æcclesiam prefatam (de Lenagia) feliciter honore et dignitate quam tocius (*sic*) superavit, ac deinde, felicissimi comitatus suorum clericorum consilio, ipsi Capellæ baptisterium, crisma, et oleum, atque cymeterium contulit » (dans Chazaud, *ibid.*, p. 52).

(3) *Ibid.* : « Ei sicut æcclesia de Lenagia soluta est ne reddat paratum vel sinodum, ita huic ne redderet prorsus disposuit » (*ibid.*, p. 52).

(4) Cf. *infrà*, n° 12.

mées (1). Ainsi furent réglés les droits paroissiaux des deux églises voisines, distantes à peine de 800 mètres.

10. — On était alors à l'époque où le pape Grégoire VII imprimait à la réforme ecclésiastique une impulsion décisive, en s'attaquant à la cause principale des maux dont souffrait l'Église : le *laïcisme* (2). Le pape commençait à lutter avec énergie contre l'appropriation privée des églises et des dîmes par les laïques (3). L'occasion était bonne pour l'abbaye de Saint-Denis d'essayer de recouvrer ses anciennes possessions. Elle avait reçu, paraît-il, du pape Étienne II, le privilège de ne pouvoir être dépouillée de ses biens, ni par une Église, ni par un particulier, les eussent-ils possédés pendant plus de trente ans, du moment qu'elle pouvait prouver qu'ils lui avaient appartenu (4). En outre, au moment où les moines de Saint-Denis commençaient à bâtir leur église à la Chapelle, trois vieillards, Dodon, prêtre de Preuille, son frère Euvrard, et son cousin Bosbert, étaient venus les trouver, et leur avaient rappelé que l'abbaye de Saint-Denis

---

(1) *Charte de Richard II*, 1075 : « Ne inter has duas æcclesias forte sedicio oriretur, licet Sancti Stephani consilio capitolii (*sic*) ipsam matrem ecclesiam de Lenagia sanctissimo Dyonisio dedisset, adjudicavit tamen ut unaquæque honorem proprium et dominicum haberet. Cujus rei decretum est ut qui parrochiani ecclesiæ de Lenagia fuerant, priusquam Capella construeretur, ecclesiastico usu, ut pote eam matrem tanquam matrem sequerentur, decima vero illorum qui infrà burgum habitaverint, monachis æcclesie Capellæ servientibus reddatur. Extranei autem et adventicii, etc. » (*ibid.*, p. 53). — La charte se termine par la date MLXV ; mais cette date est inadmissible, puisque Richard II n'est devenu archevêque qu'en 1071 ; le copiste a sûrement oublié un X (en ce sens, CHAZAUD, *op. cit.*, introd., p. LXXIX).

(2) Cf. E. CHÉNON, *Hist. des rapports de l'Église et de l'État du Ier au XXe siècle*, 2e éd., Paris, Bloud, 1913, in-16, p. 81 et suiv.

(3) Cf. PAUL THOMAS, *Le droit de propriété des laïques sur les églises*, Paris, 1906, in-8°, p. 134 ; — et PAUL VIARD, *Hist. de la dîme ecclésiastique jusqu'au décret de Gratien*, Dijon, 1909, in-8°, p. 212 et suiv.

(4) Cf. *Charte de Richard II*, 1079-1082 : « Quapropter ipse Alexander, viso privilegio domini Stephani pape, in quo concesserat Sancto Dionisio, perpetuo jure, nullam aliam æcclesiam nullamque personam res sancti Dionisii posse habere, etiam si probare potuerit se annorum triginta spatio vel multo ampliori possedisse, quamvis consuetudinis sit omnem æcclesiam quod eo spatio possederit non posse amittere » (dans CHAZAUD, *ibid.*, p. 48).

avait eu pendant longtemps beaucoup de domaines dans la région (1).

L'abbé Rainier fit alors faire de minutieuses recherches dans les archives de l'abbaye pour retrouver les titres des biens détruits ou injustement perdus à la suite des invasions hongroises. On en retira de nombreux actes, notamment les pseudo-diplômes de Dagobert et des autres rois mérovingiens, qui avaient dû servir déjà au temps de Charlemagne (2). C'est sans doute alors que les moines chargés de la recherche rédigèrent ces deux diplômes, attribués l'un à Dagobert et l'autre à Clovis II, que nous avons réservés plus haut, et qui contiennent une longue énumération des églises jadis possédées par l'abbaye de Saint-Denis en Limousin et en Berry : la charte de Charlemagne de 802 leur en avait sans doute fourni les éléments. Cette charte énumère, on l'a vu (*suprà*, n° 4), 18 églises du Berry dépendant de Saint-Denis. Or, le pseudo-diplôme de Dagobert les énumère à son tour, et en ajoute seulement deux : l'église de Courçais et l'église Saint-Martial *de Salviaco* (*nunc* Saint-Désiré) (3). Le pseudo-

---

(1) Cf. *Charte de Richard II*, mai 1075 : « Tempore Haimonis Bituricensis archiepiscopi, et Henrici Francorum regis, quo monachi sancti Dionisii in Bituricensi pago, apud Capellam ecclesiam in honore sancti Dionisii edificare ceperunt, tres viros senes et antiquos, Dodonem scilicet sacerdotem de Pelolio, et Euvrardum fratrem ejus, et Bosbertum eorumdem cognatum, ad monachos Capelle venisse, qui intimantes eis multa que sanctus Dionisius in ista terra diu possederat... » (*loc. cit.*, p. 54).

(2) Cf. *Charte de Richard II*, 1079-1082 : « Rainerius vero abbas Sancti Dyonisii longo tempore post, diligentissime perscrutans privilegia ipsius monasterii, multa que erant juris sancti Dyonisii esse amissa cognoscens... » (*ibid.*, p. 48).

(3) *Pseudo-diplôme de Dagobert*, juillet 636 : « In Bituricensi etiam pago adjungentes concedimus villam de Casimanci cum ecclesia, villam de Lanatico cum ecclesia, villam de Givretis cum ecclesia, villam de Archiniaco cum ecclesia, villam de Malliaco cum ecclesia, villam de Stivalicalis cum ecclesia et quinque mansis ad eandem ecclesiam pertinentibus, villam de Giverlaico cum ecclesia, villam de Vernido cum ecclesia, villam de Duabus Casis cum ecclesia, villam de Vico-pleno (*sic*) cum ecclesia, villam de Perolio cum ecclesia et campo dominico, villam de Vallo cum ecclesia, villam de Argenteria cum ecclesia, villam [de Aldo?] cum ecclesia, villam de Noto cum ecclesia, villam Umreziaco cum ecclesia, villam de Napsiniaco cum ecclesia, et quæque pertinere videntur ad easdem villas.... Damus nempe insuper omnem terram quæ est inter duas aquas a Cono flumine usque ad fluvium

diplôme de Clovis II n'en indique que 9; mais 7 se trouvent dans la charte de 802; les deux autres sont celles de *Salviacus* et de Courçais (1).

Muni de toutes ces pièces authentiques ou apocryphes, l'abbé Rainier se rendit à Rome (vers 1071) et pria le pape Alexandre de faire restituer à Saint-Denis, « par la puissance ecclésiastique », tout ce qui, d'après ces pièces, paraissait lui avoir appartenu (2). Le pape, ayant lu les privilèges de ses prédécesseurs, notamment celui d'Étienne II, et les diplômes de Dagobert et des autres rois, envoya à l'archevêque Richard des lettres scellées de son sceau, lui enjoignant, « par l'obéissance qu'il devait à Dieu, à saint Pierre, et au pape », de s'employer à faire rendre à « saint Denis » tous les biens qui, dans le diocèse de Bourges, d'après les actes signés des souverains pontifes et des rois franks, lui avaient appartenu ; l'évêque devait avertir tous ceux, clercs ou laïques, qui possédaient injustement les domaines de « saint Denis », de les restituer, et au besoin les y forcer par l'excommunication (3).

fontis Moer, cum omnibus ecclesiis, ecclesiam videlicet sancti Marcialis de Salviaco, et ecclesiam de Curciaco, ecclesiam de Mosayco, et etiam omnes res ad easdem ecclesias pertinentes, tam intus quam extra, ad eumdem locum ubi hæ duæ aquæ copulantur » (dans CHAZAUD, *ibid.*, p. 11). — Le fleuve *Conus* est la Queugne, qui passe près de Courçais. *Salviacus* est le nom du village où mourut en 550 l'évêque de Bourges *Desideratus* (saint Désiré), à son retour du concile de Clermont (Bollandistes, t. II, 8 mai).

(1) *Pseudo-diplôme de Clovis II*, octobre 644 : « Concedo et confirmo ipsi præfato Dionysio et venerabili Aygulfo patri ejusdem monasterii, videlicet in Bituricensi pago, ecclesiam et villam de Noto, ecclesiam et villam de Umreziaco, ecclesiam et villam de Pelolio, ecclesiam et villam de Argenteria, ecclesiam et villam de Vallo, ecclesiam sancti Marcialis de Salviaco, ecclesiam de Curciaco, ecclesiam de Casimansi, ecclesiam de Mosayco, et villas, et decimas, et terras circumquaque adjacentes, et prædia et mancipia utriusque sexus, et omnia alia circumquaque adjacentia » (dans CHAZAUD, *ibid.*, p. 14).

(2) Cf. *Charte de Richard II*, 1079-1082 : « Romamque adiens, Alexandrum papam, qui tunc apostolatum regebat, expeciit, ut apostolica auctoritate, ea que in suis privilegiis sancti Dionisii fuisse dinoscebantur, æcclesiastica potestate sancto Dionisio restitueret » (*ibid.*, p. 48).

(3) *Ibid.* : « Quapropter ipse Alexander, viso privilegio domini Stephani pape, ...lectis etiam privilegiis ceterorum antecessorum suorum, et Dagoberti regis excellentissimi, aliorumque regum, nobis mittens litteras cum sigillo suo, quibus nos conjuravit, et per obedientiam quam Deo et sancto Petro

Le pape ne pouvait mieux s'adresser : l'archevêque Richard
est célèbre, en effet, par son énergie à faire rentrer dans le
patrimoine ecclésiastique les biens usurpés. « Ce saint prélat,
dit La Thaumassière, s'appliqua de tout son pouvoir à
réprimer ce désordre, et à obliger les gentilshommes par ses
fréquentes exhortations, par les censures ecclésiastiques et
toutes autres voyes, de restituer les églises dont ils jouïs-
soient induëment aux colleges, chapitres, et communautés
religieuses » (1).

11. — Nous allons suivre ses efforts en ce qui concerne les
églises et autres biens jadis possédés en Bas-Berry par l'abbaye
de Saint-Denis. Mais avant d'entamer ce récit, il est nécessaire de fixer en quelques mots la chronologie des prieurs de
la Chapelle-Aude. Cette chronologie est en effet indispensable pour établir les synchronismes qui nous permettront de
déterminer la date d'un certain nombre de chartes du *Cartulaire* du prieuré, non datées ou mal datées (2).

Jusqu'à présent, nous n'avons rencontré qu'un seul prieur
de la Chapelle-Aude, le prieur *Hugues*, qui, selon toute
vraisemblance, en fut en fait le premier. Il est mentionné
pour la première fois sous son initiale, entre le 23 mai 1059
et le 4 août 1060 (3), pour la seconde fois, en toutes let-

sibique debebamus, commonuit ut omnes æcclesias, seu terras, vel possessiones, que sub sigillatione Romanorum pontificum, et Dagoberti regis, suc-
cessorumque suorum, æcclesie sancti Dionisii fuisse comprobarentur, in nostro
archiepiscopatu, omnia sancto Dionisio, in quantum valeremus, restauraremus,
commonendo, compellendo, excommunicando, tam laïcos quam etiam clericos,
qui res sancti Dionisii injuste possidebant » (*ibid.*, p. 48).

(1) LA THAUMASSIÈRE, *Hist. de Berry*, réimpr. in-8°, t. II, p. 56. — Cf.
CHAZAUD, *op. cit.*, p. 64 : « Interim gratia Dei accidit, quod domnus Richardus Biturigensium presulatum est adeptus, qui omnem manum laïcam
Pariter execrando omnino expulit de sancta Æcclesia »; — et Dom FÉLIBIEN,
op. cit., p. 129.

(2) CHAZAUD, *ibid.*, p. LXXXIV et s., ne donne qu'une liste très incomplète
et parfois inexacte. M. PIERRE GAUTIER, *op. cit.*, p. 3-5, l'a sensiblement
améliorée, mais n'a pas extrait non plus des fragments du *Cartulaire* de la
Chapelle-Aude publiés, soit par Chazaud, soit par lui-même, tous les renseignements qu'ils contiennent sur ce sujet.

(3) Cf. P. GAUTIER, *ibid.*, n° XVI : « Hoc factum est apud Spinioculum,
tempore *Henrici* regis Francorum et Aimonis Bituricensis archipresulis. Hoc
viderunt et audierunt H. prior et alii ». Cette charte est postérieure à une

tres (1), le 27 mai 1067, pour la dernière fois en juin 1087 ou
1089 (2). Il eut pour successeur *Raoul*, mentionné dans plusieurs chartes de l'archevêque Richard II, lequel est mort le
25 mai 1092 (3). En 1092 ou 1093 et en 1095 ou 1096, le prieur
s'appelait *Eudes* (4). Après lui, il faut placer *Vivien*, qu'un
texte indique comme ayant précédé un prieur nommé
Raoul (5). Ces trois derniers prieurs n'ont fait que passer ;
car dès 1097 et peut-être dès la fin de 1096, on trouve en
fonctions leur successeur *Raoul II*, qui fournit au contraire
une carrière de près de quarante ans. Il est mentionné en
effet dans deux chartes de l'archevêque Audebert, mort au
plus tard à la fin de 1097 ou au début de 1098 (6), et dans

autre, de Jean de Saint-Caprais, comprise entre le 23 mai 1059 et le 4 août
1060 ; le 4 août 1060 est la date de la mort d'Henri I⁰ʳ. — Cf. *suprà*, nᵒˢ 6
et 7.

(1) Cf. Chazaud, *op. cit.*, p. 25 : « S. Hugonis prioris... Istud datum esse
factum confirmamus in die Pentecosten, anno VII° regni nostri, in palatio
Parisiacensi ». La septième année du règne de Philippe Iᵉʳ se termine le
3 août 1067, en partant de la mort de son père en 1060 ; or, on l'a vu (*suprà*,
nᵒ 8), c'est bien le point de départ adopté par le rédacteur du diplôme.

(2) Cf. Chazaud, *op. cit.*, p. 51 : « Priori Hugoni de Capella... Hoc factum
est in tempore Philippi regis vicesimo et nono anno regni sui ». La vingt-
neuvième année du règne de Philippe Iᵉʳ se termine le 22 mai 1088 ou le
3 août 1089, selon qu'on part de son sacre anticipé en 1059, ou de la mort
de son père en 1060. Nous verrons plus loin que la charte précitée doit être
du mois de juin ; elle doit donc être datée : juin 1087 ou 1089.

(3) Cf. P. Gautier, *ibid.*, nᵒ 11 : « Richardus archiepiscopus... Hoc concessum est in manu prioris Radulfi » ; *adde* Chazaud, *ibid.*, p. 117.

(4) Cf. P. Gautier, *ibid.*, nᵒ XXV, charte d'Ives, abbé de Saint-Denis :
« Per manus Odonis monachi nostri... XV Kalendas aprilis (*lire :* V Kal.
aprilis ou XV Kal. maïi), die Resurrectionis Domini » ; cela correspond, soit
au 28 mars 1092, soit au 17 avril 1093 ; — et Chazaud, *ibid.*, p. 83 :
« Arnaldus de Guiranda, volens ire in Hierosolymam... in manu Odonis prioris... Hoc actum est apud Capellam... tempore Aldeberti Bituricensis archiepiscopi » ; l'archevêque Audebert a siégé de 1092 à 1097 ou 1098 ; le voyage
de Jérusalem désigne évidemment la première croisade, prêchée au concile
de Clermont en novembre 1095 ; le départ des croisés eut lieu en août 1096 ;
c'est donc entre ces deux dates que se place la charte précitée.

(5) Cf. *ibid.*, p. 83-84, où il est question d'un don fait « in manu prioris
Viviani », et revendiqué ensuite par le prieur Raoul.

(6) Cf. P. Gautier, *ibid.*, nᵒ XIX, charte du 24 décembre 1096 ou 1097 ;
— et Chazaud, *ibid.*, p. 95 : « Hoc actum est apud Capellam sci Dyonisii,
tempore Rodulfi pricris, domno Hildeberto Biturica sedi presidente, et

une autre de 1135 (1). Il résulte de deux autres actes qu'il appartenait à la famille des Grossinels, et avait pour frère Geofroy et pour neveux Humbaud, Amblard, et Raoul Grossinel (2). Il donna sa démission peu après 1135, sans doute à cause de son grand âge, et eut pour successeur *Eudes de Deuil,* qui s'inspirait de ses conseils dans les circonstances difficiles (3).

Eudes de Deuil quitta le prieuré de la Chapelle-Aude au plus tard en 1147, et peut-être dès 1146, pour suivre Louis VII à la seconde croisade (4). C'est alors qu'il fut remplacé par le prieur *Pierre,* dont l'existence a été révélée par les nouveaux documents découverts par M. P. Gautier (5). On trouve ensuite, antérieurement au mois d'août 1153, le prieur *Guillaume,* puis le 2 août 1153 et en 1154, le prieur *Rorgon* (6). Mais celui ci semble n'avoir fait qu'un intérim, car *Guillaume* redevint ensuite prieur « pour la seconde fois » (7).

Philippo regnum Francie regente »; l'archevêque Audebert était encore vivant le 14 mai 1097, mais son successeur Léodegaire était en fonctions en 1098 (cf. P. GAUTIER, *ibid.,* n° I, et LA THAUMASSIÈRE, *op. cit.,* t. II, p. 58 et 59).

(1) Cf. CHAZAUD, *op. cit.,* p. 100 : « Rodulfus prior... anno ab incarnatione Domini MCXXXV° ».

(2) Cf. P. GAUTIER, *ibid.,* n° XII : « Hunbaldus, filius Goffredi Grossinelli, volens ire Hierusalem... Radulfo avunculo suo » (entre 1121-1135); — CHAZAUD, *op. cit.,* p. 144 : « Ego Amblardus filius Grossinelli... in manu Radulfi prioris, avunculo meo... », etc. Cf. *infrà,* n° 23.

(3) Cf. CHAZAUD, *ibid.,* p. 91 : « ... tempore Rodulfi prioris.... Ego vero Odo de Diogilo, ipsius Rodulfi consilio, etc. ».

(4) On sait qu'Eudes de Deuil a été l'historien de la seconde croisade; son livre est intitulé : *De Ludovici VII profectione in Orientem* (cf. AUG. MOLINIER, *Les sources de l'histoire de France,* Paris, in-8°, t. II, [1902], n° 2171).

(5) Cf. P. GAUTIER, *ibid.,* n°° XVI, XVIII, XXI, XXII : « ... in manu domini Petri prioris supradicti loci... ».

(6) Cf. CHAZAUD, *ibid.,* p. 115 : « Rorgo, prior Capellæ, ... quibus Wuillelmus prior prædecessor suus.... Hæc convenio facta est apud Capellam, prima dominica augusti, luna VIIIa, anno ab incarnatione Domini M° C°LIII° »; — et p. 134 : « ... fratrem nostrum R. priorem de Capella... » (charte de 1154).

(7) Cf. P. GAUTIER, *ibid.,* n° XX : « ... in tempore Willelmi prioris.... Post multum vero temporis, *iterum* eodem Willelmo existente priore Capella... ».

Vers 1172, le prieur s'appelait *Richer* [1], et en 1208, H. [2].
Tels sont les prieurs que nous allons voir maintenant à
l'œuvre, et dont la chronologie nous permettra, le cas échéant,
de classer d'une façon suffisamment approchée les différentes
chartes qui doivent nous servir.

[1] Cf. CHAZAUD, *ibid.*, p. 75-76 : « Richerius prior qui hoc donum accepit ». Il s'agit d'une donation faite par Agnès de Savoie, comtesse de Bourbon, en exécution du testament de son fils Archembaud le Jeune, mort en 1169 ; or, Agnès est devenue veuve en 1171, et c'est dans les premiers mois de son veuvage qu'elle a dû accomplir les dernières volontés de son fils. Cf. sur ce point : CHAZAUD, *Chronologie des sires de Bourbon, op. cit.*, p. 182 et 184 ; — et *infrà*, n° 26.

[2] Cf. CHAZAUD, *Cartulaire, op. cit.*, p. 138-139 : « ... dilectum in Xpo H. priorem de Capella Aude.... Actum anno Domini MCCVIII ».

CHAPITRE II

RESTITUTION A L'ABBAYE DE SAINT-DENIS DES ÉGLISES ET DIMES USURPÉES

---

12. — Dès qu'il eut reçu les lettres du pape Alexandre II, vers 1072 ou 1073 sans doute [1], l'archevêque Richard se mit à l'œuvre [2]. Elle n'était pas facile. Il lui fallait en effet obliger les détenteurs, souvent puissants, des domaines usurpés à renoncer à ce qu'ils regardaient comme leur droit. Les conciles et les synodes autorisant les clercs à recouvrer « par tous les moyens en leur pouvoir » les dîmes et autres biens ecclésiastiques possédés par les laïques [3], l'archevêque procéda d'abord doucement, par exhortation, puis fortement, par citation devant sa cour et excommunication.

Ce fut le seigneur d'Huriel, Humbaud l'ancien, qui donna l'exemple. Lors de ce séjour que l'archevêque Richard fit à la Chapelle-Aude à l'époque de l'Ascension 1075, séjour dont

(1) Richard II a été sacré le jour de Pâques 1071, et Alexandre II est mort le 21 avril 1073, suivi de près par l'abbé Rainier (janvier 1074 ou 1075).

(2) *Charte de Richard II* : « Quam ob rem, perlectis litteris domni Alexandri pape, visis etiam privilegiis Sancti Dionisii, que fecerant Romani pontifices et Franciæ reges, perpendendo quoque Deo ingratum esse resistere justicie, faciendoque quod justum est, obediendo etiam preceptis domni pape... » (dans CHAZAUD, *op. cit.*, p. 48).

(3) Cf. CHAZAUD, *op. cit.*, p. 62 : « Quoniam laïci, contra jus et fas, decimas et beneficia ecclesiarum expendebant, in usus quos non debebant, decretum est in conciliis et sinodis ut, quibuscumque modis possent, clerici auferrent laïcis decimas et cetera beneficia ecclesiarum, et in proprios usus redigerent ».

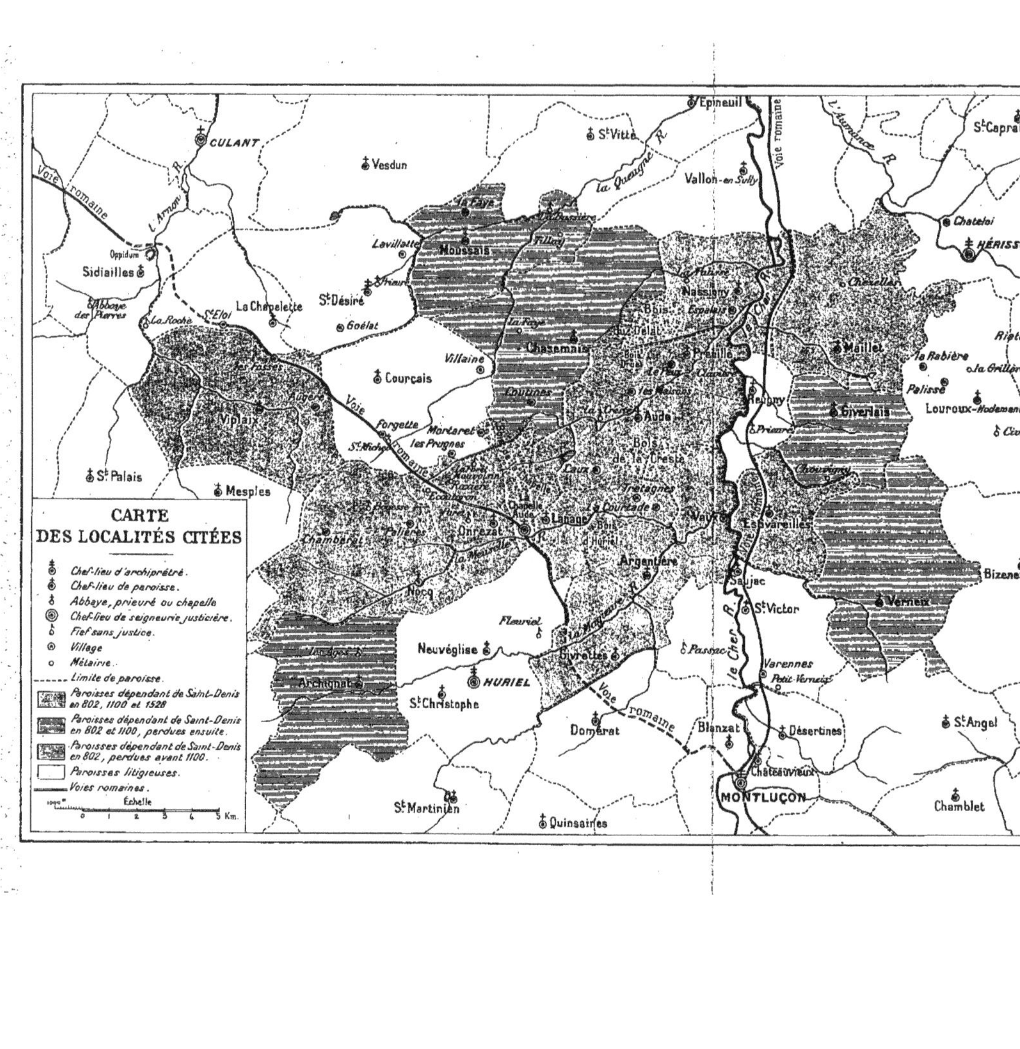

CARTE
DES LOCALITÉS CITÉES
Chef-lieu d'archiprêtré.
Chef-lieu de paroisse.
Abbaye, prieuré ou chapelle
Chef-lieu de seigneurie justicière.
Fief sans justice.
Village
Métairie.
Limite de paroisse.
Paroisses dépendant de Saint-Denis en 802, 1100 et 1528
Paroisses dépendant de Saint-Denis en 802 et 1100, perdues ensuite.
Paroisses dépendant de Saint-Denis en 802, perdues avant 1100.
Paroisses litigieuses.
Voies romaines.
Échelle
0   1   2   3   4   5 Km.
CULANT
Vesdun
St Vitte
Epineuil
Vallon-en-Sully
St Caprais
Chatelai
HÉRISSON
Voie romaine
L'Arnon R.
la Queugne R.
Voie romaine
L'Aumance R.
Faye
Lavillatte
Moussais
Tillay
Nassigny
Chapelle
Maillet
Rieter
la Rabière
la Grillère
Palisse
Louroux-Hodement
Sidiailles
Oppidum
Abbaye des Pierres
La Roche
St Eloi
La Chapelette
St Désiré
Goelat
Villaine
Courçais
Chazemais
la Faye
Loutines
Bois Buz-Delal
Préhilla
Epineuil
le Cher R.
Reugny
Le Prieuré
Giverlais
Civra
les Fosses
Viplaix
Agé
Voie
Forgette
Mortaret les Prugnes
St Michel romaine
la Grange
Aude
Bois de la Chesté
Bretagne
Toulouy
St Palais
Mesples
Pirot
Chanteau
Laun
Courtade
Valty
Esvareilles
Bizeneu
Chamberat
Teillet
Onrezat
Lahage R.
Bois d'Huriel
Saijac
Verneix
Noeq
la Meunie
Argentière
St Victor
Varennes
Fleuriel
Neuvéglise
Giverlles
Passac
Petit Verneix
Archignat
HURIEL
St Christophe
Voie romaine
Blanzat
Désertines
St Angel
St Martinien
Quinsaines
Domérat
Châteauvieux
MONTLUÇON
Chamblet

nous avons signalé plus haut l'importance pour l'avenir du prieuré, Humbaud d'Huriel se présenta devant le prélat, et le jour même de l'Ascension (14 mai), dans une longue charte où il faisait aux moines de larges concessions sur lesquelles nous reviendrons (1), il déclara leur rendre l'église d'*Aude* avec toutes ses dépendances, y compris la dîme qu'il avait déjà restituée, « laquelle église, dit-il, avait été jadis donnée à saint Denis, comme le prouvent des privilèges véridiques ». Il obligea ses vassaux Guillaume Grossinel, fils de Bernard, Guillaume et Raoul Mauvoisin, oncles dudit Guillaume, qui tenaient de lui, « à la manière des laïques », église, terres, villa et dîme, à abandonner tous leurs droits au prieuré. Il donna aussi le prêtre Airaud, qui était sans doute le chapelain d'Aude, et toute sa possession (2).

Le même jour, le même Humbaud d'Huriel et deux autres de ses vassaux, Guillaume Blanc et Gautier, frère de ce dernier, remirent entre les mains de Richard II « le fief presbytéral et l'église de *Lanage* qu'ils avaient longtemps tenus à la manière des laïques et possédés injustement » (3). L'arche-

(1) Cf. *infrà*, n° 18.

(2) *Charte d'Humbaud d'Huriel*, 14 mai 1075 : « Reddo ethiam æcclesiam de Alda, et terram, et villam, et decimam quam prius reddideram, quia primo fuerat data sancto Dionisio, sicut veridica privilegia manifestabant. Facio ethiam et feci concedere illis qui tenebant de me ecclesiam, et terram, et decimam, et villam, secundum consuetudines laicorum, quas habebant in æcclesiis, scilicet Bernardo Grossinello, qui dederat sco Dionisio pro Wuillelmo filio suo, et Wuillelmo Malevicino, et Rodulfo fratre suo, avunculis ipsius Wuillelmi. Dono quoque Airaldum presbyterum et possessionem suam.... Hoc actum est apud Capellam die ascensionis Domini, regnante Philippo rege Francorum.... S. Angisi qui hanc cartam scripsit » (dans CHAZAUD, *ibid.*, p. 30, 31, 32). — L'année n'est pas indiquée; mais la comparaison avec une autre charte, passée au même lieu par Richard et Humbaud « le dimanche après les Rogations », par conséquent trois jours après l'Ascension, en 1075, devant un grand nombre de témoins *communs*, et écrite par le même scribe Angisus (*ibid.*, p. 32-36), permet d'affirmer que les deux chartes sont contemporaines.

(3) *Charte de Richard II*, 14 mai 1075 : « Ego Richardus ecclesiæ Bituricensis humilis minister notificamus quod accedentes ad nostræ sublimitatis presentiam, videlicet Hunbaldus Uriacensis dominus et Guillelmus Albus et Galterius frater ejus supplici devotione in manu nostra reliquerunt presbyteralem fiscum et ecclesiam de Lenatico, quam ipse Hunbaldus et fiscales sui, secundum consuetudines laïcorum, diù tenuerant.... Hoc factum est apud

vêque s'empressa, le lendemain ou le surlendemain, de rendre
l'église, avec son fief presbytéral, aux moines de la Chapelle-
Aûde, à qui elle appartenait, « comme le prouvaient les
authentiques privilèges de Saint-Denis » (1). Cela fait, il fit
venir quatre hommes « loyaux », les plus âgés de toute la
paroisse, savoir les deux chapelains de l'église, les prêtres
Dagbert et Roger, et deux laïques, Léger Vison et Aimery
de la Porte, et leur enjoignit, ainsi qu'Humbaud d'Huriel,
de délimiter le fief presbytéral : ce qu'ils firent volontiers (2).
C'est peu après cette restitution de l'église de Lanage aux
moines de Saint-Denis que l'archevêque Richard érigea la
Chapelle-Aude en paroisse (3).

13. — C'est aussi, selon toute vraisemblance, pendant ce
même séjour à la Chapelle-Aude, que l'archevêque Richard
parvint à mettre fin à un long procès qui avait dégénéré
en scandale. Depuis plusieurs années déjà, les moines de la
Chapelle réclamaient à Geofroy, archiprêtre de Saint-Désiré,
le champ dominical de *Preuille*, dont il était depuis longtemps en possession, mais qui leur avait été spécialement
désigné par les trois vieillards Dadon, Euvrard, et Bosbert
comme ayant appartenu à Saint-Denis (4). Geofroy ayant

Capellam sancti Dionysii, in die ascensionis Domini, tempore Philippi Francorum regis » (dans P. GAUTIER, *op. cit.*, nᵒ XXIV ; cf. CHAZAUD, *ibid.*,
p. 142-143). — Cf. également le début de la charte de Richard II du 15 ou
16 mai 1075, qui donne un texte presque identique. — La charte n'indique
pas l'année où elle a été rédigée ; mais le lieu, le jour, et les témoins sont
les mêmes que dans la charte précitée d'Humbaud d'Huriel ; il est impossible
de douter que ces deux chartes aient été faites en même temps.

(1) *Charte de Richard II*, 15 ou 16 mai 1075 : « Nos vero... hanc ecclesiam (de Lanatico), cum suo presbyterali fisco, reddidimus monasterio Capellæ, quia jus suum fuerat, sicut testificant autentica privilegia Sancti
Dyonisii » (dans CHAZAUD, *ibid.*, p. 102).

(2) *Ibid.* : « Quo facto, fecimus convenire quatuor legitimos viros, qui
erant majores natu totius parrochiæ, in præsentiam nostram, scilicet duos
ejusdem presbyteros ecclesiæ, capellanos Dacbertum et Rotgerium, et duos
laïcos Leodegarium Vizonem et Aimericum de Porta. Hos nempe quatuor
deprecati sumus et sub anatemate eos conjuravimus, ut discernerent presbyteralem fiscum ab aliis terris, quod et ipsi bono animo fecerunt, jussu et
consilio domni Hunbaldi et nostræ auctoritatis » (*ibid.*, p. 102). Suit l'indication des limites. — Cf. CHAZAUD, *ibid.*, introd., p. LXXI-LXXII.

(3) Cf. *suprà*, nᵒ 9.

(4) *Charte de Richard II*, mai 1075 : « ... inter alia dixerunt, se testi-

méprisé leur revendication et n'ayant rien rendu, les moines s'étaient plaints à l'archevêque Aymon. Après la mort de ce dernier (1071), ils avaient à plusieurs reprises renouvelé leur plainte entre les mains de son successeur. Richard II avait fini par enjoindre à l'archiprêtre de Saint-Désiré de faire droit à la réclamation des religieux; mais celui-ci avait refusé de comparaître en justice. Nouvelle plainte des moines à Richard II. Deux fois, trois fois, celui-ci cite Geofroy par-devant lui; devant son refus persistant, il prononce enfin l'excommunication (1).

Geofroy resta longtemps excommunié; finalement, sentant qu'il ne pouvait prolonger sa résistance, il se décida à comparaître. Au jour indiqué pour l'audience, à la Chapelle même, les moines et l'archiprêtre se présentèrent devant l'archevêque, en présence d'Humbaud d'Huriel, d'Amblard Guillebaud, et d'une trentaine d'autres seigneurs des environs (2). Les moines lurent leurs privilèges et produisirent des témoins prêts à prouver, soit en cour d'église devant l'archevêque et ses clercs, soit en cour laïque devant Hum-

---

ficaturos in omni curia agrum de Pelolio, qui dicitur dominicus, ita fuisse proprium sancti Dyonisii, sicut vineam que illi agro est adjacens... » (*ibid.*, p. 54). — Cf. *supra*, n° 10.

(1) *Ibid.* : « Quo monachi audito calumpniaverunt agrum Goffredo archipresbitero qui tenebat illum, monentes eum, ex parte sancti Dyonisii, ut redderet eis jus sancti Dyonisii, vel faceret eis rectum. Archipresbyter vero, parvi pendens calumpniam monachorum, nec agrum reddidit, nec rectum fecit, licet monachi fecissent clamorem de eo Haimoni archiepiscopo. Mortuo interim Aimone, et succedente in archiepiscopatu dompno Richardo, monachi sepissime calumpniantes, venientes in presentia dompni Richardi, fecerunt clamorem de archipresbytero ministro suo. Archiepiscopus itaque, audiens clamorem monachorum, monuit Goffredum ministrum suum, ut faceret monachis sancti Dyonisii rectum. Archipresbyter autem, inobediens precepto archiepiscopali, noluit venire ad judicium. Monachi ergo videntes archipresbyterum archiepiscopo inobedientem, iterum adeuntes curiam archiepiscopalem, clamaverunt se de archipresbytero. Archiepiscopus itaque, videns ministrum suum inobedientem sibi, monuit eum bis et ter ut veniret ad judicium : quo nolente venire ad judicium, necessitate judicii coactus, excommunicavit eum » (*ibid.*, p. 55). L'excommunication doit être postérieure au 11 mai 1073; car ce jour-là l'archiprêtre Geofroy est témoin de la charte des *Coutumes* (*ibid.*, p. 46); il n'eût pu l'être s'il eût déjà été excommunié.

(2) Voir la liste, *ibid.*, p. 56.

baud d'Huriel et d'autres seigneurs, qu'ils avaient souvent entendu dire à leur grand-père (1) qu'il avait été tenancier de cette terre et en avait rendu le service à l'abbaye de Saint-Denis, à qui elle appartenait. L'archiprêtre répondit qu'il n'avait pas d'autre raison à alléguer que la longue possession de ses prédécesseurs (2).

L'archevêque et les seigneurs qui assistaient au plaid lui demandèrent alors s'il voulait être jugé. Geofroy, « ayant pris conseil d'Humbaud d'Huriel, d'Amblard Guillebaud, et d'autres hommes prudents, qui lui étaient favorables », comprit qu'il n'avait rien à gagner à se laisser juger. Il reconnut qu'il détenait injustement le champ de Preuille, confessa sa faute à l'archevêque Richard, et demanda pardon d'avoir pendant si longtemps conservé la terre sans droit et supporté l'excommunication de son pasteur. Il remit alors, entre les mains de Richard et d'Humbaud d'Huriel, le champ litigieux. L'archevêque, satisfait du résultat, releva Geofroy de l'excommunication encourue, et lui fit faire sa paix avec les moines de la Chapelle (3). Cette mainlevée de l'excommu-

(1) Il est probable que ces témoins étaient le prêtre Dodon, son frère Euvrard, et leur cousin Bosbert, qui avaient le même grand-père ; cf. *suprà*, n° 10.

(2) *Ibid.* : « Qui excommunicatus diu mansit in excommunicatione eadem. Transacto vero longo tempore, presentavit se ad judicium, videns se diutius non posse resistere. Quo audito, archiepiscopus denominavit diem quo venirent ad judicium monachi et archipresbyter ; venientes igitur, statuta die, apud Capellam, in presentia domni Richardi, presente Hunbaldo Uriacense, et Amblardo Guillebaudo, et multis aliis proceribus istius terre, monachis legentibus privilegia sua, et habentibus legitimos testes volentes probare lege quæ is indicaretur, vel ab archiepiscopo et ministris suis clericali judicio, vel ab Hunbaudo et aliis proceribus laïcali judicio, avum suum illis audientibus sepissime dixisse se illius terre servientem fuisse, et sancto Dyonisio servitium terre reddidisse, et hoc quod ille dixerat verum esse, et eos testimonium ejus probare voluisse, et hanc terram juris sancti Dyonisii fuisse ; archipresbyter vero, ut audivit privilegia et testes, respondit se nullam rationem aliam habere, nisi quod antecessores sui hanc terram diu tenuerant (*ibid.*, p. 55).

(3) *Ibid.* : « Auditis itaque utriusque rationibus archiepiscopus et Hunbaudus aliique proceres qui intererant judicio, interrogaverunt archipresbiterum, si vellet fieri judicium. Archipresbyter autem, accepto consilio cum Hunbaudo Uriacense et Amblardo Guillebaudo aliisque prudentissimis viris qui favebant parti sue, intelligens se ex judicio nil posse acquirere, recognoscens etiam se terram illam injuste tenuisse, presentavit se domno

nication a dû avoir lieu dans les jours qui ont précédé l'Ascension ; car ce jour-là (14 mai), Geofroy figure comme témoin dans la charte précitée d'Humbaud d'Huriel (1).

Nous croyons pouvoir rapporter à la même date la restitution opérée à la Chapelle; entre les mains de l'archevêque Richard et du prieur Hugues, d'un quart de la dîme de Saint-Genès d'*Onrezat*, dont jouissait injustement Dea, dame de Vallon. Dea rendit tout ce qu'elle possédait aux moines de la Chapelle, avec le consentement de son mari Goulfier, seigneur de Vallon, et de tous ses fils (2).

14. — Jusqu'alors, sauf le cas de l'excommunication particulière de l'archiprêtre Geofroy, Richard II avait procédé par la persuasion plutôt que par l'autorité. Il avait ainsi obtenu certains résultats ; mais étant donné la force d'inertie propre au Berry, ils ne pouvaient être que peu importants. En particulier, peu d'églises avaient été restituées aux moines de Saint-Denis, et en général la réforme se faisait lentement dans le diocèse de Bourges. C'est pour cela sans doute que l'archevêque devint suspect à l'intraitable Hugues de Die, légat du Saint-Siège, et qu'eut lieu au concile d'Autun, en septembre 1077, cette altercation à la suite de laquelle Richard jeta à terre ses ornements pontificaux et déclara renoncer

Richardo, confitens culpam suam, et expetens veniam ab archiepiscopo et menachis, de hoc quod terram diu injuste tenuerat, et excommunicationem dómini et pastoris sui diu pertulerat. Impetrata igitur venia quam expetierat, dimisit et concessit Deo et monasterio sancti Dyonisii de Capella, in manu domini Richardi Bituricensis archiepiscopi et Humbaudi Uriacensis, ex integro terram ita liberam et absolutam, etc. » (dans Chazaud, *ibid.*, p. 55-56).

(1) *Ibid.*, p. 31.

(2) *Charte de Dea*, mai 1075 : « Qua propter ego Dea, consilio et concessione mariti mei Golferii et omnium filiorum meorum, pro redemptione et salute animarum nostrarum tociusque progeniei, ut Deus eis eterna requie perfrui concedat, dono Deo et ecclesie sancti Dionisii de Capella, monachisque ibidem Deo et prefato martyri famulantibus, omne illud quod in ecclesia sancti Genesii de Umreziaco injuste possidere vidabor cum quarta parte decime, et omnia que ad jus ejusdem ecclesie pertinere videntur, tam intus quam extra.... Hoc donum facio et concedo in manu Richardi archiepiscopi Bituricensis et Ugonis prioris Capelle.... Hoc actum est apud Capellam, regnante Philippo rege » (*ibid.*, p. 69-70). La charte est écrite par le scribe Angisus, comme les deux chartes des 14 et 17 mai 1075, et a avec elles plusieurs témoins communs.

à la dignité épiscopale. Il se rendit ensuite à Rome avec les archevêques de Reims, Besançon, Sens, et Tours, pour se plaindre à Grégoire VII de son légat. Mais au synode romain du carême 1078, sur les instances du pape, il promit « de donner satisfaction, en présence du légat, sur les faits qui lui étaient reprochés », et, n'ayant pas été déposé par jugement synodal, il reprit « la crosse et l'anneau » en mars 1078 [1].

A la suite de cette mésaventure, Richard comprit qu'il fallait agir avec plus d'énergie. A peine rentré dans son diocèse, il lança ou promulgua une excommunication générale « sur tous les laïques détenteurs des églises de Dieu » [2]. Il réunit ensuite à Massay, « la veille de l'Ascension », les abbés des principaux monastères du Berry : Wormond, abbé de Déols, Gautier, abbé de Méobec, Sulpice, abbé de Massay, Giraud, abbé d'Issoudun, Humbaud, abbé de Vierzon, et une foule d'autres clercs ou moines, Emenon, prévôt de Chambon, les archidiacres de Bourges, de Bourbon-l'Archembaud, de la Châtre, de Saint-Désiré, Hugues, prieur de la Chapelle-Aude, etc [3]; et là, dressa pour l'abbaye de Saint-Denis (et sans doute aussi pour d'autres) une charte de « restauration », selon sa propre expression.

(1) Grégoire VII, *Epist.* 83, 9 mars 1078 (n. st.) : « Richardus Biturigensis archiepiscopus, quia irato animo et non synodali judicio, dimisit ecclesiam suam, virgam et annulum recepit, promittens se de objectis coram legato nostro satisfacere » (dans Dom Bouquet, *Histor. de France*, t. XIV, p. 618; ou Jaffé, *Monumenta Gregoriana*, Berlin, 1865, in-8°, p. 314). — Cf. La Thaumassière, *Hist. du Berry*, op. cit., t. II, p. 66; — et De Raynal, op. cit., t. I, p. 440-441.

(2) *Cartulaire de Vierzon*, charte postér. à 1092 : « Notum sit omnibus tam presentibus quam futuris quod in tempore domini Richardi, sancti Bituricensis sedis archiepiscopi, facta est universalis excomunicatio super illos laïcos qui patrimonio Domini obtinebant ecclesias » (publiée par Toulgoet-Tréanna, *Histoire de Vierzon*, Paris, 1884, in-8°, p. 472-473, qui la date inexactement de 1080; la charte, qualifiant Richard de « bone memorie archiepiscopus », n'a pu être rédigée qu'après sa mort).

(3) *Charte de restauration*, 1079-1082 : « ... videntibus et audientibus istis : Warmundo abbate Dolensi, Walterio abbate Millebecci, Sulpicio abbate Masciacensi, Giraldo abbate Exolduneusi, Hunbaldo abbate Virsionensi, Emenone preposito Camboneusi, Ugone archidiacono Bituricensi, Matheo cantore sancti Stephani, Euvardo decano sancti Stephani, Iterio archidiacono Burbunensi, Erberto archidiacono de Castra, Petro prior de Castra, Rogerio

Dans cette charte, Richard II rappelle d'abord les nombreuses donations faites à Saint-Denis par le roi Dagobert et ses successeurs, puis les invasions hongroises qui, après la mort de Charlemagne, ont fait perdre aux moines tous leurs domaines situés en Berry, le privilège accordé par le pape Étienne II à l'abbaye de ne pouvoir être dépouillée de ses biens par la prescription, enfin les recherches faites par l'abbé Rainier dans ses archives, et la lettre d'Alexandre II ordonnant la restitution générale (1). Après quoi, « ayant vu à son tour les diplômes des rois et désirant obéir aux ordres du pape », il dresse la liste de toutes les églises, au nombre de dix-huit, que l'abbaye de Saint-Denis avait possédées jadis dans le Berry et qui doivent lui être rendues. Il faut mettre à part trois églises : celle de Reuilly avec ses dépendances (au nord d'Issoudun), et celles de Jars et de Gouers-sur-Arnon, qui furent rattachées à Reuilly ; elles n'intéressent qu'indirectement l'histoire de la Chapelle-Aude (2). Les quinze autres,

archidiacono de Sancto Desiderato, Andrea archidiacono, Goffredo archipresbitero, Giraldo archipresbitero de Iricione, Ugone priore de Capella, Zacharias prior Britonice, Alberto monacho sancte Valerie, Vuillelmo monacho sancti Dionisii. Hoc actum est apud Masciacum, vigilia ascensionis Domini, regnante Philippo rege. Signum Angisi, qui hanc cartam scripsit » (dans CHAZAUD, op. cit., p. 49). L'original en parchemin se trouve aux Arch. nationales, S, 2305, n° 1.

(1) *Ibid.*, p. 47-48 ; cf. *suprà*, n°⁵ 5 et 10.

(2) *Ibid.*, p. 49 : « Scilicet Ruliacum cum omnibus appendiciis suis, æcclesia de Berno (*lire* : Gerno), æcclesia de Bozia (*lire* : Gozia) » ; cf. CHAZAUD, *Additions*, loc. cit., p. 481. — Il s'est produit pour l'église de Reuilly le même fait que pour la Chapelle-Aude. Simplement mentionnée dans le pseudo-diplôme attribué à Clotaire II (*suprà*, n° 2), elle l'a été avec plus de détails dans un autre pseudo-diplôme attribué à Dagobert. Cette pièce, qui, d'après ses caractères, a dû être fabriquée au ix⁰ siècle et refaite au xi⁰, énumère, comme il suit, les dépendances de Reuilly : « Imprimis, *Ruilliacum*, et deinde hos vicos, videlicet : Villa Francillo, Montelliacum, Avendelliacum, Noziacum (*Noray*), Morilliacum, Talaïcum, Sarmasiacum, Paredum, Ger, Pay, Masnile, Cassinoilum, Cantalupum, Jernacum, Vineolas, terram de Planis, terram de Valle, ad quam respicit Arnolliacus, terram que dicitur Mons Beraldi, terram que dicitur Canehuces, cum omnibus appendiciis suis, silvis scilicet et vineis, pratis, aquis, earundem decursibus, et servis et ancillis. Preter hec autem curtem dominicam, cum capella ibi fabricata in honore sancti Salvatoris apostolorumque ejus Petri et Pauli, atque sanctorum martyrum Dionysii, Rustici, et Eleutheri, cum incluso vinee,

savoir : Viplaix, Chasemais, Aude, Preuille avec le champ
dominical sis près de l'église, Nassigny, Maillet, Deux-Chaises,
Estivareilles, Givrettes, Argentière, Vaux, Lanage, Onrezat,
Nocq, et Archignat [1], étaient toutes mentionnées dans la
charte de Charlemagne de 802 et dans le pseudo-diplôme de
Dagobert de 636. La charte de Charlemagne ajoutait seulement les trois églises de Giverlais, Verneix, Moussais; et le
pseudo-diplôme de Dagobert les cinq églises de Giverlais,
Verneix, Moussais, Saint-Désiré, et Courçais. Des trois premières, il ne sera plus question; on verra plus loin ce qu'il
est advenu des deux autres [2].

A quel moment fut rendue la charte de restauration de
Richard II? M. Chazaud la date de 1075, et Dom Félibien de
1088. Ces deux dates sont inadmissibles. Entre autres raisons, en voici une qui suffit : le premier témoin de la charte
est l'abbé de Déols Wormond; or celui-ci, nommé directement par le pape Grégoire VII, avait été chassé par ses
moines; il n'avait pu recouvrer son abbaye, par ordre du
pape, qu'en mars 1079 [3], et il était mort au plus tard en

---

ac septem farinariis, furnis decem, et portum, mercatum, piscarias quoque
quas ibi michi institui precepi habere concedo. Do etiam duas villas, quarum
una dicitur Cirsai et sita est super fluvium Telum, et altera Goyse, quæ
proxima est fluvio Arnon, cum omnibus appendiciis suis » (dans PARDESSUS,
Diplomata, chartæ, etc., t. II, p. 58; — et EUG. HUBERT, *Recueil des
chartes intéressant l'Indre*, dans la *Revue du Berry*, année 1899, p. 95).
La plupart de ces dépendances de Reuilly, notamment Vineuil, Talaïcum,
Paredum, Carnuces, Pay, Planes, etc., furent restituées à l'abbaye de Saint-
Denis par les soins de l'archevêque Richard, ainsi qu'en fait foi une charte-
notice, rédigée à Bourges entre 1071-1092. Cette charte, conservée aux
Arch. Nat., S, 2209, n° 26 (fonds du prieuré de Reuilly), a été publiée par
EUG. HUBERT, *loc. cit.*, p. 187-188.

(1) *Charte de Richard II*, 1079-1082 : « ... æcclesia de Vico-Pleno (*sic*),
æcclesia de Casimansi, æcclesia de Aldo, æcclesia de Pelolio, et campum
dominicum prope æcclesiam positum, æcclesiam de Napsiniaco, æcclesiam
de Malliaco, æcclesiam de Duabus-Casis, æcclesiam de Stivaliculis, æcclesiam
de Givretis, æcclesiam de Argenteria, æcclesiam de Vallo, æcclesiam de Lanatico, æcclesiam de Umreziaco, æcclesiam de Noto, æcclesiam de Archigniaco.
De hac igitur restauracione hanc cartam fieri jubemus ».

(2) Cf. *infrà*, n° 52.

(3) GRÉGOIRE VII, *Lettre aux moines de Déols*, 20 mars 1078 (a. st.) :
« Præcepimus ut confratrem nostrum Warmundum Viennensem archiepiscopum, quem vobis in abbatem, Deo annuente, ordinavimus, sine omni con-

1082, date à laquelle on le trouve remplacé comme archevêque de Vienne [1]. La charte, écrite « la veille de l'Ascension », ne peut donc être antérieure au 1er mai 1079, ni postérieure au 1er juin 1082. Étant donné les circonstances, elle doit être plus rapprochée de la première date que de la seconde.

15. — Cependant l'excommunication prononcée avait produit quelques effets. Raoul de Passac, qui tenait d'Humbaud d'Huriel, « selon la coutume des laïques », l'église Saint-Pierre de Viplaix, adjacente à l'église paroissiale Saint-Martin, abandonna au prieur Hugues tous les droits qu'il avait sur elle, avec l'autorisation de son suzerain [2]. De même, les vassaux qui tenaient l'église de Givrettes d'Ameil de Chambon, « à la manière laïque », Ameil surnommé Geofroy, Albert surnommé Humbaud, Guillaume Gascho, et Pierre du Chaume, « frappés de la crainte de Dieu et ne voulant pas mourir excommuniés », vinrent trouver l'archevêque Richard, et lui remirent l'église qu'ils détenaient à tort [3]. Mais ces restitutions ne furent qu'éphémères. Des laïques inconnus s'emparèrent des deux églises de Viplaix [4]; Ameil de Chambon envahit l'église de Givrettes abandonnée

---

tradictione suscipiatis » ; et *Lettre aux seigneurs du Berry*, 20 mars 1078 (a. st.) : « Confratri autem nostro Wormundo, Viennensi archiepiscopo, abbatiam Dolensem concessimus, immo reddidimus » (dans Dom Bouquet, *op. cit.*, t. XIV, p. 632; — Jaffé, *Monumenta Gregoriana*, Berlin, 1865, in-8°, p. 363, 364; — et Eug. Hubert, *loc. cit.*, p. 198 et 200).

[1] La *Chronique de Déols*, dans Dom Bouquet, *ibid.*, t. XII, p. 455, indique comme date de sa mort l'année 1083.

[2] *Charte de Richard II*, 1087 ou 1089 : « ... et aliam huic adjacentem, Deo et sco Dionisio et priori Hugoni et monachis de Capella, quibus Radulphus de Paciaco jam dederat, quod in eadem æcclesia tam intra quam extra habebat, annuente Hunbaldo Huriacensi, a quo secundum laicorum veterem consuetudinem movere æcclesia dicebatur... » (dans Chazaud, *ibid.*, p. 50); — cf. P. Gautier, *op. cit.*, n° X.

[3] *Charte d'Ameil de Chambon*, 1087 ou 1089 : « Quo audito, hi qui tenebant præfatam ecclesiam (de Givretis), videlicet Amelius cognomine Gaufridus, Albertus cognomine Hunbaldus, Wuillelmus Gascho, atque Petrus de Calmo, terrore Dei perculsi, ad archiepiscopum Richardum venientes, ne execrati morerentur, in suis manibus, sua sponte, quam male tenuerant, æcclesiam protinus reliquerunt » (*ibid.*, p. 64).

[4] *Charte de Richard II*, 1087 ou 1089, *infrà cit.*

par ses vassaux, et l'enleva aux moines de Saint-Denis (1). C'était un nouveau siège à faire.

La vingt-neuvième année du règne de Philippe Ier, c'est-à-dire entre le 23 mai 1087 et le 22 mai 1088, ou entre le 4 août 1088 et le 3 août 1089, suivant qu'on prend pour point de départ le sacre anticipé de Philippe ou la mort de son père Henri, Richard II vint à *Viplaix* pour consacrer un autel dans l'église paroissiale et y tenir un concile. S'apercevant que les deux églises étaient encore aux mains des laïques, il refusa de consacrer l'autel et même de passer l'étole à son cou, jusqu'à ce que les laïques coupables eussent promis de ne plus rien percevoir des oblations qui se faisaient dans l'église paroissiale et dans la voisine (2). Les laïques s'étant exécutés, l'archevêque s'empressa, devant la nombreuse assistance venue pour le concile et pour la consécration de l'autel, de faire tradition au prieur Hugues, « par sa crosse pastorale », des deux églises de Viplaix (3). Il lui donna également une partie des reliques pour les porter à la Chapelle (4). Étaient présents, outre l'archevêque Richard et

(1) *Charte d'Ameil de Chambon :* « His auditis, Amelius Cambonensis, a quo hi viri more laïco tenuerant, eamdem solutam ab istis invadendo arripuit, et monachos sci Dionisii injuste predavit » (dans CHAZAUD, *ibid.*, p. 64).

(2) *Charte de Richard II*, 1087 ou 1089 : « Noscant omnes catholice ecclesie.filii me Ricardum Biturice sedis archiepiscopum ad quandam villam mei archiepiscopatus Vippleis nomine devenisse, ut in majori ejusdem ville ecclesia, videlicet parrochiali, in honore sancti Martini constituta, altare consecrarem, et concilium ibidem facerem. Ut vero æcclesiam prefatam, in qua altare erat, in manu ministrorum Dei ponerem et a laïcorum manibus eripere valerem, altare consecrare vel æciam stolam collo superponere nolui, quousque laïci qui hujus æcclesiæ et superioris huic vicine oblationum participes extiterant, se amplius nichil accepturos inde, in presentia mea et omnium circum astantium, promisissent » (*ibid.*, p. 50). La charte se termine ainsi : « Hoc factum est in tempore Philippi regis vicesimo et nono anno regni sui » (*ibid.*, p. 51). — L'original de la charte existe aux Arch. nationales, S, 2205, n° 10. — Nous verrons plus loin que le séjour de Richard II à Viplaix a dû avoir lieu en *juin*, donc en juin 1087 ou juin 1089.

(3) *Charte de Richard II*, 1087 ou 1089 : « Quo perpetrato, eandem ecclesiam (de Vippleis) et aliam huic adjacentem, ... coram quam plurimis circum astantibus, qui consecrationis causa conciliive convenerant, ex parte Dei et ex parte sancti Stephani, et ex nostra auctoritate, nostra archiepiscopali virga attribui » (dans CHAZAUD, *ibid.*, p. 50-51).

(4) *Charte de Richard*, 1087 ou 1089 : « ... et æciam de reliquiis ejusdem

le prieur Hugues : Humbaud d'Huriel, Amblard Guillebaud, les archidiacres Roger et André, l'archiprêtre de Saint-Désiré Geofroy, quelques clercs, le moine Benoît de Saint-Gildas, qui écrivit la charte, et comme seigneurs : Pierre le Groing, Roger et Raoul Mauvoisin, Aimery d'Aiguirande, Humbaud de l'Age, Amblard Grossinel, et une foule d'autres.

16. — Le même jour, l'archevêque Richard eut une autre joie. Ayant appris qu'il obligeait par l'excommunication les seigneurs du Berry à abandonner les églises et les biens d'Église que leurs ancêtres et eux-mêmes possédaient injustément, et sachant qu'il était venu à Viplaix pour la consécration d'un autel, un seigneur voisin, Amblard Guillebaud, possesseur d'un château situé sur les bords escarpés de l'Arnon, et aussi de plusieurs églises, se présenta devant le prélat. Tout en s'excusant sur ce qu'il était « illettré », il reconnut qu'il avait offensé Dieu, et abandonna à l'archevêque toutes les églises que lui-même et ses vassaux détenaient contre le droit, et parmi lesquelles se trouvait celle de *Nocq*. Dans le cas où ses vassaux ne voudraient pas l'imiter, il promit de ne pas les soutenir.(1). Sur le conseil amical d'Humbaud d'Huriel, il pria ensuite l'archevêque de concéder aux moines de la Chapelle l'église de *Nocq* et ses dépendances, quelle que fût la façon dont les moines pourraient.

æcclesie quamdam partem, quam ad suam deferret æcclesiam, priori Hugoni de Capella in memoria hujus doni ego tradidi » (*ibid.*, p. 51); cf. p. 85 : « ... et in hujus doni memoriam, per traditioném reliquiarum earumdem ecclesiarum, inde eos investiverat ».

(1) *Charte d'Amblard Guillebaud*, 1087 ou 1089 : « Quapropter ego Amblardus cognomine Willebaldus, videns domnum Richardum Bituricensem archiepiscopum submonere amore et compellere excommunicatione proceres Bituricensis pagi, dimittere ecclesias et possessiones ecclesiarum, quas ipsi et antecessores sui diu injuste tenuerant; agnoscens etiam, quamvis sim illiteratus, me Dominum offendisse et equitati restituisse, nolens quoque diutius tenere illud quod injuste tenueram, quadam die, sciens domnum Richardum facientem consecrationem altaris apud Vicum plenum (*sic*), adii presentiam ejus. In cujus presentia, ut Deus et ipse archiepiscopus dimitterent mihi peccatum, dimisi in manu domni Richardi, consilio procerum meorum, omnes ecclesias quas hactenus ego et fiscales mei injuste possederamus. Si vero fiscales mei facere noluerunt quod ego facio, pro certo sciant, quod ego non ero eis ulterius nec testis, nec defensor, nec adjutor ; etc. » (dans CHAZAUD, *op. cit.*, p. 57-58).

les acquérir (1). Richard, tout heureux, fit immédiatement tradition de l'église au prieur Hugues « par sa crosse » (2).

L'église de *Givrettes* fut plus difficile à recouvrer. Après l'agression d'Ameil de Chambon, le prieur Hugues et le moine Gautier s'étaient rendus auprès de Richard, et avaient porté plainte contre leur spoliateur (3). L'archevêque avait aussitôt envoyé à Ameil des lettres, scellées de son sceau, l'assignant devant sa cour, comme son diocésain, pour faire droit aux moines de Saint-Denis du tort qu'il leur avait causé. Le seigneur de Chambon comprit qu'il ne pouvait résister. Il se présenta devant Richard, qui se trouvait à la Chapelle, confessa sa faute, demanda pardon à l'archevêque et aux moines, et leur rendit, entièrement libre, l'église qu'il avait « injustement tenue » pendant si longtemps (4).

Ce qu'il y a de plus singulier, c'est que l'archevêque Richard, qui mettait tant de zèle à faire rendre à saint Denis

---

(1) *Ibid.* : « Precipue tamen, Hunbaldo Uriacense intimante mihi et consilium dante amicabiliter, rogavi archipresulem ut daret et concederet sancto Dyonisio et monachis Capelle, et ecclesiam de Not, et omnia que juris ecclesie ejusdem erant, quocumque modo monachi acquirere possent » (*ibid.*, p. 58).

(2) *Ibid.* : « Quod dominus Richardus, ad modum letus effectus, libentissime annuit, et cum virga pastorali, in eodem conventu, videntibus multis, Ugoni priori tradidit » (*ibid.*, p. 58).

(3) *Charte d'Ameil de Chambon* : « Quâ de re, monachi Sancti Dionisii locum Capelle tunc-temporis tenentes, videlicet Ugo prior et Galterius monachus, tendentes ad archiepiscopum, fecerunt clamorem de Amelio Cambonense, qui res sancti Dionisii injuste ceperat, et ecclesiam a fiscalibus suis eis concessam invaserat » (*ibid.*, p. 64).

(4) *Ibid.* : « Quo audito, domnus Richardus misit prefato Amelio litteras suas sigillatas, submonens eum, quasi parrochianum suum, ut monachis Sancti Dionisii faceret rectum, in curia sua, de invasione quam fecerat. Amelius vero, visis litteris, videns se diutius non posse resistere, venit in curia domni Richardi apud Capellam, cognoscens et confitens reatum suum ; et quia æcclesiam diu injuste tenuerat, pro emendatione forisfactorum quam (*sic*) monachis Sancti Dionisii fecerat, et ut impetraret indulgentiam ab ipso archiepiscopo et à monachis, dimisit æcclesiam liberam et absolutam » (*ibid.*, p. 64). La charte se termine ainsi : « Hoc actum est apud Capellam, in manu Richardi archipresulis, regnante Philippo rege » (*ibid.*, p. 65). Selon toute vraisemblance, elle est contemporaine des événements de Viplaix, d'où Richard II a pu facilement venir à la Chapelle-Aude. En tout cas, elle n'en peut être éloignée, le prieur Hugues n'ayant pas dû dépasser l'année 1090.

les églises détenues par les laïques, en montra beaucoup
moins quand il s'agit de restituer celles qu'il détenait lui-
même et qu'il avait cependant comprises dans la charte de
« restauration ». Ce n'est qu'après la mort du prieur Hugues,
par suite entre 1090 et 1092, qu'il se démit, entre les mains
du prieur Raoul Ier, de l'église Saint-Bonnet de *Preuille*,
qu'il avait concédée à Jean, chapelain de Nassigny (1), et de
l'église Saint-Sulpice d'*Archignat*, tenue de lui, dans des
proportions variables et à des conditions que nous étudierons plus tard, par quatre prêtres : Arnaud de Saint-Christophe, Ameil et Roger, et Emenon ; encore stipula-t-il que
ces prêtres resteraient en possession de leurs chapellenies
jusqu'à leur mort (2). Pour répondre au vœu de l'archevêque,
les chapelains d'Archignat transmirent successivement la
« saisine » des droits qu'ils avaient sur l'église au prieur
Raoul, lui demandant seulement de concéder, après leur
mort, *miserationis causa*, la chapellenie d'Archignat à celui
de leurs parents qui la demanderait, aux mêmes conditions
qu'à un étranger (3). C'est ainsi que vers 1095, sous le prieur

(1) *Charte de Richard II*, 1090-1092 : « Richardus archiepiscopus ecclesiam Sci Boniti de Perolio sco Dionysio et loco Capellæ concessit, tali modo
ut, quamdiu vixerit, Johannes presbyter de Napsiniaco de monachis Capellæ
teneat. Hoc concessum in manu prioris Radulfi » (dans P. GAUTIER, *op. cit.*,
n° II).

(2) *Charte d'Arnaud de Saint-Christophe*, 1090-1092 : « Ego Richardus
dono et concedo ecclesiam de Archiniaco sco Dyonisio et loco Capellæ, post
mortem presbyterorum illam tenentium, ita ut, dum vixerint, de sco Dyonisio
et priore supradicte Capellæ teneant » ; — *Charte d'Ameil et Roger*, 1090-
1092 : « Notum sit omnibus hominibus quod dominus Richardus archiepiscopus ecclesiam Sancti Sulpicii de Archiniaco sco Dyonisio et loco Capellæ
concessit » (dans CHAZAUD, *ibid.*, p. 116-117).

(3) *Ibid.* : « Hujus doni auctoritatem nos sequi volentes, scilicet Amelius
et Rotgerius, prædictam ab eo (Richardo) tenentes ecclesiam, hanc vestituram prædicto loco Capellæ fratribusque inibi Deo servientibus facimus...,
ita ut post nostram mortem sco Dyonisio totum remaneat. Sed si aliquis
successor legitimus ex nostra progenie adfuerit, causa miserationis, monachi, sicut aliis extraneis concederent, ita concedant. Hoc concessum est in
manu prioris Radulphi... » ; — *Charte d'Arnaud* : « Arnaldus presbyter
qui medietatem hujus ecclesie habuerat, in manu et præsentia prioris
Radulfi et archidiaconi Giraldi et archipresbyteri Dacberti, videntibus
monachis ibi morantibus, et aliis quam pluribus tam clericis quam laïcis,
in vita sua hanc vestituram sco Dyonisio ac loco Capellæ dimisit.... Post

Eudes, la part d'Arnaud de Saint-Christophe dans la chapellenie d'Archignat revint à son neveu Arnaud II (1).

17. — A la mort de Richard II, il y avait donc d'une
façon certaine sept églises restituées aux moines de la Chapelle-Aude sur les quinze qui étaient mentionnées dans la
charte de restauration, savoir celles d'Aude, Lanage, Viplaix,
Nocq, Givrettes, Preuille, et Archignat. Nous savons par
ailleurs qu'à des dates inconnues les six églises de Nassigny,
Maillet, Argentière, Vaux, Onrezat, et Chasemais ont été
restituées aussi (2). Sur l'église de Deux-Chaises, nous n'a-
vons pas de renseignements. Quant à l'église d'Estivareilles,
elle était encore en mains tierces. Sauf ces exceptions, on
peut dire que la charte de « restauration » de l'archevêque
Richard avait fini par recevoir son exécution, du vivant
même de l'actif prélat.

Aussi l'abbé de Saint-Denis, Ives († en janvier 1094), put-il,
avant de mourir, le jour de Pâques 1092 ou 1093, organiser
provisoirement, au point de vue monastique, les domaines
que son abbaye possédait dans le Berry. Il les réunit tous,
à savoir « la Chapelle Saint-Denis avec ses dépendances,
située sur la terre d'Archembaud, chevalier, seigneur de
Bourbon, et Reuilly avec ses dépendances, situé sur la
rivière de la Théols », en un seul prieuré, sous la direction
du prieur Eudes, avec cette clause que les moines de Reuilly
fourniraient aux moines de la Chapelle une partie des revenus de leurs terres, fixée par le prieur (3).

mortem autem ejus, quicquid in ecclesia habet proprium sco Dyonisio remaneat. Sed si successor legitimus ex sua progenie adfuerit, causa miserationis, illi concedant » ; — (*ibid.*, p. 116-117, 117-118).

(1) Cf. *infrà*, n° 33.

(2) Sur l'église de Chasemais, cf. *infrà*, n°ˢ 35 et 53 ; et sur les autres, le
Terrier de la Chapelle-Aude de 1528, dans CHAZAUD, *ibid.*, introd.,
p. LXXXV, et *infrà*, n° 36.

(3) *Charte d'Ives*, 1092 ou 1093 : « Ego, in Dei nomine, Ivo, abbas
cœnobii beati Dionysii, cum consilio fratrum nostrorum, videlicet monachorum nobiscum in monasterio degentium, per manus Odonis monachi nostri,
terras quas, Deo annuente, adquisivimus, depopulatione paganorum antiquitus perditas in pago Bituricensi, scilicet Capellam sci Dyonisii cum
appendiciis suis quæ sita est in terra Archembaldi militis de Burbuno castro
et Ruliacum cum appendiciis suis qui situs est super Telum fluvium... pro-
posuimus, et secundum regulam beati Benedicti in capitulo nostro firmamus,

Cet acte important est malheureusement daté d'une façon fautive : « le jour de Pâques, XV des kalendes d'avril » : or Pâques ne peut pas tomber un 18 mars, jour correspondant au XV des kalendes d'avril. M. Pierre Gautier suppose qu'au lieu d'*avril* il faut lire *mai*, ce qui correspondrait au 17 avril : sous l'abbatiat d'Ives, entre 1074 et 1094, Pâques est tombée une fois le 17 avril, en 1093 [1]. Mais on peut aussi bien supposer qu'au lieu de XV, il faut lire V, ce qui correspondrait au 28 mars : entre 1074 et 1094, Pâques est tombée deux fois le 28 mars, en 1087 et 1092. La date de 1087 doit être écartée parce qu'à cette époque vivait encore le prieur Hugues ; mais la date du 28 mars 1092 est aussi vraisemblable que celle suggérée par M. P. Gautier. — Par la suite, Reuilly et ses dépendances formèrent un prieuré distinct, dont l'histoire ne rentre pas dans le cadre de cette étude [2].

Après l'organisation établie par l'abbé Ives, nous n'avons plus à signaler que quelques restitutions tardives. Citons d'abord l'église Notre-Dame d'*Estivareilles* que l'archevêque Audebert conserva par devers lui presque jusqu'à sa mort. C'est seulement le jour de l'Ascension 1097 (14 mai) que, vaincu par les instances réitérées du roi Philippe Ier, et sur le conseil de ses chanoines, il la rendit aux moines de la Chapelle [3]. — Plus tard encore, entre 1097 et 1129, Hélie

---

ut fratres nostri illic degentes *sub uno prioratu* sint ordinati a nobis, eo tenore ut Ruliacus, dispositione prioris, serviat fratribus Capellæ manentibus secundum possibilitatem loci et terræ. Actum est in monasterio beati Dionysii, [in] capitulo nostro, XV kalendas aprilis, die Resurrectionis Domini, regnante Philippo rege » (dans P. GAUTIER, *ibid.*, n° XXV).   -

(1) P. GAUTIER, *loc. cit.*, en note.

(2) Dès 1159, on trouve la séparation effectuée ; à cette date, une donation est faite au prieuré de Reuilly entre les mains du prieur Thomas (J. TARDIF, *op. cit.*, p. 291). Les deux prieurés de Saint-Denis de Reuilly et de Saint-Denis de la Chapelle sont mentionnés séparément dans un pouillé des biens de l'abbaye de Saint-Denis de 1411, publié par Dom FÉLIBIEN, *op. cit.*, pièces justif., p. ccxxii et ccxxiii. Il existe aux Archives nationales, S, 2209, tout un fonds concernant Reuilly.

(3) *Charte d'Audebert*, 14 mai 1097 : « Carta Hildebérti, Bituricensium archiepiscopi, qua, domini sui Philippi, Francorum regis, creberrima collocutione hortatus, canonicorum et ministrorum ecclesiæ suæ consilio et favore, ecclesiam de Stivaculis, in honore scæ Mariæ fundatam, beato

d'Huriel, qui avait donné en gage au prieur de la Chapelle, Raoul Grossinel, la moitié de la dîme de l'église de *Vaux*, reconnut peu de jours après, sur son lit de mort, qu'il détenait sans droit cette part de dîme, et, pour le repos de son âme, il la rendit aux moines de la Chapelle, entre les mains de l'archiprêtre de Saint-Désiré, Dacbert, et du prieur du même lieu, Beraud (1). — Ainsi, lentement mais sûrement, grâce à l'esprit de suite des prieurs de la Chapelle et de l'archevêque de Bourges, se reconstituaient les anciens domaines de l'abbaye de Saint-Denis-en-France dans le Bas-Berry.

A ces églises restituées, s'ajoutèrent plus tard deux vicairies : l'une fondée, à une date inconnue, dans le cloître même de la Chapelle-Aude, et appelée pour cette raison *Notre-Dame-des-Claustres* (2); l'autre créée dans la chapelle de *Notre-Dame-de-Sardat*, construite en 1245 par Renoul II, seigneur de Culant, dans sa seigneurie de la Creste, paroisse d'Aude. D'un accord passé, le 23 février 1246, entre Renoul II et le prieur de la Chapelle, « patron dudit lieu », il résulte que toutes les oblations faites à l'autel de la Creste devaient être perçues par le prieur ou par le chapelain d'Aude; que le vicaire de la Creste ou tout autre prêtre célébrant audit autel n'en devait rien retenir, et devait même promettre par serment au prieur et au chapelain d'Aude de les leur remettre en totalité (3). Trois ans plus tard, le même

Dionysio sibique famulantibus reddidit. Actum apud Novum Castrum, in die ascensionis Domini, anno Incarnati Verbi MXCXVII, indictione V » (dans P. GAUTIER, *loc. cit.*, n° I).

(1) *Charte d'Hélie d'Huriel*, 1097-1129 : « Postea vero, non multis diebus interpositis, Helias infirmatus, in articulo mortis positus, sciens inminere terminum vitæ suæ, recognoscens etiam se injuste tenuisse medietatem decimæ ecclesiæ de Vallo, illam partem, quam prius miserat in vadimonium Radulfo priori Capellæ, dimisit et concessit Deo et sancto Dyonisio, pro remedio animæ suæ, vel parentum suorum, in manu Dacberti archipresbyteri et Beraldi prioris de Sancto-Desiderato, ita ut sanctus Dyonisius in perpetuum possideret » (*ibid.*, p. 81). Le prieur Beraud est mort vers 1129; cfr. *infrà*, n° 52. —

(2) *Terrier de 1528*, art. 19 : « ... et viccairie de Notre-Dame des Claustres, fondée en la dicte esglise de la Chappellaude » (dans CHAZAUD, *ibid.*, introd., p. LXXXV).

(3) *Charte de Renoul de Culant*, 23 février 1245 (a. st.) : « Universis

Renoul II reconnut qu'il n'avait « rien à pretendre ès pailles des dixmes de Crouste (*sic*) » (1).

presentes litteras inspecturis Radulphus (*lire* : Renulphus), dominus de Culent, salutem. Noveritis quod nos volumus et concedimus quod omnes oblationes, quecumque sunt, altaris de novo constructi in domo nostra de Crista, per licentiam prioris Capelle-Aude patroni ejusdem loci, dictus prior et capellanus de Aude integre percipiant et quiete, ita videlicet quod si vicarius de Crista vel aliquis alius sacerdos in dicto altari celebraverit, sacramentum faciat priori et capellano quod nichil omnino de oblationibus dicti altaris, quoquo modo fiant, retinebit, sed totum eisdem ex integro reddet.... Datum anno Domini M.CC.XL.V., in vigilia sci Mathie apostoli » (*ibid.*, p. 139); — *Terrier de 1528, loc. cit.* : « ... et la viccairie de Nostre-Dame de Sardat, fondée au village de la Creste ».

   (1) Cf. Chazaud, *Additions, loc. cit.*, p. 488.

CHAPITRE III

DONATIONS AU PRIEURÉ DE LA CHAPELLE
SOUS L'ARCHEVÊQUE RICHARD II

Les églises et les dîmes restituées aux moines de Saint-Denis ne formaient qu'une partie du patrimoine du prieuré de la Chapelle-Aude, la partie proprement ecclésiastique. A côté s'était rapidement constituée une partie temporelle résultant des dons fréquents que faisaient au prieuré les seigneurs du voisinage [1]. Ces dons pouvaient être inspirés par des raisons diverses. Les premiers et les plus nombreux furent déterminés par des sentiments de piété; les donateurs avaient en vue d'expier leurs fautes et d'assurer leur salut éternel ou celui de leurs parents. Un certain nombre les firent au moment de partir pour un pèlerinage lointain ou pour la croisade, ou encore au moment d'entrer ou de faire entrer un membre de leur famille au monastère de la Cha-pelle-Aude. Quelques donations enfin, les plus récentes, eurent pour objet de réparer des préjudices causés au prieuré. Sans nous astreindre à distinguer les libéralités d'après leurs mobiles, nous allons les suivre, autant que possible, dans leur ordre chronologique. Énumérons d'abord celles qui ont été faites sous l'archevêque Richard II, le véri-table « restaurateur » des biens de Saint-Denis-en-France dans le Berry.

---

(1) Cf. *Charte de Richard II*, 1075-1076 : « Quæ Capella, Dei gratia donisque fidelium *uberrimis*, mirum in modum, brevi tempore excrescens » (dans CHAZAUD, *Cartulaire, op. cit.*, p. 52).

18. — Avec Jean de Saint-Caprais, c'est Amblard Gaudeth (ou Gaudin), Archembaud II de Bourbon, et Humbaud d'Huriel, dit l'ancien, qui méritent, par leur générosité, d'être regardés comme « les fondateurs du prieuré de la Chapelle-Aude ». Nous n'avons plus les chartes d'Amblard Gaudeth et d'Archembaud II; mais nous savons par des chartes postérieures qu'Amblard Gaudeth aida à bâtir l'église de la Chapelle, en resta toute sa vie « le fidèle fondateur », et lui fit des dons nombreux (1). De même en 1079, Archembaud III nous apprend que son père († le 16 juillet 1078) « a beaucoup augmenté les biens de saint Denis » (2) : il avait donné notamment le manse de *Caux*, avec toutes les « coutumes » qu'il y possédait, entièrement libre de tout service, et toutes les redevances qui lui étaient dues sur le manse de la *Courtade* (3). Humbaud d'Huriel ajoute qu'à la Pentecôte 1067, en présence et avec l'assentiment du roi Philippe, Archembaud II a permis aux moines de « posséder à perpétuité tout ce que ses hommes, serfs ou libres, donneraient à saint Denis » (4).

Humbaud d'Huriel ne resta pas en arrière. Le 14 mai 1075, avec le consentement de sa femme, Dea de Bourbon, et de quelques-uns de ses vassaux, « voyant les moines de Saint-Denis installés près de son château, sur la terre que Jean de Saint-Caprais tenait en fief d'Archembaud de Bourbon, et sachant qu'Archembaud, qui était aussi son suzerain,

---

(1) Cf. *Charte de Richard II*, 1087 ou 1089 : « Amblardus cognomine Gaudeth, pro salute anime sue, ecclesiam Sancti Dyonisii de Capella edificavit, et à fundamentis, quamdiu vixit, fidelis fundator extitit, et multis donis eam sublimavit » (*ibid.*, p. 67).

(2) *Charte d'Archembaud III*, 23 juin 1079 : « Unde ego, Archinbaldus Burbunensis, cognomine Fortis, filius Archinbaldi de Monticulo, ... cognoscens eciam patrem meum amplissime augmentasse res sci Dyonisii.. » (*ibid.*, p. 26).

(3) *Ibid.* : « Mansum etiam quemdam cognominatum Cot, in quo consuetudines multas habebam et servientes mei, dono et concedo Deo et sancto Dyonisio quietum et ab omni servilio liberum, sicut pater meus dedit et concessit; consuetudinarias etiam acceptiones, quas in manso de Cortada habebam, ex toto dimitto, sicut pater meus ex toto dimisit » (*ibid.*, p. 26-27). *La Courtade*, domaine dans la paroisse de la Chapelle-Aude; *Caux*, hameau de la paroisse d'Aude.

(4) *Charte d'Humbaud d'Huriel*, 14 mai 1075, *infrà cit.*

avait permis à ses hommes de faire des donations auxdits moines », il résolut de suivre l'exemple de ce dernier et des autres seigneurs du pays (1). Par la charte même où il restituait l'église d'Aude (2), il donna aux moines de la Chapelle-Saint-Denis plusieurs serfs, notamment Landry de Caux avec sa tenure, et tout ce que lui-même possédait dans la terre de *Caux*, réservant seulement le « fisc » de ses sergents (3); il leur concéda dans toutes ses forêts le droit de prendre le bois nécessaire pour se chauffer et bâtir, le droit de panage pour leurs porcs, le droit de pacage pour leurs bœufs et leurs vaches; il leur permit également de pêcher dans toutes ses eaux (4); les autorisa à acquérir, par n'importe quel moyen, églises, dîmes, ou terres, de tous qui ceux dépendaient de lui, clercs ou laïques, hommes ou femmes (5);

(1) *Charte d'Humbaud d'Huriel*, 14 mai 1075 : « Quapropter ego Hunbaldus de Uriaco, consilio et voluntate Dee uxoris mee et quorumdam obtimatum meorum, videns monachos sancti Dionisii prope castrum meum hospitatos, in terra cujusdam militis nomine Johannis de Sancto Caprasio, quam ipse Johannes habebat de Archinbaldo Burbunensi, perpendens ethiam domnum Archinbaldum, in curia Philippi regis Francorum in palatio Parisiacensi in die sancto Pentecosten, me vidente et audiente multisque nobilibus personis, tam episcoporum quam abbatum quam comitum, jussu et concessu ipsius regis, dedisse et concessisse monasterio sancti Dionisii in monte Julano fundato, quecumque homines sui darent monachis sancti Dionisii, cujuscumque conditionis essent, sive servi, sive liberi, ipsi monachi omnia in [perpetuum possiderent; sperans quoque et confidens me posse consequi veniam peccatorum meorum, intervento beati Dionisii, cupiens etiam augmentare et amplificare res sci Dionisii, sicut Archinbaldus et ceteri proceres augmentaverant et dilataverant » (*ibid.*, p. 29).

(2) Cf. *suprà*, n° 12.

(3) *Ibid.* : « Dono etiam Landericum de Coth et hereditatem suam, et quicquid proprium habeo in tota terra de Coth, excepto fisco servientum meorum » (*ibid.*, p. 30).

(4) *Ibid.* : « Dono et concedo monachis Capelle sancti Dionisii manentibus, per omnes silvas meas, ubicumque sint, quidquid eis necesse fuerit ad calefaciendum, ad ædificandum, ad proprios porcos pascendos, pascua quoque bovibus et vaccis suis; concedo namque omnem piscationem ex omnibus aquis meis tocius terre mee » (*ibid.*, p. 30).

(5) *Ibid.* : « Si vero quolibet modo monachi potuerint habere de servientibus meis, volo et concedo ut monachi semper habeant. Concedo quoque quidquid poterunt adquirere in terra mea, seu in ecclesiis, seu in decimis, seu in terris, et in omnibus qui habent fiscum meum, sive clericus, sive sit laïcus, quocumque modo, vel in hominibus sive mulieribus, possint habere,

et promit enfin de respecter les immunités et les privilèges
que le roi de France et Archembaud II de Bourbon avaient
accordés à tous ceux qui habiteraient entre les quatre croix
de bois plantées autour de la Chapelle (1). La charte fut
passée à la Chapelle même, et jurée sur les évangiles, non
seulement par Humbaud, mais encore par ses deux fils,
Humbaud le jeune et Hélie (2).

19. — Peu après, vers 1078, le donateur de la première
heure, Jean de Saint-Caprais, compléta sa donation de
1059 ou 1060, en y ajoutant : le manse d'*Ecouteron*, au bord
de la voie romaine de Châteaumeillant à Néris, et la moitié
du manse de *Chezelles* (3), plus trois serfs d'Outrigny avec
leurs tenures, le serf Godon de Rabières avec sa tenure (4),
un porc et un mouton sur les manses de *Casania*, Limagne,
les Brugères, et sur les tenures de divers autres serfs, etc. (5).

sive dono, sive precio, sive vademonio, meo tempore et posterorum meorum
firmiter teneant » (*ibid.*, p. 30). .

(1) *Ibid.* : « Notifico etiam tam presentibus quam futuris, quod sicut Phi-
lippus rex Francorum et Archinbaldus Burbunensis fecerunt Capellam liberam
et immunem ab invasione et potestate omnium hominum, nisi tantum beati
Dionisii et solius prioris, ita ego, quamvis locus Capelle non sit mei juris,
concedo ut nullus homo nec ego nec aliquis de genere meo vel quilibet
extraneus unquam presumat inter quatuor cruces Capelle vicariam querere,
nec hominem capere, aut sua ei auferre, vel vim ei inferre, etc. » (*ibid.*,
p. 30-31). Cette promesse ne fut pas toujours tenue; cf. *ibid.*, p. 36 et 39,
et *infrà*, n° 55.

(2) *Ibid.* : « Confirmo et juro in manu tua (Ricardi), super textum evangeliorum, faciens etiam jurare duobus filiis meis, Hunbaldo et Helie, ut sicut
ego, quandiu vixero, hanc libertatem firmiter tenebo, ita et ipsi, quamdiu
vixerint, firmiter teneant et omnes posteri sui.... Hoc est actum apud Capellam, die ascensionis Domini, regnante Philippo rege Francorum » (*ibid.*,
p. 31).

(3) *Ecouteron*, domaine dans la paroisse de la Chapelle-Aude ; *Chezelles*,
domaine dans la paroisse de Maillet.

(4) Outrigny (*Ultriniacus*), situation inconnue ; *Rabières*, probablement
la Rabière, entre Maillet et Loroux-Hodement.

(5) Cf. *Charte d'Archembaud III*, 23 juin 1079 : « ... et Ranulfom
Falset de Ultriniaco cum hereditate sua, et hereditatem Samuel de Ultriniaco cum heredibus, et hereditatem Ranulphi Sirvent de Ultriniaco, et
mansum de Scotrono, terram et prata et silvas... et in Godone de Raberiis
cum hereditate sua, concedo tantum hoc quod Johannes de Sancto Caprasio
de me habebat. In hereditate Mainerii de Savahic porcum et multonem, et in
manso Gosberti Crebexat porcum et multonem, et in hereditate Girberti

La première donation de Jean de Saint-Caprais avait été confirmée, le jour de la Pentecôte 1067, par Archembaud II de Bourbon, dit du Montet, mort le 16 juillet 1078 (1). La seconde fut confirmée, avec la première par surcroît, le 23 juin de l'année 1079, selon toute vraisemblance, par le fils et successeur d'Archembaud II, Archembaud III, dit le Fort, avec le consentement de sa femme, de son fils Archembaud IV, et de ses principaux vassaux. Archembaud III déclara « faire et concéder ce que son père avait fait et concédé », et notamment abandonner tout ce que Jean de Saint-Caprais tenait de lui dans les terres énumérées ci-dessus (2).

Dans cette même charte, signée à Montluçon, « la veille de la fête de saint Jean-Baptiste », Archembaud III, voulant, comme son père, « amplifier le monastère de Saint-Denis » pour le salut de leurs âmes, confirma encore : — 1° la donation faite par son père de tout ce qu'il possédait dans les manses de Caux et de la Courtade (3); — 2° la permission d'acquérir de tous ses vassaux (4); — 3° la promesse, déjà faite par

Botet porcum et multonem, et in hereditate Amalberti porcum et multonem, et in manso de Casania porcum et multonem, et in manso de Ligmagna porcum et multonem..., et in manso Beraldi de Mauliaco porcum et multonem et censum, in Casulis dimidium mansum et multonem II que sextarios avene, et Radulphum cum fratribus suis, [de] Ruiniaco, Umbertum magnionem » (dans CHAZAUD, *op. cit.*, p. 26-27); — cf. *Charte XII*, p. 22.

(1) Cf. *suprà*, n° 7, et la note suivante. — Sur la date du 16 juillet 1078, cf. LA THAUMASSIÈRE, *op. cit.*, t. III, p. 221; et CHAZAUD, *Chronologie, op. cit.*, p. 165.

(2) *Charte d'Archembaud III*, 23 juin 1079 : « In presentia domni Richardi Bituricensis archiepiscopi, consilio uxoris meæ, et voluntate et concessione Archinbaldi filii mei et obtimatum meorum, sicut pater meus dederat et concesserat in curia Philippi Francorum regis, in palatio Parisiensi, die sancto Pentecosten, ita dono et concedo Deo et monasterio sci Dyonisii apud Capellam fundato, totum fiscum Johannis de Sancto Caprasio ita integre, ut ipse Johannes de patre meo et antecessoribus meis habuit et quiete possedit » (dans CHAZAUD, *Cartulaire, ibid.*, p. 26).

(3) *Ibid.*; cf. *suprà*, n° 18, texte et note.

(4) *Ibid.* : « Dono iterum et concedo Deo et monasterio Capelle, in manu tua, domine archiepiscope, ut quidquid omnes fiscales mei, cujuscumque conditionis sint, dederint monachis de Capella, vel ipsi quocumque modo acquirere potuerint, monachi perpetualiter absque calumpnia habeant » (*ibid.*, p. 27).

Archembaud II, de respecter les privilèges accordés par le
roi Philippe, et d'être « le *défenseur* du prieuré, lui et tous
ceux qui lui succéderaient dans le château de Bourbon ».
Dans le cas où l'un d'eux violerait cette promesse, l'archevêque de Bourges devait prendre en main la défense des
moines et leur faire rendre pleine justice (1). Vingt-cinq
témoins étaient présents, notamment Archembaud IV de
Bourbon, Humbaud d'Huriel, et Hugues, prieur de la Chapelle (2).

Vers la même époque, Guillaume Blanc donna aux moines
le manse de *Forges*, dans les environs d'Evaux (3), et tout ce
qu'il avait à Vesdun, à savoir le quart de l'église, et le fief
que le prêtre Guibert et Giraud surnommé Auroi ou Leroi
tenaient de lui dans la même « ville » (4). Cette dernière
donation fut confirmée peu après, vers 1080, au château de
Culant, entre les mains de Richard II, archevêque de
Bourges, par Giraud de Linières, « très preux chevalier »,
lequel permit en outre aux moines d'acquérir de « tous ses
sujets, clercs ou chevaliers, serfs ou libres, hommes ou
femmes, de quelque façon que ce fût », dans toutes les
dépendances du château de Culant (5).

(1) *Ibid.* : « Concedo etiam et confirmo auctoritate mea in manu tua
immunitatem Capelle, et omnium inter quatuor cruces existentium, sicut
pater meus concessit et confirmavit in presentia Philippi Francorum regis,
testificans, ut quisquis de genere suo terram suam esset hereditaturus,
maxime sub defensione domini castrum Burbunense habentis esset locus
Capelle..., omnium possessionum de Capella vindex et defensor, ego et
quicumque de genere meo castrum Burbunense haberet, semper existeret, etc. » (*ibid.*, p. 27-28).

(2) Voir les noms, *ibid.*, p. 28.

(3) Cf. *ibid.*, p. 90 : « ... in manso de Forgis, quod dederat eis Willelmus Blancus ». Il s'agit vraisemblablement du lieu-dit les Forges, paroisse
de Viersat (Creuse).

(4) Cf. *Charte de Richard II*, env. 1080 : « Wuillelmus Blancus, pro
salute anime sue et parentum suorum, dedit Deo et sancto Dyonisio et
monachis Capelle manentibus, quicquid habebat ad Vidunum, scilicet quartam partem ecclesie et terram et censum et fiscum Wuitberti sacerdotis et
Giraldi cognomine Regis, que ipsi de eo in eadem villa habebant, et omnia
alia que ipse habebat apud Visdunum » (*ibid.*, p. 59).

(5) *Ibid.* : « Postea vero Giraldus de Lineriis, probissimus miles, audiens
Willelmum Blancum dedisse hoc donum sancto Dyonisio, admodum letus
effectus, concessit Deo et sancto Dyonisio et monachis de Capella, donum

20. — Postérieurement à mai 1075, date où il est témoin dans une charte, et antérieurement à 1090, Géraud de Passac étant venu à mourir, ses deux fils Guillaume et Raoul le firent enterrer à la Chapelle-Aude. A cette occasion, ils donnèrent aux moines la moitié du manse de *Chasemais* et ses tenanciers, la moitié d'un arpent de vigne à Passac, un pré situé entre Preuille et Nassigny, sur la rive gauche du Cher, le serf Arnaud de Saujac avec sa tenure (1). En échange, le prieur Hugues chargea l'un de ses religieux de prier Dieu pour le repos des âmes du père et des parents des donateurs (2).

Vers le même temps, avant 1087, dans la charte par laquelle il restituait l'église Saint-Pierre de Viplaix (3), un autre Raoul de Passac, fils d'Humbaud l'ancien, avec le consentement de son frère Humbaud II, donna aux moines de la Chapelle sa part de cens dans le manse de *Caux*

---

quod prefatus Willelmus fecerat. Concessit etiam ipse Giraldus monachis Sancti Dyonisii, pro remedio anime sue totiusque generis sui, omnia que darent homines qui habebant fiscum suum, sive clericus, sive miles, seu liber, sive homo, sive mulier, cujuscumque conditionis esset, quocumque modo possent monachi habere, sive dono, sive vadimonio, sive emenda, firmiter in perpetuum haberent, et quiete possiderent, videlicet ea casamenta que ad Cuslenum castrum pertinere noscuntur.... Hoc actum est apud castrum Cuslencum, regnante rege Philippo » (*ibid.*, p. 59). — Il résulte de cette charte qu'à l'époque où elle fut rendue Giraud de Linières était seigneur de *Culant;* il en est le premier seigneur connu. Il est mentionné dans une lettre de Grégoire VII du 20 mars 1079 (*n. st.*); cf. Eug. Hubert, *loc. cit.*, année 1899, p. 199-200.

(1) *Charte de Guillaume de Passac*, 1075-1090 : « Guillelmus et Radulfus de Paciaco, filii Geraldi, mortuo Geraldo patre suo, sepelientes eum apud Capellam, pro salute animæ patris sui et parentum suorum, dederunt Deo et sancto Dyonisio et monachis Capellæ medietatem mansi de Cassimaco, et heredes ipsius mansi, et dimidium arpenti vineæ apud Paciacum, et pratum quod habebant inter Perolium et Napsiniacum, quod est super ripam Cari fluvii, et Arnaldum de Salgiaco cum heredibus suis, et possessionem ipsius » (*ibid.*, p. 60).

(2) *Ibid.* : « Facto itaque hoc dono, dominus Hugo prior et monachi de Capella, deprecatu Guillelmi et Radulfi fratrum, fecerunt monachum qui maneret Capellæ deprecans Deum pro anima patris sui et parentum suorum.... Hoc factum est in manu domni Hugonis prioris, tempore domni Richardi Bituricensis archiepiscopi, et Philippi Francorum regis » (*ibid.*, p. 60-61).

(3) Cf. *suprà*, n° 15.

(c'est-à-dire un septier d'avoine et 12 deniers) et la moitié d'un manse à la *Courtade* (1). Cette donation fut confirmée peu après par Humbaud II de Passac; il y ajouta même la terre qu'il avait assignée en douaire à sa femme Mallencia, près d'Argentière (2). Plus tard, au temps du prieur Pierre, les quatre fils de Raoul de Passac : Raoul II, Geofroy, Hélie, et Humbaud, ratifièrent à nouveau la donation paternelle (3).

De même, dans la charte par laquelle il restituait l'église de Givrettes en 1087 ou 1089, Ameil de Chambon permit aux religieux d'acquérir de tous ses hommes, serfs ou libres, clercs ou laïques, dans toutes les dépendances du château de Domairac et dans toute la paroisse de Givrettes (4). — A la même date, le jour où il restitua l'église de Nocq, Amblard Guillebaud, seigneur de la Roche, accorda la même permission sur ses domaines (5).

(1) *Charte de Raoul de Passac*, 1079-1087 : « Ego Radulfus de Paciaco, consilio et concessione fratris mei Hunbaldi, pro remedio animæ meæ vel parentum meorum, dono Deo et sco Dionysio et loco Capellæ meam partem census mansi de Colt, et medietatem mei mansi de la Cortada, et istam meam partem ecclesiæ de Vitpleis. Hoc donum factum est in manu Hugonis prioris.... Richardo archiepiscopo Bituricensi existente » (dans P. GAUTIER, *ibid.*, n° X).

(2) *Charte d'Humbaud II de Passac*, 1079-1087 : « Ego Hunbaldus de Paciaco, filius Hunbaldi senioris, dono et concedo, sicut dudum concessi, illud donum quod frater meus Radulfus de Paciaco dedit et concessit Deo et sco Dionysio. Dono etiam et concedo sco Dionysio terram illam quam dedi uxori meæ Mallenciæ in dotalicio apud Argenteriam » (dans P. GAUTIER, *ibid.*, n° XI).

(3) *Charte de Raoul II de Passac*, vers 1150 : « Quidam miles Radulfus de Patzac et fratres sui Goffridus, Helias, et Humbaldus, concesserunt donum elemosinæ quam pater eorum Deo et sco Dionysio dederat, scilicet sextarium avenæ et XII denarios in terra de Colt. Hoc factum est tempore Petri prioris » (*ibid.*, n° XVII).

(4) *Charte d'Ameil de Chambon*, 1087 ou 1089 : « Concessit etiam Deo et sco Dyonisio, in manu Richardi archipresulis, ut quidquid homines cujuscunque conditionis essent, sive servus, sive liber, sive clericus, seu laïcus, qui habebant fiscum ejus, in omni possessione tantum castelli de Domarac, vel in parrochia de Givretis, darent Deo et sco Dionisio, monachi Capelle perpetuo jure tenerent » (dans CHAZAUD, *op. cit.*, p. 64).

(5) *Charte d'Amblard Guillebaud*, 1087 ou 1089 : « Concesso itaque dono utriusque partis, ipse Amblardus, rogatu archiepiscopi et Hunbaldi Uriacensis, adjunxit ut quicquid a fiscalibus suis monachi Capelle quo-

Une autre donation, qui doit être de la même époque, car
elle fut faite entre les mains de l'archevêque Richard présent
à la *Chapelle-Aude*, « la veille de Saint Jean-Baptiste »
(23 juin) (1), est celle d'un chevalier nommé Raoul de Florigny. Il est le premier que les textes indiquent comme ayant
demandé à être « associé » au monastère de la Chapelle-
Aude. « Voyant sa bonne dévotion », l'archevêque y
consentit, et lui accorda, pour toute sa vie, la nourriture et le
vêtement, plus la permission d'être moine, s'il le désirait.
Raoul de Florigny, reconnaissant, donna à saint Denis la
moitié de l'alleu de *Florigny*, qui lui appartenait à titre
héréditaire, savoir : terres, vignes, prés, bois, eaux, chase-
ments (2). Son frère Joscelin, à qui appartenait l'autre moitié,
confirma cette donation, à la condition que les moines rece-
vraient son fils Roger parmi eux. Les moines de la Chapelle
acquiescèrent volontiers ; et Joscelin, augmentant la libéralité
fraternelle, leur donna la moitié de la terre de *Varenne*,

cumque modo acquirere possent, sive dono, sive precio, sive vademonio, in
perpetuum haberent » (*ibid.*, p. 58).

(1) *Charte de Richard II*, 23 juin 1087 ou 1089 : « Hoc factum est
apud Capellam sci Dyonisii, in vigilia sci Johannis Baptiste, regnante Philippo Francorum rege » (*ibid.*, p. 66). — Cette charte a été écrite par le
même scribe, Benoît, moine de Saint-Gildas, que la charte de Richard II
datée de la vingt-neuvième année du roi Philippe, à Viplaix, et a avec elle
une dizaine de témoins communs. Les deux chartes sont évidemment contemporaines, et cela permet de fixer au mois de *juin* le séjour de Richard II
à Viplaix.

(2) *Charte de Richard II*, 23 juin 1087 ou 1089 : « Quapropter ego
Richardus, æclesie Bituricensis Dei gratia archiepiscopus constitutus, dino-
tescere volumus tam presentibus quam futuris, qualiter se sociavit monasterio Capelle quidam miles nomine Rodulfus de Floriniaco. Veniens ergo in
presentiam nostram, humiliter postulans et deprecans nos et monachos
Capelle, ut, causa misericordie, concederemus ei societatem et beneficium
ecclesie nostre. Nos vero, videntes ejus bonam devocionem, adquievimus
petitioni sue, fecimus sicut requisierat, tali modo ut, quamdiu viveret,
haberet victum et vestitum, et, si vellet esse monachus, fieret. Postea
namque ipse Radulfus dedit Deo et sco Dionisio et monasterio Capelle
medietatem tocius alodii de Floriniaco, quod erat sui juris jure hereditario,
ubicumque esset, sive in terris, sive in vineis, sive in pratis, sive in silvis,
sive in aquis, sive in casamentis » (dans CHAZAUD, *ibid.*, p. 66). *Florinia-
cus* est peut-être Fleurier, par. de Lanage (*Terrier de 1528, loc. cit.*), ou
Fleuriel, près d'Huriel.

« entre le chemin public et la fontaine de *Verno* », et la moitié
du moulin de *Néronde* (1). Roger de Florigny fut en effet
moine ; il est témoin en cette qualité dans deux actes passés
à la Chapelle-Aude au temps de l'archevêque Vulgrin (2).

L'exemple de Raoul de Florigny ne tarda pas à être suivi,
entre 1090 et 1092, par deux des clercs qui desservaient
l'église d'Archignat, rendue aux moines de la Chapelle par
l'archevêque Richard II (3). L'un d'eux, Arnaud de Saint-
Christophe, se contenta, semble-t-il, de « s'associer » aux
moines ; mais il leur donna tous ses biens (4). L'autre, le
chapelain Emenon, se fit réellement moine, et auparavant
abandonna au prieur Raoul Ier sa part dans une terre qu'il
possédait à *Cananai* (lieu inconnu) avec son frère Amblard
Ginneit ; après la mort de ce dernier, toute la terre devait
revenir au prieuré, ainsi qu'un serf nommé Josbert Batvesper, la moitié de ses enfants, deux septiers de froment à
Cortils, et un quart du fief sacerdotal de l'église d'Archignat, etc. (5).

21. — Telles sont les donations, faites sous le pontificat
de Richard II, dont nous avons pu préciser les dates. Mais

(1) *Ibid.* : « Alia autem medietas hujus alodii erat Joscelini fratris Rodulfi
prenominati, qui Joscelinus hoc donum, quod frater suus fecerat, concessit
et confirmavit. Illud tamen sibi retinens, ut de filio suo nomine Rogerio
faceremus monachum, quod et fecimus cum augmento quod nobis fecit.
Augmentavit enim nobis, et tribuit medietatem terre de Varena, que est
inter publicam viam et fontem de Verno, et medietatem molendini de
Nerunda » (*ibid.*, p. 66). *Varena* doit être Varenne, par. de Saint-Victor,
près la *voie romaine* de Bourges à Néris et le ruisseau du Petit-Vernaix.

(2) Cf. CHAZAUD, *ibid.*, p. 92 : « Rotgerius de Floriniaco monachus » ; —
et p. 99 : « Rotgerius monachus de Floriniaco ».

(3) Cf. *suprà*, n° 16, et *infrà*, n° 33.

(4) *Charte d'Arnaud*, 1090-1092 : « ... seque presbyter Arnaldus, societate ab eis suscepta, et sua omnia eis concessit » : — *Charte d'Arnaud II*,
vers 1095 : « Arnaldus de Sancto Christophoro sanctissimi Dyonisii
conventui se sociavit » ; — (*ibid.*, p. 118 et 119).

(5) *Charte d'Emenon*, 1090-1092 : « Ego Emino do Deo et sco Dyonisio,
antequam effectus sim monachus .... Item ego Emino do partem meæ
terræ, quam habeo apud Cananai, et post mortem fratris mei Amblardi
Ginneit, totam terram, et prata, et silvas, et pascua, et unum hominem Jós-
bertum Batvesperum, et medietatem puerorum suorum. Post mortem
Amblardi, duo sextaria frumenti ad Cortils, et quartam partem de feodo
sacerdotali ecclesiæ de Archiniaco, et de omnibus rebus » (*ibid.*, p. 118).

il y en a une série d'autres faites sous le même pontificat, et que nous sommes obligé d'englober sous cette date unique et un peu vague : 24 avril 1071 à 1090, dernière année du prieur Hugues, ou même 25 mai 1092, jour du décès de Richard II. — C'est d'abord Guillaume de Riaterre, qui, sur le point de partir pour l'Angleterre, nouvellement conquise par les Normands, vient à la Chapelle se confesser au moine Roger, et pour effacer ses fautes, donne au prieuré le fief qu'il tenait de Jean de Saint-Caprais à *Ultriniacus* (1). —, C'est ensuite Geofroy Gaudeth, fils d'Amblard Gaudeth, le « fondateur de la Chapelle », qui, au moment d'entreprendre un long pèlerinage, voulant imiter son père, fit aux religieux des dons nombreux; il leur donna notamment la terre et la forêt de la *Faye*, la dîme de *Nocq*, le bois de *Doërec* (2). Les moines achetèrent en outre à Geofroy Gaudeth un droit de péage, pour la somme de 350 sous limousins (3).

Dans le même temps, la vicomtesse Adélaïde, fille d'Humbaud d'Huriel et femme de Renaud, vicomte d'Aubusson, sur le conseil de son père et avec l'assentiment de ses deux fils Renoul et Guillaume, donna aux moines de la Chapelle

---

(1) CHAZAUD, *op. cit.*, p. 82 : « Guillelmus de Ruaterra, Anglicas partes adire volens, venit ad Capellam Sci Dyonisii, ut domino Rotgerio monacho peccata sua confiteretur. Quod cum fecisset, pro redempcione sua parentumque suorum, [ut] maculas abstergeret, fiscum quem a domino Johanne de Sancto Caprasio habebat... eum apud Ultriniacum Deo et sco Dyonisio et domino Rotgerio ceterisque monachis attribuit.... Hoc donum factum est tempore Richardi archipræsulis, regnante Philippo ». — *Riaterre*, hameau à 4 kilomètres au sud-ouest d'Hérisson.

(2) Cf. *Charte de Richard II*, 1071-1090 : « Mortuo quoque Amblardo, filius ejus Gaufredus post eum successit, et per annos multos terram ejus tenuit. Postea namque voluit ire in peregrinationem, quod et fecit, noluit degenerare, cupiensque subsequi vestigia patris sui, ut est pateos causa, multa dona sancto Dyonisio devote distribuit »; plus loin se trouvent mentionnés parmi les choses données : *terra et silvæ de Faia, decima de Noto, boscus Doerec* (*ibid.*, p. 67 et 68). — *Faia* est La Faye, par. de Chasemais, ou La Faye, par. de Moussais (disparue), *nunc* par. de Saint-Désiré. Le *boscus Doerec* est le bois *Druet*, dans la paroisse de Preuille, entre le bois du Délat et le village du Puy ou Peu (cf. *Terrier de 1528*, publié par CHAZAUD, *ibid.*, p. LXXXIV).

(3) Cf. *ibid.* : « De pedagio vero quod monachi emerant de Gaufredo Gaudeth trecentis et quinquaginta solidis Lemovicensis monetæ » (*ibid.*, p. 68).

une vigne située « près du pré-Chevrier, outre l'eau appelée *Las Mars* » (1), à la condition de faire avec les raisins du vin pour la messe (2). — Raymond de Bouesse, prêtre, leur fit don de la terre d'*Utis*, qu'il tenait en alleu (3); — Humbaud de Paret d'une dîme à Viplaix (4); — Ermensendis, noble dame de Culant, d'un arpent de vigne situé au lieu appelé *Champoris*, dans la paroisse Saint-Denis d'Aude (5).

(1) *Las Mars* (*nunc* la Meuzelle) est le ruisseau qui passe à la Chapelle-Aude; cf. CHAZAUD, *ibid.*, p. 23, et *suprà*, n° 6. — Près de la Chapelle-Aude, il y a le *Peu* ou *Puy-Chevrier*.

(2) Cf. CHAZAUD, *op. cit.*, p. 95 : « Adelaidis vicecomitissa, filia Hunbaldi de Uriaco, et uxor Rainaldi vicecomitis de Albuthono, consilio Hunbaldi patris sui, et voluntate duorum filiorum suorum Rannulfi et Willelmi, dedit Deo et sco Dyonisio et monachis Capellæ.... unam vineam, quæ est ad pratum Capricarium, ultra aquam que vocatur Las Mars, præcipiens ut ex eâ fieret vinum ad missas cantandas ».

(3) Cf. CHAZAUD, *ibid.*, p. 61 : « Idcirco ego Radulfus prior Capellæ notum fieri volo, quod Raimundus sacerdos de Buxa dedit Deo et sco Dyonisio terram de Utis quam in alodio tenebat, et scus Dyonisius quiete possiderat ». *Buxa*, aliàs *Buissa*, *Boissa*, *Bosia*, est Bouesse dans la paroisse de Nocq (*nunc* par. de Chambérat); *Utis*, lieu inconnu.

(4) Cf. *ibid.*, p. 114 : « ... Et dimidiam partem decimæ Unbaldi de Parac, quam beato Dyonisio dedit ». *Parac* est Paret, près d'Onrezat.

(5) Cf. P. GAUTIER, *ibid.*, n° IV : « Quædam domina nobilis, nomine Ermensendis de Cullenco castro, dedit Deo et sco Dionysio in manu domni Richardi archipresulis unum arpentum vineæ in loco qui vocatur Champoris, qui locus est in parochia ecclesiæ sci Dionysii de Alda ». — *Champoris*, lieu inconnu.

CHAPITRE IV

DONATIONS AU PRIEURÉ DE LA CHAPELLE
SOUS LES SUCCESSEURS DE RICHARD II

22. — La mort de Richard II en 1092 n'interrompit pas le cours des libéralités faites à « saint Denis » ; elles restèrent fréquentes sous ses premiers successeurs. — Sous l'archevêque Audebert, en une certaine vigile de Noël de 1092 à 1096, Hugues d'Huriel, avec le consentement de son oncle Humbaud d'Huriel le jeune, donna aux moines sa terre des *Maisons* (par. d'Aude); puis, de concert avec Humbaud, le serf Euvrard des Coutures et sa tenure, pendant qu'un autre de ses oncles, Rorgo, frère d'Humbaud, donnait de son côté le serf Giraud des Maisons [1].

Sous le même pontificat, Arnaud de Guirande, « voulant aller à Jérusalem », ce qui veut dire évidemment prendre part à la première croisade (1095-1096), concéda au prieur Eudes tout ce qu'il possédait au dedans et au dehors de la ville d'*Onrezat*, plus un serf appelé Jean le Dîmeur, avec ses

---

[1] Cf. *ibid.*, n° XIX : « Hugo de Uriaco, nepos Hunbaldi Uriacensis, dedit Deo et sco Dionysio terram de Mansionibus, Hunbaldo avunculo suo concedente. Dederunt etiam ipse Hunbaldus et Hugo nepos ejus Euvrardum de Culturis et hereditatem suam et heredes. Rorgo quoque, frater Hunbaldi et avunculus Hugonis, dedit Deo et sco Dionysio Geraldum de Mansionibus, Hunbaldo fratre suo concedente. Hoc factum est in manu Rodulfi prioris, vigilia Natalis Domini, Hildeberto presidente Biturigensi sedi, Philippo moderante regnum Francorum ».

fils (1). Il laissait en outre à la Chapelle son neveu Humbaud
« sous l'habit monastique » (2). — Au temps du prieur
Vivien, Pierre Faure donna sa part dans des moulins sis
probablement près de Lanage (3).

Sous l'archevêque Léodegaire, entre 1098 et 1108, à Urçay,
Ermengarde de l'Age, épouse de Foulques de la Bussière, fit
don au prieur Raoul, avec l'autorisation de son mari, d'une
culture située « près des Ages », pour le tout si sa fille mou-
rait sans héritiers légitimes, pour moitié seulement dans le
cas contraire (4). — De même, Aymon surnommé Palazeis,
pour le salut de son âme et de celles de son père et de ses
parents tant vivants que morts, et aussi pour sa mère, qui
prend l'habit monastique à la Chapelle (5), donne aux reli-

(1) *Charte d'Arnaud de Guirande*, 1095-1096 : « Unde ego Arnaldus
de Guiranda, volens ire Hierosolymam, pro salute animæ meæ seu parentum
meorum, dono et concedo Deo et sco Dyonisio et monachis Capellæ manentibus, quicquid possideo intus et foris in villa quæ dicitur Umreziacum, et
Johannem Decimatorem cum filiis suis » (dans Chazaud, *ibid.*, p. 83). —
Sur Jean le Dîmeur, cf. *ibid.*, p. 70 et 89.

(2) *Ibid.* : « ... relinquens apud Capellam Hunbaldum nepotem meum, sub
monachico habitu, in manu Odonis prioris.... Hoc actum est apud Capellam
sci Dyonisii, concilio et volumptate Hunbaldi Uriacensis, tempore Aldeberti
Bituricensis archiepiscopi, tempore Philippi regis Francorum » (*ibid.*, p. 83).

(3) Cf. Chazaud, *op. cit.*, p. 83 : « In nomine Domini, sciant tam
præsentes quam et venturi, quod Petrus Faber dedit, in vita sua et in sani-
tate, sco Dyonisio, in manu prioris Viviani, partem suam molendinorum,
post mortem, si absque liberis moreretur ». — P. Faber est témoin d'une
autre charte, de 1107, sous le nom de *P. Faure* (*ibid.*, p. 73).

(4) *Charte d'Ermengarde de l'Age*, 1098-1108 : « Ego Ermengardis de
Agia, uxor Fulconis de Buiseria, pro remedio animæ meæ et parentum
meorum, concedo Deo et sco Dionysio et monachis Capellæ degentibus
unam culturam agri que est apud Agias, tali tamen conditione ut, si filia
mea mortua fuerit absque legitime herede, ex integro habeant; sin autem,
medietatem scus Dionysius et monachi Capellæ habeant in perpetuum.
Hujus doni auctor est maritus meus Fulco.... Actum istud in manu Radulfi
prioris apud Urciacum, regnante rege Philippo et Leodegario Bituricensium
archiepiscopo » (dans P. Gautier, *ibid.*, n° viii). — *Les Ages*, paroisse
d'Archignat; *La Bussière*, paroisse de Moussais (disparue), *nunc* par. de
Saint-Désiré.

(5) Chazaud, *op. cit.*, introd., p. xliv, dit que ce fait, « cependant unique
dans le Cartulaire, semblerait indiquer qu'on admettait alors au monastère
de la Chapelle aussi bien les femmes que les hommes ». Rien ne permet de
le supposer. La mère d'Aymon Palazeis dut vivre à la Chapelle à peu près

gieux la moitié du manse de *Civray* et une maison dans le *castellum* d'Hérisson (1).

23. — Sous l'archevêque Vulgrin, c'est-à-dire entre 1121 et 1135, la majeure partie des donations eut pour cause l'entrée au monastère de la Chapelle-Aude du donateur ou de l'un des siens. C'est d'abord Airaud de *Brethoilis* qui présente son fils unique Jean au prieur de la Chapelle, Raoul II, pour qu'il y serve Dieu, « soit comme moine, soit comme clerc ». A cette occasion, il donne au monastère une partie de ses biens héréditaires, savoir : le quart de la terre de Saint-Genès d'*Onrezat*, le verger qu'il possède dans la même « ville », la moitié de son « breuil », le quart du pré adjacent, 4 septiers d'avoine sur le manse de *Savabie*, 28 deniers sur diverses tenures serviles, un serf nommé Jean Gareau avec ses enfants (2), etc. L'acte fut signé à la

comme ces *recluses* que l'on trouve auprès de nombreux monastères, notamment à Paris, auprès des abbayes de Saint-Victor, Sainte-Geneviève, Saint-Médard, Saint-Merry, Saint-Paul; et à Cluny, à Saint-Crépin de Scissons, à Saint-Faron de Meaux, à Saint-Vannes de Verdun, à Saint-Amand-les-Eaux, à Liessies en Hainaut, etc. Cf. Louis SERBAT, *Inscriptions funéraires de recluses à l'abbaye de Saint-Amand*, dans les *Mémoires des Antiq. de France*, t. 71, année 1911, p. 198.

(1) *Charte d'Aymon Palazeis*, 1098-1108 : « Ego Haimo cognomine Palazeis concedo Deo et sco Dyonisio et monachis Capellæ degentibus, pro salute animæ et patris seu parentum meorum tam vivorum quam mortuorum, et pro matre mea, quam ibidem sub habitu monachico constituo, dimidium mansum de Cildraïco, quicquid ibi habeo ex integro sine ullo retinaculo concedo; insuper et unam domum Ericioni castello, et in vita et post mortem, absque calumpnia, in manu Radulfi prioris, similiter annuo. Actum est istud apud Malliacum, regnante Philippo rege, et Leodegario Bituricensi archiepiscopo » (*ibid.*, p. 80). — *Civray*, par. de Louroux-Hodement, canton d'Hérisson.

(2) *Charte d'Airaud de Brethoilis*, 1121-1135 : « Quapropter ego Airaldus de Brethoilis concessi Deo et sco Dyonisio et monasterio Capellæ unicum filium meum, in manu et in præsentia Radulfi ejusdem loci prioris, ut serviret ibi Deo, sive esset monachus, sive clericus. Postea namque ex beneficio meo quod mihi jure hereditario visus sum tenere, attribui loco Capellæ, pro salute animæ meæ et parentum meorum, videlicet quartam partem de terræ Sancti Genesii de Unreziaco, et viridarium meum ejusdem villæ, et quartam partem de brolio, cum quarta parte de prato quod ibi adjacet, absque calumpnia. Insuper etiam aliam quartam partem de eodem brolio.... Dono namque quatuor sextarios avenæ in manso de Savabie, unoquoque anno reddendos ad festum sci Dyonisii, et in eadem festivitate octo denarios

Chapelle par le père et le fils, en présence de nombreux témoins (1).

C'est ensuite Roger d'Huriel, qui, malade et désirant mourir moine, fait venir auprès de lui le prieur Raoul II. Celui-ci accède à sa demande et lui donne l'habit. Roger lui cède alors, sur les domaines appartenant à lui et à ses frères, les objets suivants : l'*âge Forer*, deux septerées de terre auprès de ladite *âge*, une hémine de seigle sur la terre d'André d'Espalais, 18 deniers de cens dus par trois ou quatre personnes, et plusieurs serfs, avec leurs tenures et une partie de leurs enfants (2). Roger d'Huriel chargea ensuite son beau-frère Raoul Vieuxgrain et son serviteur Roger Grosel de faire confirmer par ses deux frères Rorgon et Guillaume le don qu'il venait de faire. Dans le cas où ses frères ne voudraient pas y consentir, Roger d'Huriel accordait aux moines toute sa part dans la terre indivise entre eux et lui (3).

in terra Geraldi Ainardi de Pareto, et in terra Rainbodi de Perolio, duodecim denarios in marcio in vinea Stephani Bancherelli. Do etiam quemdam hominem meum Johannem Garellum cum liberis suis, cum prato, etc. » (CHAZAUD, *ibid.*, p. 78-79).

(1) *Ibid.* : « Hoc actum est apud Capellam sci Dyonisii, die lune rogacionis Domini, tempore Vulgrini archiepiscopi Bituricensis, et Ludovici Francorum regis.... Airaldus de Brethoilis, et Johannes filius ejus... » (*ibid.*, p. 79).

(2) *Charte de Roger d'Huriel*, 1121-1135 : « Rotgerius de Uriaco, habens infirmitatem et volens esse monachus, mandavit et rogavit Rodulfum priorem Capellæ, ut veniret ad se ; qui libentissime veniens ad eum, audita petitione ipsius et amicorum suorum, fecit eum monachum, et ipse Rotgerius factus monachus, in præsentia Rodulfi prioris, pro salute animæ suæ, dedit et concessit Deo et sco Dyonisio et loco Capellæ de possessione sua et fratrum suorum ista : scilicet agiam Forer, duas sexterias terræ, juxta ipsam agiam in una parte terræ, duos denarios censuales quos reddit Aleadidis de Monte rubeo in terra Andreæ de Espaleo, intra Casaumasau et agiam ad fontem Masau, in una terra quatuor denarios censuales quos reddit Constancia, in uno prato, quod est intra Capellam et Lanatum, quatuor denarios censuales quos reddit Aleadidis de Monte rubeo, in terra Andreæ de Espaleo unam eminam siliginis, in Canceldi quatuor denarios censuales et medietatem filiorum et hæreditatem suam, etc. » (*ibid.*, p. 93-94). *Espalais*, par. de Nassigny.

(3) *Ibid.* : « Fecit quoque conventum ipse Rotgerius priori, faciens concedere Rodulfo Vetus Annona sororio suo, et Rotgerio Grosel servienti suo, ut faceret concedere fratribus suis Rorgoni et Willelmo donum quod ipse fecerat. Si autem fratres sui concedere nollent, vel aliquid forisfactum facerent, sanctus Dyonisius et monachi Capellæ haberent integre omnem partem

L'acte fut signé à Huriel, dans la demeure même du donateur (1).

Toujours sous le pontificat de Vulgrin, Geofroy Grossinel, dont le frère, Raoul, était alors prieur de la Chapelle-Aude, offrit à Dieu son fils Amblard pour être moine, et ce, avec le consentement de sa femme Agnès; l'acte fut signé à Saint-Désiré (2). Plus tard, Amblard accomplit le désir de ses parents, et, « ne voulant pas dégénérer », se donna à Dieu et à saint Denis, entre les mains de son oncle (3). Déjà son père, de l'avis de ses amis, de ses parents, et de son fils aîné Humbaud, s'était donné lui-même, avec son autre fils Raoul, au monastère de Saint-Denis, sous cette double condition que son fils serait fait moine en temps opportun, mais que lui resterait laïc, tout en jouissant de sa prébende; toutefois, s'il voulait être moine, les religieux lui donneraient l'habit. Les moines ayant accepté, il leur céda sur ses domaines héréditaires : sa grande culture dans le manse *Lupin*, « au-dessus de la fontaine, avec le pré adjacent », et d'une façon générale tout ce qu'il avait dans ce manse, soit en propriété, soit en fief dominant, sans réserve (4). L'acte fut d'abord

Rotgerii de omni terra eorum; donec Rorgo et Willelmus concederent donum quod Rotgerius fecerat sco Dyonisio et loco Capellæ » (*ibid.*, p. 94).

(1) *Ibid.* : « Hoc actum est apud Uriacum, in domo ipsius Rotgerii, tempore Rodulfi prioris, regnante Ludovico rege, et Vulgrino Bituricæ sedi præsidente » (*ibid.*, p. 94).

(2) P. GAUTIER, *ibid.*, n° XIV : « Goffridus Grossinellus optulit Deo et sancto Dionysio filium suum nomine Amblardum, ut monachus efficeretur. Hoc donum fecit supradictus Goffredus apud Sanctum Desideratum, precepto et consilio Agnetis uxoris suæ ».

(3) CHAZAUD, *ibid.*, p. 144 : « Ego Amblardus, filius Grossinelli video quod in periculo mundano positus sim..., et nolo degenerare, volens sequi vestigia parentum meorum, trado me Deo et sancto Dionysio et monachis Capellæ, in manu Rodulfi prioris avunculi mei, tali in conditione, ut sim particeps de beneficiis et oracionibus ecclesiæ. Si autem monachus esse voluero, honorifice me recipiant, et ubicumque me mori contigerit, diligentissime et [sicut] fratrem ecclesiæ procurabunt.... Hoc factum est in capitulo Sancti Dionysii Capellæ, coram monachis et famulis ejusdem ecclesiæ ».

(4) *Charte de Geofroy Grossinel*, 1121-1135 : « Ego igitur Gauffredus Grossinellus, consilio amicorum et parentum meorum et filii mei Hunbaldi, et pro salute animæ meæ, concessi beato Dyonisio et monasterio Capellæ me ipsum et filium meum nomine Rodulfum, tali pacto ut de illo, in tem-

passé à Saint-Désiré, en présence du prieur Raoul Grossinel,
d'Humbaud Grossinel, de Guillaume et Raoul Mauvoisin, et de
Bernard de Laval (1). Ensuite, Geofroy Grossinel se rendit
à la Chapelle le jour de la Pentecôte, et là, dans le chapitre
des moines, il renouvela sa donation, en présence de nombreux témoins (2). Quant à Humbaud Grossinel, voulant aller à
Jérusalem, il confia toute sa terre à la garde de « saint Denis »
et de son oncle Raoul, par acte signé encore à Saint-Désiré,
ce qui laisse supposer que les Grossinel y avaient leur fief (3).

24. — En 1122, le clerc Mathieu fit avec le prieur Raoul Grossinel le contrat suivant : il restera clerc tant qu'il le voudra,
et pendant ce temps, il aura sa prébende hors du cloître, ou
mangera dans le cloître avec les serviteurs ; mais il y mangera
avec les moines, à Noël, à Pâques, à la Pentecôte, et à la
fête de saint Denis (9 octobre). En échange, il donne tout ce
qu'il possède au monastère, sauf une maison et la moitié d'un
arpent de vigne, qui, après sa mort, reviendront, soit à son
frère, soit aux moines. Lorsqu'il le voudra, il recevra l'habit
monastique, et donnera alors tous ses biens à la Chapelle (4).

pore oportuno, faciant monachum, et dent prior Capellæ et monachi ei indu-
mentum. De me autem fuit conventus, ut quandiu vellem esse laïcus, habe-
rem præbendam meam, et si vellem fieri monachus, similiter darent mihi
vestimentum. Quâ de causa tradidi sco Dyonisio ex meis rebus quæ mihi jure
hereditario pertinere videbantur, videlicet culturam meam magnam quæ est
in manso Lupino, super fontem, cum prato qui ibi adjacet, in quibus habebat
Johannes Grossinellus XL solidos Silviniacensis monetæ de vadimonio, quos
reddidit illi Rodulfus prior imperio meo. Insuper etiam tradidi loco Capellæ
omne illud quod habeo in eodem manso, sive in meo dominio, vel in fiscalibus meis, absque ullo retinaculo, scilicet terras, vineas, prata, et medietatem censi de molendino qui eodem manso consistit » (*ibid.*, p. 98).

   (1) *Ibid.* : « Hæc conventio namque facta est apud Sanctum Desideratum,
in præsentia et in manibus Rodulfi Capellæ prioris, etc. » (*ibid.*, p. 98).

   (2) *Ibid.* : « Postea vero abii ad Capellam in die sancto Pentecosten
in capitulo sci Dyonisii, et in conspectu monachorum clericorumque et laïcorum, hæ carta et conventio affirmatæ fuerunt ex mea parte, et ex parte
illorum, regnante Ludovico rege Francorum, et Vulgrino Bituricæ sedis antistite » (*ibid.*, p. 99). Parmi les témoins se trouvait Guillaume Grossinel.

   (3) Cf. P. GAUTIER, *ibid.*, nᵒ XII : « Hunbaldus, filius Goffredi Grossinelli,
volens ire Hierusalem, commisit Deo et sco Dionysio et Radulfo avunculo
suo totam terram suam. Quod apud Sanctum-Desideratum factum est, tempore Ludovici regis Francorum et Vulgrini Bituricensis archiepiscopi ».

   (4) *Convention avec le clerc Mathieu*, 1122 : « Noscant tam presentes

Peu après, au temps de l'archevêque Vulgrin et de l'abbé de Saint-Denis Suger, c'est-à-dire entre 1122 et 1135, quatre ermites nommés Jean, Bernard, Pierre, et Giraud, allèrent trouver Suger et firent avec lui une convention analogue. Ils lui demandèrent de les recevoir dans sa « fraternité ». En échange, ils promettaient de lui abandonner l'église qu'ils avaient bâtie, en l'honneur de la Vierge Marie, dans la paroisse de Parsac, et tous leurs biens présents et à venir, de se soumettre à sa juridiction, et de ne pas recevoir d'autres frères à Parsac sans la permission du prieur de la Chapelle. Ils étaient autorisés à garder leur habit tant qu'ils le voudraient; le jour où ils demanderaient à entrer au monastère de la Chapelle, ils devaient y être reçus (1).

D'autres libéralités de la même époque (1121-1135) sont inspirées par des sentiments de piété. C'est pour le salut de son âme et de celles de son mari et de ses parents, qu'Isabelle ou Élisabeth, fille de Géraud de Passac, et femme de

quam futuri conventum quem habuerunt inter se Radulphus prior Capellæ et Matheus. Fuit itaque conventus ut Matheus habeat præbendam suam, extra claustrum, aut comedat in claustro cum famulis. Ad Natalem vero Domini, ad Pascha, ad Pentecosten, ad festum sci Dyonisii comedet cum monachis. Concessit etiam ipse Matheus Deo et monachis sci Dyonisii et se et sua quæ possidet, et quæ adquisierit, excepta una domo et dimidio arpento vineæ quod ea die habebat, quæ dimittet post mortem suam aut fratri suo aut sco Dyonisio; quandiu quoque voluerit, sit clericus. Si vero voluerit, fiet monachus, dans omnia sua sco Dyonisio.... Hoc actum est apud Capellam Sancti Dionysii, in manu Rodulfi prioris, anno ab incarnatione Domini MCXXII° » (dans CHAZAUD, op. cit., p. 137-138).

(1) *Charte de Suger*, 1122-1135 : « Ego Sugerius, Dei gratia ecclesiæ Sci Dionysii abbas, omnibus fidelibus tam futuris quam præsentibus notificare volo, quoniam accedentes ad nostræ sublimitatis præsentiam, videlicet Johannes, Bernardus, Petrus, atque Giraldus, in heremitica vita degentes, supplici petierunt devotione, ut eos in fraternitate nostra reciperemus. Locum vero et ecclesiam illorum in honore beatæ Mariæ ab eisdem ædificatam, quæ est in parochia de Parciaco, et omnes res suas, quas acquisierant et adquisituri erant, Deo et sco Dionysio concesserunt, et subjectioni ecclesiæ de Capella, præcepto nostro, se submiserunt, ita ut amplius alios fratres in eodem loco sine jussu prioris Capellæ accipere eis non liceat. Etc. Regnante Ludovico rege Francorum, Wulgrino Biturigensium archiepiscopo existente. Hoc fuit confirmatum apud Capellam, in manu Rodulfi prioris, coram monachis, et clericis, et laïcis » (dans CHAZAUD, *ibid.*, p. 104). — *Parciacum* est Parsac, canton de Jarnage, Creuse.

Josbert de Culant, conseillée par ses fils et ses amis, offre sur l'autel de Saint-Denis, en se servant d'un livre comme objet symbolique, une rente annuelle d'un septier de bled sur le moulin d'*Espalais*, dans la paroisse Saint-Martin de Nassigny, sur le Cher[1]. Elle avait réservé trois septiers à son fils Raoul, sans partage avec son frère Géraud, à la condition qu'il les laisserait, pendant sa vie ou à sa mort, aux moines de la Chapelle : Raoul de Culant les abandonna en effet, lorsqu'il partit pour la croisade, en 1147 [2].

25. — Deux donations, de date encore plus incertaine, mais antérieures à 1135, sont celles de Josbert Ponton et du prêtre Raymond de Bouesse. — Josbert Ponton, devant aller en pèlerinage à Saint-Jacques-de-Compostelle en Espagne, donna aux moines, au temps du prieur Raoul II (1097-1135), une rente de trois mines combles d'avoine, 3 deniers, et quelques chaussures (*caligas*), payable à chaque vigile de Noël par la terre des seigneurs de Preuille, un denier sur chaque maison de la « ville » de *Cliot*, la vigne de *la Font*, dans la vallée, et diverses redevances sur un certain nombre de serfs [3].

<hr>

(1) *Charte d'Isabelle*, entre 1121-1135 : « Ego Isabel nomine, uxor Josberti de Cusleno, consilio filiorum pro partim et amicorum meorum, concedo Deo et sco Dionysio et monachis Capellæ degentibus, pro salute animæ meæ et mariti mei seu parentum meorum, unum sextarium annonæ uno quoque anno reddendum in molendino. qui est apud. villam.que dicitur Espaleo, in parrochia sci Martini de Napsiniaco, juxta Carum fluvium. Hoc factum est apud Cuslenum, tempore Rodulfi Capellæ prioris, regnante Ludovico rege Francorum, et Vulgrino Bituricæ sedis antistite » (dans P. GAUTIER, *ibid.*, n° IX). — Cf. *ibid.*, n° XXII, *infrà cit.* ; — et CHAZAUD, *op. cit.*, p. 143 : « Hoc donum super altare sancti Dionysii eum libro concessit ».

(2) Cf. P. GAUTIER, *ibid.*, n° XXII : « Omnibus hominibus ratione utentibus tam futuris quam presentibus sit notum quod Helisabeth, filia Geraudi de Paciaco, uxor Josberti de Cuslenc, dedit Deo et sancto Dionysio unum sextarium annonæ in molendino d'Espalais ; et tres sextarios quos retinuit dedit Radulfo filio suo, sine parte Geraudi fratris sui, tali conventione ut ipse Radulfus, in vita vel ad mortem, pro salute animæ matris suæ, Deo et sancto Dionysio adtribueret, et dedit pro beneficio tam corporis quam animæ supradictus quoque Radulfus. Postquam ad Hierusalem perrexit... ».

(3) *Charte de Josbert Ponton*, 1097-1135 : « Manifestum sit omnibus presentibus et futuris, quod Josbertus Pontonus, ingressurus viam Sci Jacobi, dedit Deo et sco Dyonisio, tres minaus combles avene, et tres nummos, et quasdam caligas, de debito in hereditate dominorum de Perolio, quæ red-

Enfin, le prêtre Raymond de Bouesse et ses frères Amblard et Pierre ayant donné aux moines de la Chapelle la moitié d'une ouche sise à *Archignat*, non loin du vitrail de l'église, cette donation fut d'abord ratifiée par leurs neveux Raymond II, Guillaume, Pierre, et Etienne de Bouesse[1]; puis bientôt suivie de la donation de l'autre moitié, faite par Roger de Bouesse, fils de Raymond II, au moment de partir pour Jérusalem. Roger avait obtenu l'approbation de son cousin, le prêtre Raymond de Bouesse, qui à cette date « tenait » l'ouche [2).

Le *Cartulaire* de la Chapelle-Audè ne nous étant pas parvenu en entier, nous ne connaissons pas toutes les donations reçues par les moines. Nous ignorons notamment comment ils avaient acquis l'église de *Châtelet*, près d'Évaux (Creuse)[3]. Toujours est-il qu'ils la possédaient au temps de l'archevêque Vulgrin; car la trouvant trop éloignée de la Chapelle, le prieur Raoul II et ses moines la cédèrent aux

duntur in vigilia Nathalis Domini; in villa de Cliot, in unaquaque domo, unum denarium; item, in filia Reginaudi de Alda suum jus, scilicet quatuor nummos donec dividatur, et post divisam, partem quæ sibi contigerit; et præter illos, in Giraldo Bertet duos denarios, in Petro Bertet duos denarios, in Petro Berrier et progenie sua quod habet; in Petro Berrieron jus suum; in valle, vineam de Fonte; pacto tali, quod Johannes nepos ejus et qui hereditatem suam possederint fide vera defendant » *(ibid.*, p. 103).

(1) *Charte de Raymond de Bouesse et ses frères :* « Raimundus de Buxa et fratres ejus Guillelmus et Petrus et Stephanus donum confirmaverunt quod Raimundus sacerdos fratresque ejus Amblardus et Petrus, ipsorum avunculi, fecerant ecclesiæ sancti Dionysii de olcha de Archiniaco » (dans P. Gautier, *ibid.*, n° V; cf. n° VI, *infrà cit.).* — Sur *Buxa,* cf. *suprá,* n° 21, en note.

(2) P. Gautier, *ibid.*, n° VII : « Rotgerius de Buxa, miles venerandus, volens ire Hierusalem, pro redemptione animæ suæ, dedit et concessit Deo et sco Dionysio et loco Capellae quandam olchiam apud Archiniacum, consulente et concedente Raimundo sacerdote et cognato ejusdem, qui eam tenebat »; — n° VI : « Rotgerius, filius Raimundi de Buxa, dedit et concessit Deo et sancto Dionysio et monachis Capellæ medietatem olchiæ quæ erat alodium suum, et est apud Archiniacum, non longe a vitrea ecclesiæ. Alia autem medietas erat Raimundi de Buxa et fratrum ejus... ».

(3) *Échange entre les moines de la Chapelle et les chanoines d'Évaux,* 1121-1135 : « ... Innotescat... monachos sancti Dyonisi de Capella ecclesiam de Castello, et dimidietatem mansi de Forgis possedisse » *(ibid.,* p. 90). — Sur le manse de Forges, cf. *suprà,* n° 19.

chanoines d'Évaux, plus rapprochés, avec le demi-manse de
Forges que leur avait donné Guillaume Blanc vers 1080 (1).
En échange, les chanoines et leur prévôt Humbert donnèrent
à la Chapelle tout ce qu'ils possédaient dans le manse d'*Utis*,
tout ce que Rorgon d'Huriel leur avait concédé dans le
manse de *Tristagnes*, le pré de Givrettes, donné par Ameil
de Chambon, la vigne de Giraud de la Chapelle, et six
deniers de cens aux Fosses (2). A cet échange assistaient,
entre autres témoins, Rorgon d'Huriel et ses deux fils, Roger
et Guillaume (3).

26. — A partir du milieu du xiie siècle, les donations se
font plus rares, et plusieurs, — c'est un signe des temps, —
ont pour but de réparer des brigandages commis antérieurement au préjudice du prieuré. — Un peu avant 1153, à
l'époque où Guillaume était prieur de la Chapelle-Aude pour
la première fois, Hugues d'Huriel, qui avait promis de se
donner à Dieu et à l'église de la Chapelle, s'y rendit pour
accomplir son vœu. Pendant qu'il y était, il tomba malade,
et demanda à recevoir l'habit monastique. L'ayant reçu, il
donna au monastère une rente annuelle d'un setier de seigle
à prendre sur ses biens dans la paroisse de Preuille. Étaient
présents : Audebert, seigneur d'Huriel, et son fils Humbaud (4). « Longtemps après », ce qui veut dire sans doute

---

(1) *Ibid.* : « Quæ quia monachis longinqua, canonicis verô Ewaunensibus
propinqua erant, præpositus ecclesiæ Humbertus et prior de Capella
Radulfus, consensu suorum capitulorum, convenerunt ut sibi ad invicem
concambia darent.... Rodulfus vero prior et monachi concesserunt ei ecclesiam de Castello et fiscum presbyteralem et cetera omnia que ibi habebant,
et hoc totum quod habebant in manso de Forgis quod dederat eis Willelmus
Blancus » (*ibid.*, p. 90).

(2) *Ibid.* : « Tunc præpositus mutua vice dedit monachis hoc quod habebat
in manso de Utis, et hoc quod Rorgo Uriacensis dederat sco Petro et canonicis in manso de Tristangis, et pratum de Givretis, quod dedit Amelius
Chambonensis propter Amelium de Domairac sco Petro, et vineam Giraldi
de Capella, hoc quod ibi habebant, et sex denarios censuales apud Fossas »
(dans CHAZAUD, *ibid.*, p. 90). — *Tristangis* est Tretagnes, lieu-dit de la
paroisse de la Chapelle-Aude ; et *Fossas*, les Fosses, par. de Viplaix.

(3) *Ibid.* : « Testes sunt : ... Rorgo Uriacensis,... Rotgerius et Wielmus
(*sic*), filii Rorgonis Uriacensis » (*ibid.*, p. 91).

(4) *Notice sur la donation d'Hugues d'Huriel*, vers 1160 : « Notum
et apertum est quod Hugo de Uriaco, in tempore Willelmi prioris, venit

quelques années plus tard, dix ans au plus, vers 1160, Guillaume étant prieur pour la seconde fois, Audebert, seigneur d'Huriel, Hugues II d'Huriel, fils du susdit Hugues, sa mère, Rorgon d'Huriel, et plusieurs autres, vinrent supplier le prieur d'admettre au couvent et à l'habit de son ordre un enfant nommé Mathieu, fils de cet Hugues, qu'il avait fait moine plusieurs années auparavant : « il en fut fait ainsi par la grâce de Dieu » (1). On voit, par ce dernier exemple et quelques-uns de ceux qui précèdent, que le prieuré de la Chapelle-Aude se recrutait dans les principales familles nobles de la région.

Ce n'est point pour un semblable motif qu'en 1169, Archembaud de Bourbon, dit le jeune, légua aux moines de la Chapelle deux muids de seigle de rente annuelle. Agé de vingt-neuf ans, et sur le point de mourir, il avait à cœur de réparer certains excès qu'il avait commis en envahissant, « avec une troupe étrangère et exécrable », l'église et la ville de la Chapelle-Aude, placées cependant sous sa protection (2).

Capellam volens ibi perendinare, quia promiserat semetipsum daturum Deo et ecclesiæ Capellæ; et dum ibi esset, Deo providente, egrotatus est, et volens suscipere monachalem habitum, sponte sua factus est monachus, et dedit de proprio suo, in parrochia Perolii, unum sextarium siliginis de reditu per singulos annos. Hoc donum audivit domnus Aldebertus Uriacensis et Hunbaldus filius ejus » (dans P. GAUTIER, *ibid.*, n° XX).

(1) *Ibid.* : « Post multum vero temporis, iterum eodem Willelmo existente priore Capellæ, domnus Aldebertus et Petrus archipresbyter Caorcious et Gervasius de Porta et Hugo filius predicti Hugonis et mater et Rorgo de Uriaco et quamplures alii deprecati sunt bona et efficaci prece Willelmum eundem predictum priorem, ut ad religionem et ad habitum monachalis ordinis susciperet quemdam puerum nomine Matheum, filium predicti Hugonis, quem similiter fecerat monachum, quod, Deo favente qui omnia bona vult fieri, et ita factum est » (*ibid.*).

(2) *Notice sur la donation d'Archembaud le jeune*, vers 1172 : « Notum sit omnibus tam futuris quam præsentibus, quod Archimbaudus de Borbonio juvenis, testamentum suum disponens, pro remedio anime sue et parentum suorum, et pro cujusdam excessus emendatione, quem ipse, cum gente extranea et execrabili, nimis impetuose in ecclesiam et villam Capelle Alde, que in protectione ejus erat, commiserat, dedit huic ecclesie Capelle et monachis Deo inibi servientibus, duos modios siliginis annuatim reddendos » (dans CHAZAUD, *op. cit.*, p. 75). — Sur Archembaud le jeune, fils d'Archembaud V et d'Agnès de Savoie, cf. CHAZAUD, *Chronologie, op. cit.*, p. 182 et 184.

Peu après sa mort, Agnès de Savoie, comtesse de Bourbon, « son illustre mère », devenue veuve en 1171, sur l'avis de Guillaume, viguier d'Hérisson, et de ses vassaux, concéda au prieur Richer, en paiement de ces deux muids de rente, tout le droit que le seigneur de Bourbon avait sur la terre d'Araud Boruns, dans le manse du Breuil, auprès de Saujac, et trois septiers de « bled » (deux de seigle et un d'avoine) de cens dus par Pierre Vital, sur la terre dite Pelleporc, près d'Estivaréilles (1). Le premier témoin de la charte dressée au nom d'Agnès de Savoie était Ebbes VI de Charenton, son gendre (2). Or, en 1175, ce fut son tour de réparer les dommages qu'il avait causés à l'église de la Chapelle, en lui donnant à perpétuité un muid de « bled », savoir 4 septiers de froment, 4 de seigle, et 4 d'avoine (3), à prendre sur sa dîme de Saulzais, dans sa châtellenie d'Épineuil (4).

27. — Enfin, en 1188, sous l'archevêque Henri Ier, Guil-

---

(1) *Ibid.* : « Agnes comitissa Borbonii, inclita mater ejus, consilio et assensu Willelmi vigerii de Erictione et clientum suorum, pro his duobus modiis siliginis solvendis, dedit et concessit ecclesie Capelle Alde et monachis, quicquid juris vel consuetudinis dominus Borbonii habebat in terra quam tenebat Araudus Boruns, que erat de manso Broli apud Salgiacum, et tres sextarios annone duos siliginis et unum avene, quos debet censuales Petrus Vitalis de terra Pella Porcum apud Estivaliculas.... Hujus rei sunt testes : Ebraudus de Carentonio, Guillelmus vigerius... Johannes de Lescorolio, qui hanc cartam scripsit... Richerius prior qui hoc donum accepit... » (dans Chazaud, *Cartulaire, op. cit.*, p. 75). — *Salgiacus* est Saùjac, paroisse disparue, *nunc* commune de Saint-Victor (Allier), près du Cher.

(2) Ebbes avait, en effet, épousé Guiburge de Bourbon, fille d'Archembaud V et d'Agnès de Savoie (La Thaumassière, *op. cit.*, t. III, p. 136).

(3) Il résulte de là qu'à La Chapelle-Aude, au xiie siècle, le muid de bled valait 12 septiers.

(4) *Charte d'Ebbes de Charenton*, 1175 : « Ego Ebo dominus Carentonii dedi ecclesie de Capella-Aude et monachis ibidem Deo deservientibus, pro remedio anime mee et predecessorum meorum, tum propter dampna que predicte intuleram ecclesie, et concessi in perpetuum in decima mea de Sauziaco, in castellania de Spinogilii, unum modium annone, videlicet quatuor sextarios frumenti et quatuor sextarios sigale et quatuor sextarios avene.... Hoc autem factum est in presentia Garini Bituricensis archiepiscopi, anno Incarnati Verbi MCLXXVo, archiepiscopatus predicti Garini primo, Ludovico Francorum regnante » (dans Chazaud, *Cartulaire, ibid.*, p. 86). — *Sauziacus* est Saulzais-le-Potier, chef-lieu de canton du Cher ; *Spinogilum*, Épineuil-le-Fleuriel, canton de Saulzais.

laume, seigneur de Culant, et son fils Raoul confirmèrent toutes les donations que leurs prédécesseurs avaient faites à l'église Saint-Denis de la Chapelle-Aude, notamment celle des droits d'usage dans leurs terres et leurs bois pour tout ce qui était nécessaire aux moines [1].

Un accord, conclu en août 1249, entre le prieur de la Chapelle et Renoul II, seigneur de Culant, précise ce qu'étaient ces droits d'usage. Le prieur, pour ses deux maisons de la Chapelle-Aude et de Caux, jouissait du droit de pacage pour les porcs et autres bestiaux, et du droit de prendre le bois nécessaire au chauffage des moines, au chauffage de leur four banal, à leurs constructions et autres nécessités, dans une partie des forêts de la Chapelle-Aude et de Mortareu (*nunc* Mortaret), limitée par les villages de Coutines, Villaine, Forgette, et le chemin presque rectiligne allant de Forgette à la Chapelle-Aude, autrement dit la voie romaine de Châteaumeillant à Néris ; étaient exceptés les bois des vassaux du seigneur de Culant, enclavés dans lesdites bornes et dans lesquels le prieur n'avait rien pris jusqu'alors [2]. Le prieur avait aussi le droit de prendre dans les forêts de Lap du bois pour construire, mais dans le village de la Chapelle seulement. Pour sa maison de Caux, il avait droit d'usage dans les bois situés entre Caux et la Creste, « tant pour son chauffage, bastiment, paisson des porcs et autres bestiaux, que pour ses autres nécessités » [3]. Pour sauvegarder les droits du prieur, le seigneur de Culant ne pouvait, ni faire essarter ou défricher, ni affermer les forêts énumérées ci-dessus. Il était en revanche tenu de les faire garder, et de révo-

---

(1) *Charte d'Henri Ier*, 1188 : « Ego Henricus, Dei gracia, Bituricensis archiepiscopus, Aquitaniæ primas, notum fieri volumus presentibus et futuris, quod constituti in presencia nostra, Willelmus dominus de Culenc, et Ranulfus filius ejus, donationes quas eorum progenitores ecclesie beati Dionisii de Capella Aude [fecerant] et monachis inibi Deo servientibus, in fiscis et casamentis et terris aliis, pro animarum suarum salute, nec non et usagium ad quecumque necessaria, in terris suis planis et nemoribus,... predicte ecclesie liberaliter concesserunt... Actum anno incarnati Verbi MCLXXXVIII[o] pontificatus vero nostri anno VI[o] » (dans Chazaud, *op. cit.*, p. 136-137).

(2) Cf. Chazaud, *Additions, loc. cit.*, p. 488.

(3) *Ibid.*, p. 489.

quer tous les droits d'usage qu'il aurait pu concéder à des tiers [1]. Le prieur n'avait aucun droit dans les autres forêts du seigneur de Culant. Il ne pouvait non plus pêcher, ni dans le Cher, ni dans les autres rivières dépendant de la seigneurie de Culant, avec des « retz » ou autres engins ; mais il pouvait pêcher dans le Cher avec des ramées (*ramé jus*) [2].

Toutes les richesses ainsi accumulées au cours des siècles furent en partie perdues pendant la terrible guerre de Cent ans, époque féconde en pillages et usurpations de toute nature. Qu'en restait-il au xvi⁰ siècle ? L'intéressant terrier de 1528, publié par M. Chazaud, permet de répondre à cette question. D'après ce terrier, le prieur possédait encore : — 1° à la Chapelle-Aude, « ung hostel et maison noble, auquel a tour, courtz, murailles, foussés, pescheries, jardeins, et autres maisonnages, tout tenant et ajougnant audict hostel » ; le jardin contenait environ trois « quartelées », le tout compris entre l'église, la rue publique du bourg de la Chapelle-Aude, et le chemin public et royal allant de la Chapelle-Aude à Bourges ; — 2° deux autres jardins, l'un d'environ une « quartonnée de terre », joignant aux murs et fossés de la maison, l'autre d'une « esmynée de terre, au-dessoubs de la pescherie dudit seigneur » ; — 3° un clos de terre et un clos de vigne, mesurant ensemble « dix sexteréez », près le chemin royal ; — 4° quatre prés, le pré Cousti, la « preyrie de las peycherias », le pré « dou Chaygne » (par. de Lanage), contenant ensemble 15 journaux de terre, et le pré de l'Estang, près du village des Prugnes ; — 5° cinq forêts de haute futaie, savoir : la Grande Forêt, près du village de Coutines, dans la paroisse de la Chapelle-Aude ; le bois « Druet et Dellac », près du village du Puys (ou Peux), dans la paroisse de Preuille ; le bois de la Tilherie et le bois de Cesne, dans la paroisse de Nocq ; le bois de Veilhe-Morte ; le tout mesurait environ 900 sexterées de terre ; — 6° enfin deux métairies : la métairie de *la Razière*, dans la paroisse d'Onrezat, et la métairie de *Clavières*, près du Cher,

-----

(1) *Ibid.*, p. 489.
(2) *Ibid.*, p. 488.

paroisses de Reugny et de Preuille « par années » (1). Telle était, au début des temps modernes, la consistance du domaine foncier appartenant au prieuré de la Chapelle.

(1) *Terrier de 1528*, art. 1 à 13, 15-16, dans Chazaud, *Cartulaire*, op. cit., introd., p. lxxxii-lxxxiv, en note.

DEUXIÈME PARTIE

COUTUMES DE LA CHAPELLE-AUDE
AU MOYEN AGE

En faisant en 1059 ou 1060 la donation qui avait permis la fondation du prieuré de la Chapelle-Aude, Jean de Saint-Caprais l'avait faite en toute propriété; il avait même spécifié que les moines auraient sur la terre et sur les hommes qui l'habitaient les mêmes pouvoirs que lui [1]. Le roi Philippe Ier, en 1067, avait concédé au prieur la justice entière sur tout le quadrilatère déterminé par quatre croix de bois plantées autour du prieuré, et accordé à tous ceux qui habiteraient entre ces quatre croix un certain nombre de privilèges [2], sous la protection du sire de Bourbon, constitué défenseur de l'église et du domaine des moines de la Chapelle [3]. En 1075, le seigneur voisin le plus puissant, Hum-

---

[1] *Charte de Jean de Saint-Caprais*, 1059-1060 : « Et sicut de terra et hominibus faciebam velle meum, ita monachi sci Dionysii et de terra et de hominibus faciant velle suum »; « ... sed integre omnia quæ habebam sive in casatis, sive in dominio, dedisse Deo et sco Dyonisio pro salute animæ meæ » (CHAZAUD, *Cartulaire, op. cit.*, p. 21-22). Devant le roi, en 1067, Archembaud de Bourbon, suzerain de Jean de Saint-Caprais, avait confirmé cette donation intégrale (*ibid.*, p. 24). Cf. *suprà*, n°ˢ 6 et 7.

[2] Cf. *suprà*, n° 7.

[3] *Diplôme de Philippe Ier*, 27 mai 1067 : « ... et cuicunque de genere suo castrum Burbunense possidere contigerit, precipue super æcclesia et rebus monachorum curam gerat, eosque magnopere defendat »; — *Charte*

baud d'Huriel, avait reconnu solennellement et en détail
cette « liberté et immunité du lieu de la Chapelle » (1). Il
résultait de là que le prieur, ès qualités, était d'abord *propriétaire allodial* de ce qui avait été donné au prieuré : il
jouissait à ce titre d'un certain nombre de droits, dits cen-
suels, vis-à-vis des bourgeois du lieu; qu'il était ensuite,
entre les quatre croix, *seigneur justicier* : il jouissait à ce
titre du droit de juger les habitants et d'un certain nombre
de droits seigneuriaux communément appelés par les anciens
auteurs « droits de justice ».

Ces divers droits sont énumérés et précisés dans la charte
de *Coutumes* que le prieur Hugues avait donnée, le 11 mai
1073, aux habitants de la Chapelle, avec le consentement
de tout son chapitre, de l'archevêque Richard II, d'Humbaud
d'Huriel, et des autres seigneurs de la région (2). Grâce à ces
Coutumes et à quelques autres textes, nous allons pouvoir
étudier successivement, d'abord quelle était, dans le ressort
de la justice du prieur, la condition des personnes et des
biens, particulièrement des nombreuses églises dépendant
du prieuré; ensuite quels étaient, dans les deux sens du mot,
les droits de justice du prieur; enfin comment ces droits de
justice se trouvaient modifiés, par suite de conventions par-
ticulières avec les seigneurs d'Huriel, pendant la durée des
foires qui se tenaient à la Chapelle-Aude.

d'Archembaud de Bourbon, 23 juin 1079 : « ... maxima sub defensione
domini castrum Burbunense habentis esset locus Capelle... omnium possessionum ecclesie de Capella vindex et defensor, ego et quicumque de
genere meo castrum Burbunense haberet, semper existeret »; — *Charte
d'env.* 1172 : « ... in ecclesiam et villam Capelle Alde, que in protectione
ejus (Archimbaudi) erat... » (dans CHAZAUD, *ibid.*, p. 24, 27, 28, 75).

(1) Cf. *suprà*, n° 18; — et *Charte* de 1073, *ibid.*, p. 40.

(2) Cf. *suprà*, n° 7, *in fine.* — On trouvera l'analyse des *Coutumes* de
1073 dans CHAZAUD, *ibid.*, introd., p. XIII-XX.

CHAPITRE I

CONDITION DES PERSONNES
A LA CHAPELLE-AUDE

Les justiciables du prieur de la Chapelle-Aude pouvaient appartenir à quatre catégories différentes : il y avait d'abord ses « frères », les *moines*, sur lesquels il exerçait une autorité canonique, subordonnée à celle de l'abbé de Saint-Denis-en-France; puis des *clercs* séculiers, parmi lesquels il prenait les chapelains des églises paroissiales qui lui avaient été restituées ou données, et dont il avait le patronage : à quelles conditions, nous le verrons plus loin (*infrà*, nᵒˢ 33-36). Il y avait ensuite des hommes libres, qu'on appelait les *bourgeois* de la Chapelle; et enfin des *serfs*, assez nombreux. — Des moines et des clercs, il n'y a rien de particulier à dire : leur condition à la Chapelle-Aude était la même que dans le reste du royaume (1). La condition des bourgeois et des serfs demande au contraire à être décrite avec quelque détail.

28. — Les hommes libres, bourgeois (*burgenses*) de la Chapelle, habitaient entre les quatre croix. Comme le prieur était dans cette enceinte à la fois propriétaire et seigneur justicier, les bourgeois étaient forcément à la fois ses tenan-

---

(1) Les *monachi* et les *clerici* sont souvent distingués dans les textes; cf. CHAZAUD, *Cartulaire, op. cit.*, p. 79 : « sive esset monachus, sive clericus »; p. 104 : « coram monachis, et clericis, et laïcis »; p. 115 : « tam monachorum quam clericorum vel laïcorum »; p. 117, 138, etc. On a vu aussi plusieurs *clercs* se faire *moines* (*suprà*, nᵒˢ 20, 24).

ciers et ses sujets. Mais ils ne dépendaient que de lui. Le diplôme du roi Philippe Ier les exemptait à l'égard d'autres seigneurs de toute redevance : ban, tonlieu, voirie, et de tout service militaire (1). En 1075, Humbaud d'Huriel avait promis solennellement qu'à tout homme habitant entre les quatre croix, ni lui, ni un membre de sa famille, ni un étranger ne réclamerait jamais de droit de voirie ou de ban, et ne les forcerait jamais à fournir le service militaire (2). Cette interdiction s'appliquait même aux « hommes » que les seigneurs voisins pourraient avoir entre les quatre croix ; dans le cas où ils les soumettraient au service militaire ou à quelque ban, le prieur avait le droit de les chasser de la Chapelle et d'y raser leurs maisons jusqu'aux fondations (3).

Mais si les bourgeois de la Chapelle étaient ainsi garantis contre les seigneurs voisins, ils ne l'étaient pas de même vis-à-vis du prieur. Ils étaient ses *sujets* : comme tels, ils étaient soumis à tous les droits de justice que nous étudierons plus loin, et qui s'appliquaient à tout le monde : banvin, mesurage du vin et des grains, forage, rouage, crédit forcé, banalité de moulin et de four, droits sur les bœufs et les porcs, gîte, procuration, etc. (4). Ils étaient de plus astreints au service militaire dans deux cas : lorsque l'archevêque le réclamait, et lorsqu'il s'agissait de défendre la terre de

---

(1) *Diplôme royal de 1067* : « Ad ultimum vero regalis sublimitas tantam incolis Capelle libertatem concessit, ut nullus in ea habitans bannum aut teloneum aut vicariam aliquam nisi sancto Dyonisio persolvisset, nec alicujus hominis precepto contra adversarios in expeditionem perrexisset » (*ibid.*, p. 24).

(2) *Charte d'Humbaud d'Huriel*, 14 mai 1075 : « Nullus omnium habitautium hominum infrà terminum denominatum, sive'sit meus, sive alterius, unquam eat in expeditione vel banno.... Affirmo etiam insuper et concedo ut si aliquis prepotens persona vel pauper habet aliquam terram infra IIII^{or} terminos denominatos, non habeat licentiam aliquam consuetudinem in illa terra mittere, unde possit oriri aliquot dampnum sancti Dionisii » (*ibid.*, p. 31).

(3) *Ibid.* : « Si vero quilibet dominus, vel ego, vel alter, habens hominem habitantem infra IIII^{or} cruces, compulerit eum ire in expeditione vel banno, precipimus et concedimus ut prior expellat eum de Capella, et omnes ædificationes suas a fundamentis destruat » (*ibid.*, p. 31).

(4) Cf. *infrà*, n°s 39 et 40.

Saint-Denis (1). Le prieur, on le verra, fut parfois obligé
de recourir à ce service (2).

Les bourgeois de la Chapelle étaient en outre les *tenanciers* du prieur. La terre de la Chapelle-Aude appartenant
aux moines, les bourgeois n'y pouvaient pas posséder d'al-
leux. Ceux qui voulaient y bâtir étaient obligés de demander
au prieur une concession d'emplacement. Comme il était de
l'intérêt du prieuré que la ville se bâtit rapidement, le prieur
Hugues était porté à faire des concessions assez larges. D'un
autre côté, il devait sauvegarder ses droits de propriété, et
prévenir aussi, dans les temps troublés où il vivait, les dan-
gers de tyrannie : cette nécessité explique un certain nombre
de restrictions qu'il fut obligé d'apporter à ses concessions.
Voici comment elles étaient réglementées par les *Coutumes
de 1073*.

Celui qui voulait bâtir une maison dans la ville devait aller
trouver le prieur et convenir avec lui d'un prix d'achat
(*mercatio*) et d'un *cens*; il devait de plus donner deux deniers
au sergent du prieuré chargé de la surveillance du domaine
monastique (3). Le prieur pouvait accorder comme emplacement, dans l'intérieur des croix, une terre déjà concédée en
censive à autrui, même un jardin (les vignes seules étaient
exceptées); mais le nouveau propriétaire devait, outre le prix
d'achat, donner un cens plus élevé, et bâtir rapidement la
maison : s'il ne le faisait pas, il pouvait y être contraint par
des pénalités sévères (4). Une fois bâties, il n'était plus permis

---

(1) *Diplôme royal de 1067* : « ... in expeditionem perrexisset, nisi cum
communione archipresulis, vel ad defendendam sci Dyonisii terram pro utilitate monachorum »; — *Charte d'Humbaud d'Huriel de 1075* : « ... in
expeditione vel banno, nisi pro defensione terre sci Dionisii » (*ibid.*, p. 24
et 31).

(2) Cf. *infrà* : Troisième partie, n°s 55 et 56.

(3) *Coutumes de 1073*, art. 1-1° : « In primis consuetudo disposita est,
quod si quis in villa domum edificare voluerit, talem mercationem et censum
priori dabit que sibi et illi congrua sit, redditis servienti duobus nummis »
(*ibid.*, p. 41).

(4) *Ibid.*, art. 3 : « ... hoc tamen ibi retinentes, quod si quisquam hor-
tum aut aliquam terram censualem, preter vineas, infrà cruces, que extra
villam sunt, a sancto possederit, si alius ibi domum ædificare voluerit, prior,
accepta mercatione et majori censu, licentiam inde dare poterit ; sed si,

de démolir les maisons, à moins de les reconstruire « dans la terre de saint Denis » (1).

Il était également défendu de les vendre ou de les engager à l'insu du prieur, qui avait, dans ce cas, le droit de les confisquer sans indemnité (2). Celui qui voulait vendre ou engager sa maison devait donc prévenir les moines : le prieur ou tout autre « homme de saint Denis », c'est-à-dire sujet du prieuré, jouissait alors du droit de préemption, ses offres fussent-elles inférieures (*vilius*) à celles d'un étranger (3). Si le droit de préemption n'était pas exercé, le bourgeois recevait du prieur l'autorisation de vendre ou d'engager sa maison à qui il voulait, pourvu toutefois que ce ne fût pas à un chevalier ; car ce chevalier « pourrait vouloir exercer sa domination sur les habitants de la ville ». Pour vendre à un chevalier, il fallait une permission spéciale du prieur (4). En cas de vente, il était dû un droit de mutation d'un denier par sou, c'est-à-dire d'un douzième du prix : c'était le tarif habituel des *lods et ventes;* plus un droit de deux deniers, « le fisc susdit », au sergent du prieuré (5). Ces règles assez rigoureuses sur la « tenure » des maisons furent un peu atténuées, en 1249, par la charte de franchise concédée aux habitants de la Chapelle-Aude par l'abbé de Saint-Denis, Guillaume : nous verrons plus loin dans quelle mesure (6).

alio abjecto, domum ibi brevi non fecerit, conventio domus ædificande ab eo graviter requiretur » (*ibid.*, p. 41).

(1) *Ibid.*, art. 1-2º : « Quod si quis de villa domum removere voluerit, non liceat, nisi in terra sci Dionisii eam collocaverit » (*ibid.*, p. 41).

(2) *Ibid.*, art. 2 : « Si quis etiam de habitatoribus Capelle domum suam... vendiderit aut pigneraverit, nesciente priore, postquam ad noticiam prioris venerit et ipsum convicerit, prior res venditas integre accipiet, sine aliqua restauracione » (*ibid.*, p. 41).

(3) *Ibid.*, art. 1-3º : « Si vero vendere aut pignorare placuerit, si prior aut quisquam sci Dionisii homo eam retinere voluerit, vilius ei quam alii tradatur » (*ibid.*, p. 41).

(4) *Ibid.*, art. 1-4º : « Sin autem, cuilibet eam committat, jussu tamen et voluntate prioris, excepto milite, quem ideo excipimus, ne aliquem in ville habitatores dominatum exercere velit; aut militi, si priori visum est » (*ibid.*, p. 41).

(5) *Ibid.*, art. 1-5º |: « ... redditis venditionibus, quot solidis tot nummis, et fisco servientis supradicto » (*ibid.*, p. 41).

(6) Cf. *infrà*, nº 31.

29. — Les moines de la Chapelle-Aude n'avaient pas seulement des tenanciers libres ; ils avaient aussi un certain nombre de *serfs*, dont la plupart leur avaient été donnés, avec leurs *tenures* : car l'un n'allait pas sans l'autre. C'est ainsi que Jean de Saint-Caprais leur avait fait don, dès 1059-1060, de plusieurs serfs, parmi lesquels Étienne le Juge d'Outrigny, Giraud de Tely, Renaud de la Palice, et son cousin Constance [1]. Plus tard, vers 1078, il avait encore donné trois serfs d'Outrigny : Renoul Falset, Samuel, et Renoul Sirvent, puis Godon de Rabières, Raoul avec ses frères, de Reugny, et Humbert Magnio [2]. Sous l'archevêque Richard et le prieur Hugues, on peut encore noter : le don par Guillaume et Raoul de Passac du serf Arnaud de Saujac [3], et par Dea, femme d'Humbaud Goulfier, seigneur de Vallon, de sa part de Jean le Dîmeur [4]. En 1095 ou 1096, Arnaud de Guirande ou d'Aiguirande, partant pour la croisade, compléta la donation de Dea en donnant au prieur le même serf avec ses fils [5]. Quelques années auparavant, le chapelain Emenon, au moment de prendre l'habit monastique, avait fait don d'Henri et Giraud, frères germains, et de Josbert Batvesper avec la moitié de ses enfants [6].

Sous l'archevêque Audebert, les deux serfs Euvrard des Coutures et Giraud des Maisons furent donnés par Humbaud d'Huriel et son frère Rorgon [7] ; et le jour de l'Ascension 1107 (23 mai), Aldéart, fille de Girbert surnommé Ponton, fut donnée, avec la dot (*matrimonium*) que son père lui avait constituée, par Hélie d'Huriel, en présence de l'archevêque Léodegaire, qui se trouvait alors à la Chapelle-Aude [8]. Plus tard, sous l'archevêque Vulgrin, Airaud *de*

---

(1) Cf. *suprà*, n° 6.

(2) Cf. *suprà*, n° 19.

(3) Cf. *suprà*, n° 20.

(4) *Charte de Dea*, mai 1075 : « Dono etiam partem meam quam habebam in Johanne decimatore, post mortem filiorum meorum, tali conditione ut, quamdiù ipsi vixerint, habeant, post mortem vero eorum monachi in perpetuum habeant » (*ibid.*, p. 70).

(5) Cf. *suprà*, n° 22.

(6) Cf. *suprà*, n° 20.

(7) Cf. *suprà*, n° 22.

(8) *Charte de Léodegaire*, 23 mai 1107 : « Ego Leodegarius, gratia Dei,

Brethoilis donna Jean Garreau avec ses enfants (1); et Roger d'Huriel, la moitié des fils du serf Canceldus, la moitié des fils d'Hermengarde, fille du Mège (*Medicus*), Étienne et sa fille Jeanne, Raoul du Verger et son frère Bernard, trois des fils de Girbert du Chemin : Giraud, Étienne, et André (2). Nous n'indiquons ici que les serfs nommés dans les textes. Beaucoup d'autres, qui ne sont pas nommés, se trouvaient sur les manses et autres terres abandonnés aux moines.

Quelques hommes libres se donnaient spontanément en servage. C'est le cas d'un nommé Pierre, qui se donna corps et biens « à Dieu et à saint Denis », demandant seulement, en échange de sa liberté, la nourriture nécessaire et la participation aux prières, ce que le prieur Raoul appelait « les bénéfices du lieu » (3). D'autres, plus nombreux, venaient d'ailleurs s'établir à la Chapelle-Aude, et y faisaient aveu de servage au prieur, qui leur concédait alors une tenure. C'est ainsi que Giraud le Charpentier devint « homme de saint Denis » (4). Quand les seigneurs intéressés réclamaient leurs

Bituricensis archiepiscopus, humilis minister, notum fieri volo tam præsentibus quam futuris, donum et conventionem quam fecerat Helyas de Uriaco Deo, et sco Dyonisio, et Rodulfo priori de Capella, scilicet de filia Girberti cognomine Pontonis, nomine Aldeart, et de matrimonio quod ipse Girbertus ei tradiderat in manu, et in presentia mei, libere et absolute, absque ullo retinaculo concessit .... Hoc actum est apud Capellam Sancti Dyonisii, in die ascensionis Domini, tempore Philippi Francorum incliti regis » (dans CHAZAUD, *ibid.*, p. 74). — Cette charte est l'une des trois chartes de Léodegaire que dom Thomas déclare être de 1107 (cf. *suprà*, préface, *in fine*, en note).

(1) *Charte d'Airaud de Brethoilis*, 1121-1135 : « Do etiam quendam hominem meum Johannem Garellum cum liberis suis » (*ibid.*, p. 79).

(2) Cf. *suprà*, n° 23.

(3) CHAZAUD, *ibid.*, appendice, p. 144 : « Dedit namque predictus Petrus corpus suum omnesque res suas Deo et sancto Dyonisio; unde Radulfus prior et ceteri monachi concesserunt ei *beneficia ejusdem loci*, videlicet necessariam escam et orationum participationem ». — On trouve une expression analogue dans le *Cartulaire d'Aureil, op. cit.*, p. 166 : en 1092, les chanoines d'Aureil reçoivent parmi eux un donateur, Bernard de la Brugère, le font « consortem totius beneficii », et concèdent, pour l'amour de lui, à ses père, mère, et autres parents, « beneficium ecclesiæ ».

(4) *Charte de Léodegaire*, 1098-1108 : « Noscant itaque tam presentes quam futuri Giraldum Carpentarium suum nativum solum dimisisse, et hospitatum fuisse Capelle, in terra sci Dyonisii, et concessisse se ipsum serviturum sco Dyonisio et monachis Capelle sicut suum proprium hominem » (*ibid.*, p. 71).

serfs fugitifs, le prieur devait exhorter ceux-ci à reprendre leur « service »; mais les *Coutumes* de 1073 disent nettement que s'ils refusaient, ils resteraient en sûreté, avec leurs biens, entre les quatre croix, mais pas au delà : car l'intérieur des croix seul était lieu d'asile (1). C'est ainsi qu'au temps de l'archevêque Richard, un vassal d'Archembaud III de Bourbon, qui, en 1079, avait signé l'une de ses chartes avec Pierre de Pinciac (2), Aimon de Veauce, allant en pèlerinage au tombeau de saint Martin à Tours, trouva à la Chapelle-Aude un certain nombre de ses « hommes » de Veauce et de Pinciac, qui s'y étaient installés : il ne put mieux faire que de les donner au prieuré, entre les mains de l'archevêque, présent sur les lieux (3). Tous les seigneurs n'étaient pas aussi accommodants; et précisément au sujet des enfants de Giraud le Charpentier, les moines de la Chapelle eurent à soutenir un long procès que nous retracerons plus loin (4).

30. — Tous les serfs dont nous venons de parler étaient serfs *de corps*. Ils étaient soumis au *chevage*, généralement fixé à 4 deniers (5), au droit de *mainmorte*, et au droit de *formariage* : il leur fallait, pour se marier, la permission du prieur de la Chapelle-Aude ou de l'abbé de Saint-Denis (6).

(1) *Coutumes de 1073*, art. 24 : « Nec hoc pretermittendum est, quod si aliquis modo homo in villa moretur, domino suo servire nolens, si dominus ejus priori sive preposito super eo querimoniam fecerit, eum ut serviat domino amonebunt; si noluerit, intra cruces ipse et sua tuta erunt, extrà vero minime » (*ibid.*, p. 44).

(2) *Charte d'Archembaud III*, 23 juin 1079 : « S. Aimonis de Velcia; S. Petri de Pinthac » (*ibid.*, p. 28).

(3) *Charte d'Aimon de Veauce*, 1071-1092 : « Carta qua Aimo de Velsia, pergens ad sanctum Martinum causa orationis, veniens apud Capellam sci Dyonisii, ubi tunc erat Richardus archiepiscopus, quosdam homines qui venerant de terra sua, scilicet de Velsia et Pinciaco, et manebant apud Capellam, monasterio ejusdem Capellæ dedit » (dans P. Gautier, *op. cit.*, n° III).

(4) Cf. *infrà*, n° 54.

(5) Cf. *Charte de 1096-1135* : « Item, in filia Raginaudi de Alda jus suum, scilicet quatuor nummos »; — *Charte de 1135-1146, infrà cit.* : « ... quatuor scilicet denarios quotannis » (*ibid.*, p. 103 et 120).

(6) Cela résulte à contrario de la Charte de franchise de 1249 (*infrà*, n° 31).

C'est ainsi qu'entre 1135-1146, un certain Giraud le Roux, voulant donner en mariage à un homme du Châtelet sa fille, qui était « femme de saint Denis », Eudes de Deuil, alors prieur, de peur que le prieuré ne perdît ses droits, y mit opposition : Giraud le Roux n'en obtint la mainlevée qu'en se portant caution, avec Jean Aimery, que le prieur garderait sur sa fille tout son *census*, c'est-à-dire 4 deniers par an, et la moitié des enfants à naître du mariage, « conformément à la coutume du pays » (1).

La crainte d'Eudes de Deuil n'était pas fondée; car il y avait ceci de curieux dans la condition des serfs du Bas-Berry, qu'en cas de formariage les enfants qui en étaient issus n'appartenaient pas pour le tout au seigneur dans la terre duquel résidaient leurs parents, mais appartenaient pour moitié, ou pour telle partie que de droit, aux seigneurs du père et de la mère. Cette coutume n'était pas suivie seulement à la Chapelle-Aude, mais encore au Châtelet, à Linières, à Issoudun, à Reuilly, à Graçay (2). Il résultait de là de nombreux cas de serfs possédés indivisément par plusieurs maîtres, et des situations bizarres, qui ne pouvaient se dénouer que par des partages, souvent difficiles, des échanges, ou des rachats de part. Le *Cartulaire* de la Chapelle-Aude en offre plusieurs exemples, parmi lesquels deux sont particulièrement remarquables et peuvent donner une idée de la complexité des conditions sociales au moyen âge (3).

(1) *Charte de* 1135-1146 : « Giraldus Rufus filiam suam beati Dyonisii feminam apud Castellulum marito tradidit. Odo vero de Diogilo, tunc prior, timens ne locus Capellæ suum servicium amitteret, contradixit. Tandem Giraldus fidejussorem se tradens, et quidquid ipse habebat, et Johannem Aimericum, et quidquid ipse habebat, quod beatus Dyonisius censum suum non amitteret, quatuor scilicet denarios quotannis, nec partem dimidiam infantum, nec rerum ceterarum, juxta morem patriæ, quod ceperat adimplevit » (*ibid.*, p. 119-120).

(2) *Coutumes locales du Châtelet*, art. 23, de *Linières*, art. 2, et d'*Issoudun*, art. 8, dans LA THAUMASSIÈRE, *Cout. locales de Berry*, *op. cit.*, p. 151, 201, 370; — *Partages divers* intéressant la commanderie de l'Ormeteau, par. de *Reuilly*, xvᵉ siècle, aux Arch. de l'Indre, H, 658, 697, 698, etc.; — *Cout. de Graçay* (1534), aux Arch. du Cher, G, 119. — Cf. Louis DES MÉLOIZES, *Le servage en Berry*, Bourges, 1907, in-8°, p. 68-70.

(3) Cf. CHAZAUD, *ibid.*, introd., p. LX-LXI.

Un nommé Giraud le Fèvre, serf de Renaud, vicomte d'Aubusson, ou plutôt d'Adélaïde, femme de Renaud, avait épousé une serve du prieuré de la Chapelle-Aude, appelée Aldéart. De ce formariage étaient nés plusieurs enfants : trois garçons, Jean surnommé Cornaut, Giraud surnommé Charbonnier, Étienne surnommé l'Ermite, et quatre filles, Marie, Aldéart surnommée Borda, Jeanne femme d'Étienne l'Anier, et Unberge. Avant de mourir, la vicomtesse Adélaïde, femme du vicomte d'Aubusson et fille d'Humbaud d'Huriel, sur le conseil de son père et avec le consentement de ses deux fils Renoul et Guillaume, abandonna aux moines de la Chapelle, pour 15 sous, la moitié indivise de la serve Marie (1). Après sa mort, le prieur Raoul II et le vicomte Guillaume partagèrent les autres enfants. Le prieur prit pour lui un garçon, Jean, et deux filles, Aldéart et Jeanne ; le vicomte garda les deux autres garçons, Giraud et Étienne (2). La dernière fille, Unberge, restait indivise : le prieur termina l'opération en achetant sa part au vicomte Guillaume (3). Ceci se passait en 1096 ou 1097. — Giraud, surnommé Charbonnier, dut épouser à son tour une serve de la Chapelle ; car un quart de siècle plus tard, en 1123, ayant eu une fille nommée Aldéart, comme sa grand'mère, cette fille se trouvait commune entre les moines et le vicomte

(1) *Charte de* 1096-1097 : « Adelaidis vicecomitissa, filia Hunbaldi de Uriaco, et uxor Rainaldi vicecomitis de Albuthono, consilio Hunbaldi patris sui, et voluntate duorum filiorum suorum Rannulfi et Willelmi dedit Deo et sco Dyonisio et monachis Capellæ unam fœminam, nomine Mariam, filiam Giraldi Fabri et Aldeardis, quæ erat communis inter eam et scum Dyonisium, acceptis à monachis xv solidis » (*ibid.*, p. 95).

(2) *Ibid.* : « Mortua vero vicecomitissa, Rodulfus prior Capellæ et Willelmus vicecomes diviserunt infantes Giraldi Fabri et Aldeardis, quorum pater erat vicecomitis, et mater sci Dyonisii. Prior itaque habuit Johannem cognomine Cornaut, Aldeart cognomine Bordam, Johannam uxorem Stephani Asinarii ; vicecomes autem habuit Giraldum cognomine Carboner, et Stephanum fratrem ipsius cognomine Heremitam ».

(3) *Ibid.* : « Facta itaque divisione, Rodulfus prior emit à Willelmo vicecomite suam partem unius feminæ nomine Unberge, quæ remanserat communis, et ipse Willelmus concessit suam partem sco Dyonisio et monachis de Capella.... Hoc actum est apud Capellam Sci Dyonisii, tempore Rodulfi prioris, domno Hildeberto Biturica sedi presidente, et Philippo regnum Francie regente ».

d'Aubusson Guillaume : le vicomte, pour le salut de son âme et de celle de sa mère, abandonna sa moitié au prieur Raoül, qui lui donna 5 francs « *de caritate* » (1).

Un autre partage, encore plus compliqué, fut celui des enfants d'une fille de ce Jean le Dîmeur, dont il a été question plus haut. Jean le Dîmeur appartenait, pour moitié au prieuré, à cause de la donation d'Arnaud d'Aiguirande, et pour moitié à Humbaud Goulfier, fils de Dea, laquelle, en donnant sa part au prieuré, en avait réservé l'usufruit à ses fils (2). La fille de Jean le Dîmeur était donc commune entre le prieur et Humbaud Goulfier. Elle épousa un homme nommé Constance d'Escoussy, serf de Guillaume surnommé Baraton, et veuf d'une première femme, serve d'Humbaud Goulfier. De ses deux femmes, Constance eut des enfants. Ceux du premier lit étaient communs à Guillaume Baraton et Humbaud Goulfier; ceux du second lit appartenaient pour moitié à Guillaume Baraton, et pour l'autre moitié à Humbaud Goulfier et au prieur de la Chapelle. Or, à l'insu de ce dernier, Guillaume Baraton et Humbaud Goulfier partagèrent tous les enfants de telle manière qu'Humbaud eut dans son lot les enfants du premier lit, sur lesquels « saint Denis » n'avait aucun droit, et seulement une fille du second lit (3). Le prieur

(1) *Charte de* 1123 : « Notificamus igitur tam præsentibus quam futuris Willelmum vicecomitem, pro salute animæ suæ et matris suæ et omnium parentum suorum, dedisse et concessisse Deo et sco Dyonisio et monachis Capellæ suam partem, id est medietatem, cujusdam mulieris, scilicet filiæ Geraldi nomine Carbonarii, nomine Aldeardis, priore dante sibi de caritate sci Dyonisii quinque solidos.... Hoc actum est apud Capellam in manu Rodulfi prioris, regnante Ludovico rege, et domno Wulgrino Bituricæ sedi præsidente » (*ibid.*, p. 92 et 93). Cette charte est reproduite par M. P. GAUTIER, *op. cit.*, n° XXIII, avec quelques suppressions, et une addition, la date : « ... anno ab incarnatione Domini M. C. XXIII »; seulement dans le texte de M. P. GAUTIER, au lieu de *Willelmum Viceten*, qui n'existe pas, il faut lire : *Willelmum vicecomitem.*

(2) Cf. *suprà*, n° 29.

(3) *Charte de* 1098-1135 : « Notificamus ergo tam præsentibus quam futuris, quod Humbaldus cognomine Gulferius et Guillelmus cognomine Baratum diviserunt infantes Co[n]stancii de Scociaco, nesciente priore Capellæ, cujus erant filii, propter uxorem Constancii, quæ fuerat filia Johannis decimatoris, quorum medietas erat prioris et Humbaldi, in vita Humbaldi; post mortem vero ipsius esset prioris totum. Postea vero fecerunt.

Raoul II attaqua le partage aussitôt qu'il le connut; et Humbaud Goulfier, qui avait peut-être agi en fraude, se trouva fort embarrassé pour exécuter ses conventions avec Guillaume Baraton. Il alla trouver le prieur, amenant avec lui Hélie d'Huriel. Ce dernier arrangea l'affaire. Sur ses instances, le prieur accepta un échange avec Humbaud : celui-ci lui donna la femme d'Airaud de Verneix et la moitié de ses enfants, et le prieur ratifia le partage conclu avec Guillaume Baraton (1). Quelque temps plus tard, il fit confirmer cette transaction par Humbaud II, fils d'Humbaud Goulfier, et lui donna à cette occasion 3 sous 1/2 en monnaie de Souvigny (2).

Pour éviter les indivisions, le prieur rachetait souvent la part de ses « coseigneurs » : on l'a vu plus haut pour les filles de Giraud le Fèvre, Marie et Unberge. Mais « ne voulant pas diminuer ce qui appartenait à saint Denis », le prieur n'acceptait pas l'opération inverse. Raoul II, qui possédait en commun avec Ameil de Chambon une serve appelée Jeanne, fille de Giraud le Tissier, refusa nettement les 2 sous qu'Ameil lui offrait pour sa part, bien qu'il fût convenu que l'un des deux achèterait la part de l'autre. Ameil demanda alors au prieur de lui en donner autant pour sa

commutationem Guillelmus et Humbaldus, ita ut Humbaldus haberet illos infantes, in quibus sanctus Dyonisius nichil habebat, propter Constancium, qui non erat suus, nec uxor ipsius quam habuerat prius, de qua habuerat filios, qui erant inter Humbaldum et Willelmum; Willelmus vero haberet illos infantes qui erant sancti Dyonisii et Humbaldi » (*ibid.*, p. 89).

(1) *Ibid.* : « Quo agnito, Radulfus prior Capellæ, quoniam divisio fuerat sine eo facta, et nichil remanserat sancto Dyonisio de infantibus Constancii, qui erant sui propter uxorem suam, nisi tantum filia, prohibuit divisionem. Postea vero Humbaldus, cohactus, quia non poterat mutare, quin defenderet Willelmo Baratum divisionem que fuerat facta, venit ad priorem, adducens secum domnum Heliam de Uriaco : postea vero deprecatu Heliæ fecit commutationem prior cum Humbaldo, ipso Humbaldo concedente priori uxorem Airaldi de Verno, et medietatem infantum, et quidquid in eo habebat, tali pacto ut prior concederet Guillelmo Baratum divisionem quæ fuerat facta ».

(2) *Ibid.* : « Hanc conventionem quam fecerunt inter Radulfum priorem Capellæ et Humbaldum cognomine Gulferium, concessit filius ejus nomine Humbaldus Radulfo priori, qua de causa dedit ei prior tres solidos et dimidium Silviniacensis monetæ ».

moitié : Raoul se hâta de lui offrir 2 sous 1/2, et la serve
resta pour le tout « à saint Denis » (1). Il acheta de même à
un chevalier nommé Amblard de Saujac la moitié d'un
« homme commun entre eux », nommé Giraud Bisolomenus,
fils d'un père qui était serf d'Amblard et d'une mère qui
était serve du prieuré (2).

31. — La condition des bourgeois et des serfs de la
Chapelle-Aude resta telle que nous venons de la décrire jusqu'au milieu du XIIIe siècle. Mais en août 1249, elle fut sensiblement modifiée par la charte de franchise octroyée par
l'abbé de Saint-Denis, Guillaume, « à leur requête et prière »,
aux habitants de la Chapelle, de Caux, et des autres villages
dépendant du prieuré (3). Tous les habitants étaient exemptés
du *forage* du vin. De plus, les serfs étaient affranchis de la
mainmorte et du *formariage* (4). Tous les habitants avaient
donc désormais la faculté de se marier où bon leur semblait,
sans la permission de l'abbé de Saint-Denis, ni du prieur de
la Chapelle (5). Tous avaient aussi le droit de tester et de

(1) *Charte de* 1097-1135 : « Notum volumus esse cunctis fidelibus, quod
Rodulfus prior Capellæ et Amelius de Cambonio habuerunt conventum de
Johanna filia Giraldi textoris, quam communi jure possidebant, ut alter alterius partem emeret. Prædictus vero Amelius priori de parte sua duos solidos præsentavit, quos cum prior accipere recusasset, nolebat enim possessionem beati Dyonisii minuere, poposcit ipse Amelius, quatinus prior sibi de
sua parte tantumdem daret, quod Rodulfus prior libenter concessit, atque
duos solidos et dimidium Amelio pro sua, id est Amelii, parte, sine molestia
tribuit, quo eam beatus Dyonisius deinde quietam atque propriam posse-
deret » (*ibid.*, p. 88).

(2) *Charte de* 1097-1135 : « Notum esse volumus tam præsentibus quam
futuris, quod prior Capellæ et quidam miles, nomine Amblardus de Salgiaco,
habebant unum hominem communem, scilicet Giraldum Bisolomenum, prior
propter matrem, quæ servierat ei, Amblardus propter patrem, qui servierat
ei. Prior itaque volens habere illam partem quam habebat Amblardus in
Giraldo, placitavit cum eo, ut daret sibi suam partem. Dedit ergo et vendidit
Amblardus priori totum quod habebat in Giraldo.... Hoc actum est apud
Capellam, tempore Rodulfi prioris » (*ibid.*, p. 97).

(3) Cf. CHAZAUD, *Additions au Cartulaire de la Chapelle-Aude, loc.
cit.*, p. 484-485.

(4) En 1111, Louis VI avait concédé à l'abbaye de Saint-Denis le droit
d'affranchir ses serfs sans avoir besoin de l'autorisation du roi (cf. Dom
FÉLIBIEN, *op. cit.*, preuves, no CXX).

(5) CHAZAUD. *ibid.*, p. 484, art. 1.

léguer leurs meubles et immeubles à qui bon leur semblait, sauf deux restrictions : 1° ils ne pouvaient disposer de leurs héritages mouvant en censive du prieuré au profit de serfs dépendant d'autres seigneurs ; 2° s'ils en disposaient au profit d'une église, d'une communauté, ou d'une autre personne de « mainmorte », celle-ci était obligée de les mettre hors de ses mains ; ces deux restrictions, au xiii° siècle, étaient en quelque sorte de droit commun (1). Le prieur s'était aussi réservé le droit « de prendre sur chacun habitant chef de communaulté, quand il va de vie à trespas, le lict garny » (2).

Il était également permis par la charte de franchise, à tout habitant de la Chapelle-Aude, de transférer sa demeure et ses meubles hors de la justice du prieur. Il y avait toutefois des restrictions : 1° le transfuge devait continuer à payer le cens dû au prieur, et contribuer avec les autres justiciables du prieuré aux dépenses faites pour la défense ou l'utilité de la ville (3) ; 2° le prieur pouvait réunir à son domaine ou donner à d'autres « vassaux » les terres abandonnées par ses champartiers ou ses serfs : ce qui était de droit commun en cas de déguerpissement (4) ; 3° si, avant de transférer ailleurs son domicile, un déguerpissant avait commis quelque crime ou forfait, le prieur pouvait faire saisir tous ses effets jusqu'à ce que le fait fût « amendé », si toutefois il y avait preuve certaine ; dans le cas contraire, il fallait attendre la décision de la cour de justice du prieur (5).

Tous les autres « droits et coutumes » appartenant au prieuré étaient maintenus (6). De plus, tous les sujets du prieuré devaient payer au prieur l'*assise* et l'*avenage*. L'assise était une taille, « assise » chaque année le jour de l'Assomption, par quatre ou six prud'hommes, dont une moitié choisie par le prieur ou son prévôt, et l'autre moitié par les

---

(1) *Ibid.*, p. 485, art. 8 et 9.

(2) Cf. le *Terrier de* 1528, publié par Chazaud, *Cartulaire, op. cit.*, introd., p. lxxxv, en note.

(3) Chazaud, *Additions, loc. cit.*, p. 484, art. 5.

(4) *Ibid.*, p. 485, art. 6.

(5) *Ibid.*, art. 7.

(6) *Ibid.*, art. 11.

habitants, ou bien tous par le prieur seul, si les habitants s'abs-
tenaient. Ces prud'hommes ou *jurés* devaient taxer les habitants « selon leurs facultés », sans pouvoir établir plus de
6 sous sur les plus riches et moins de 18 deniers sur les plus
pauvres(1). L'avenage consistait en « une quarte d'avoine »
payable chacun an, au jour de la Toussaints, par tout habitant sujet du prieuré, possédant une maison(2). Les femmes,
célibataires ou veuves, ne payaient ni assise, ni avenage,
quand elles ne possédaient pas de maison en propre; dans le
cas contraire, elles payaient l'avenage. Les orphelines et les
enfants de veuves ne payaient rien, tant qu'ils n'étaient pas
en âge nubile ou à même d'exercer un métier(3). Les habitants qui avaient transféré leur domicile ailleurs ne payaient
de même ni assise ni avenage (4).

Il y avait là une amélioration sensible de la condition des
habitants de la Chapelle-Aude. Mais ce qui suffisait au milieu
du xiii⁰ siècle ne suffisait plus un siècle plus tard. Beaucoup
de bourgeois de la Chapelle-Aude cherchaient à échapper
à la justice du prieur, et en avaient trouvé le moyen. Ils se
faisaient mettre par le prévôt de Dun ou quelque autre officier royal « en l'especial garde du roy », dont ils s'avouaient
bourgeois (5). En 1354, notamment, Pierre du Murat et Guillaume de la Porte « s'estoient advoez homes et subgez
du roy », s'étaient fait mettre en sa garde, et avaient arboré
sur leurs hôtels les panonceaux royaux, au préjudice de
la haute justice des religieux (6). A la suite d'un accord inter-

---

(1) *Ibid.*, p. 484, art. 2. — Cf. les quatre prud'hommes de Villefranche
(1117) et de la Châtre (1217), les trois prud'hommes de Châteaumeillant
(1220), etc., chargés, eux aussi, d'*égaler* les tailles sur les habitants.

(2) *Ibid.*, p. 484, art. 3.

(3) *Ibid.*, p. 484, art. 4.

(4) *Ibid.*, p. 484, art. 5.

(5) *Accord de* 1354 : « Item, pour ce que plusieürs des habitans de la
Chappelle-Aude, et subgiez dudit prieuré, se font de jour en jour mettre en
l'especial garde du roy, par le prevost de Dun et autres officiers du roÿ,
au prejudice des diz religieux, haulz justiciers, et contre les ordenances
royaulx... » (dans CHAZAUD, *Cartulaire, op. cit.*, appendice, p. 151).

(6) *Ibid.* : « ... et sur ce que les dis religieux s'entendoient encore à dou-
loir des dis Pierre du Murat et Guillaume de la Porte, de ce qu'ils s'estoient
advoez homes et subgez du roy nostre sire, et s'estoient fait mettre en l'es-

venu entre eux et le prieur, il fut entendu que les panonceaux seraient enlevés, que lesdits Pierre et Guillaume rede-
viendraient « subgiez des diz religieux et de leur prieur », et
qu'il serait, s'il plaisait au Parlement, enjoint au bailli de
Bourges, à son lieutenant, et au prévôt de Dun, de ne plus
recevoir les aveux de bourgeoisie royale au préjudice des
religieux et d'annuler ceux qu'ils avaient reçus (1). Ceci était
conforme aux prescriptions, souvent réitérées par les rois, de
l'ordonnance sur les bourgeoisies de 1287, qui exigeait le rat-
tachement des bourgeois du roi à une ville royale, avec rési-
dence effective (2). Mais les fraudes étaient nombreuses; et
le fait prouve que les moines de la Chapelle étaient, au
XIVᵉ siècle, victimes, comme les autres seigneurs justiciers, de
l'hostilité des officiers royaux et de la tendance des hommes
de l'époque à se soustraire à la justice seigneuriale.

-pecial garde du roy, et avoient fait mettre pennonciaulx royaux en leurs
hostieuz, en la haute et toute justice des diz religieux, ou prejudice d'iceulx,
de qui les diz Pierre et Guillaume estoient et sont subgiez et justiciablez; et
en ladite sauvegarde se estoient fait mettre plusieurs des autres dessus
nommez » (*ibid.*, p. 151).

(1) *Ibid.* : « Accordé est, se il plaît à la court, que se aucuns acorz ou
adveux et sauves gardes y a, tout soit rappelé et mis au nient, et les diz
penonciaux ostez, et les diz Pierre du Murart (*sic*) et Guillaume de la Porte
tenuz et renduz subgiez des diz religieux et de leur dit prieur, et de la
punicion que avoir en doivent, selonc les privileges des diz religieux, si
s'en montrent, etc. »; « Item..., il sera mandé et deffendu, se il plaist à la
court, au baillif de Bourges, à son lieutenant, et audit prevost (de Dun), et
à chascun d'eulx, que plus ne le facent, et que ce que fait en ont, il rappel-
lent, tant comme touche les diz religieux et leurs subgiez » (*ibid.*, p. 151
et 153).

(2) Cf. C. CHABRUN, *Les bourgeois du roi*, Paris, 1908, in-8º, p. 72 et
suiv.

CHAPITRE II

CONDITION DES TERRES ET DES ÉGLISES DÉPENDANT DE LA CHAPELLE-AUDE

Nous avons maintenant à étudier la condition des biens, qui au début du moyen âge féodal était en corrélation avec celle des personnes. C'est ainsi qu'à la Chapelle-Aude, le prieur étant propriétaire allodial des terres qui lui avaient été données par Jean de Saint-Caprais et les autres bienfaiteurs du prieuré, il ne pouvait exister sur son domaine que des tenures *roturières*, concédées aux bourgeois, et des tenures *serviles*, concédées aux serfs. Il faudra y ajouter toutefois les *églises* dépendant du prieuré, et concédées à des clercs séculiers : il y avait là un mode de tenure très particulier, sur lequel le *Cartulaire* de la Chapelle-Aude fournit d'intéressants détails.

32. — Les tenures roturières étaient toutes des censives ou des champarts, dont la condition était tout à fait analogue à celle des maisons, étudiée plus haut (1). Elles devaient un cens, payable à l'octave de la fête de saint Denis, ou à un autre terme indiqué par le prieur ; celui qui ne payait pas était soumis au même traitement que les autres censitaires de la région (2). Les tenanciers ne pouvaient vendre ou engager

(1) Cf. *suprà*, n° 28.

(2) *Coutumes de* 1073, art. 6 : « Census ad octabas sci Dionisii reddi constitutum est, sive ad alium terminum a priore propositum : si forte, ad terminum statutum, qui redditurus est censum, minime reddiderit, consuetudinibus hominum ipsius regionis subjacere oportebit » (dans CHAZAUD, *Cartulaire, op. cit.*, p. 42).

ni leurs jardins, ni leurs vignes, ni aucune autre terre tenue
en censive, sans la permission du prieur (1). En pareil cas, le
prieur jouissait du droit de retrait censuel, même à moindre
prix, et les autres bourgeois de la Chapelle du « retrait
de voisinage » (2). Si la vente ou l'engagement était fait
à l'insu du prieur, celui-ci pouvait confisquer la censive,
vignes ou autres terres, comme il pouvait confisquer les
maisons (3) : cela revient à dire que les censives de la Chapelle-Aude étaient inaliénables par les tenanciers, ce qui, au
début, fut la condition commune. Il n'était pas permis non
plus, et cela resta toujours le droit commun, au possesseur
d'une censive, maison ou terre, de retenir sur elle un cens
propre, c'est-à-dire de la sous-accenser (4); on connaît la
règle coutumière : « Cens sur cens ne vaut ».

Outre le cens, les terres censuelles devaient supporter
d'autres redevances, qui étaient variables et dépendaient du
contrat d'accensement. Vers la fin du XIe siècle, le prieur
accensa au chapelain de Nassigny et à son neveu Jean, pour
leur vie durant, la moitié du moulin de Néronde et un quart
du moulin de Chambon, moyennant 2 septiers de « bled » de
rente annuelle, avec cette clause que tout ce que les deux
tenanciers bâtiraient dans les lieux loués resterait, après
leur mort, la propriété du prieuré (5). Vers 1172, Richer,

(1) *Ibid.*, art. 3-1° : « Ut dictum est de domibus, sic dicimus de ortis, et
de aliis terris censualibus » ; — art. 5 : « Quod diximus de hominibus possessionem sancti Dionisii tenentibus, illud idem dicimus et statuimus ab
hominibus et mulieribus terram hereditariam, que fuit data sancto Dionisio,
tenentibus, ut nullo modo eis liceat vendere aut pignerare, alicui homini,
possessionem quam tenent de sancto Dionisio, nisi precepto et voluntate et
consensu prioris » (*ibid.*, p. 41 et 42).

(2) *Ibid.*, art. 1-2°, cbn. avec l'art. 3.

(3) *Ibid.*, art. 2 : « Si quis etiam de habitatoribus Capellæ domum suam
aut vineam aut quamlibet possessionem vendiderit aut pigneraverit, nesciente
priore, postquam ad noticiam prioris venerit et ipsum convicerit, prior res
venditas integre accipiet, sine aliqua restauracione » (*ibid.*, p. 41).

(4) *Ibid.*, art. 4 : « Si quisquam in domo vendita, vel in aliqua censuali
terra sci Dionisii, censum proprium retinere velit, nullatenus licebit »
(*ibid.*, p. 41).

(5) *Charte post 1089* : « Notum sit omnibus tam futuris quam presentibus,
quod ego prior de Capella ascensavi medietatem molendini de Neirunda cum
appendiciis et quartam partem molendini de Chambon capellano de Nassi-

prieur de la Chapelle-Aude, « avec le conseil de son chapitre », bailla à cens à Jean, prieur de Reugny, les maisons de Pierre Cuirer et une vigne dite de la Croix, « entre deux voies », à charge de payer chaque année, dans l'octave de Pâques, 10 sous de la monnaie reçue dans la terre. Si le prieur Jean venait à mourir, ou à passer de son ordre dans un autre, ou s'il était appelé à l'épiscopat, lesdites maisons et vignes devaient revenir au prieuré de la Chapelle-Aude, avec toutes les acquisitions que le prieur Jean aurait pu faire dans cette ville (1).

Les tenures serviles étaient naturellement inaliénables, comme les tenures roturières. De plus, elles étaient soumises à des tailles et à des corvées, dont le *Cartulaire* de la Chapelle-Aude n'indique pas la quotité, et au droit de mainmorte, supprimé, on l'a vu, en 1249 (2).

Toutes les terres enfin étaient sujettes à la *dîme*. Lorsque, en 1075, l'archevêque Richard avait érigé la Chapelle-Aude en paroisse aux dépens de celle de Lanage, il avait nettement spécifié que tous les habitants du bourg paieraient désormais la dîme à la Chapelle (3). Le prieur eût dû avoir aussi la dîme des autres paroisses dépendant de son prieuré; mais sur ce point, il s'en fallait de beaucoup que le fait cor-

niaco et Johanni nepoti suo, quamdiù eorum uterque vixerit, pro II sextarios anone. Post mortem vero utriusque, quicquid edificatum fuerit in hoc quod ne monachis habent, domus Capelle rehabebit » (*ibid.*, p. 73). La moitié du moulin de Néronde a été donnée à la Chapelle-Aude en 1087 ou 1089 ; de plus, un des témoins de la présente charte, *P. Faure*, a fait une donation au temps du prieur Vivien : cela indique la fin du xi° siècle.

(1) *Charte de Richer*, env. 1172 : « Notum sit omnibus hominibus tam futuris quam presentibus quod ego Richerius prior de Capella, capituli [me] consilio, dedi Johanni] priori de Regniaco domos Petri Cuirerii et vineam de Cruce, quæ est inter duas vias, tali videlicet pacto, quod supradictus Johannes, singulis annis in octavis Paschæ, reddet priori de Capella X solidos monetæ terræ.... Post mortem vero ejus, vel si de ordine suo ad alium ordinem migrare voluerit; aut forte ad prælacionem vocatus fuerit, supradictæ domus, et vineæ, et quidquid in villa habebit, vel adquirere poterit, ecclesiæ Capellæ remanebit » (*ibid.*, p. 135-136).

(2) Cf. *suprà*, n° 31.

(3) *Charte de Richard II*, 1075-1076 : « Decima vero illorum qui infra burgum habitaverint, monachis æcclesiæ Capellæ servientibus reddatur » (*ibid.*, p. 53).

respondît au droit. Beaucoup de dîmes avaient été usurpées par des seigneurs laïques : on a vu plus haut que l'archevêque Richard avait forcé plusieurs d'entre eux à les abandonner. Humbaud d'Huriel avait restitué la dîme de la paroisse d'Aude ; Hélie d'Huriel, la moitié de la dîme de Vaux ; Dea, femme de Goulfier, seigneur de Vallon, un quart de la dîme d'Onrezat, dont un second quart avait été racheté, avec tous les autres droits de l'église, par le prieur Hugues à Eudes de l'Age pour 140 sous limousins [1]. Geofroy Gaudeth avait fait donation de la dîme de Nocq [2], et Humbaud de Paret d'une dîme à Viplaix [3], où d'autres particuliers en possédaient encore en 1153 [4].

Mais les contestations étaient fréquentes. En 1188, l'archevêque Henri était en lutte avec les moines de la Chapelle-Aude au sujet des dîmes de Gros-Bois ; il finit par transiger, et un accord régla les choses ainsi : « saint Denis », c'est-à-dire le prieuré de la Chapelle, devait avoir deux quarts de la dîme de tous les essarts, présents et futurs ; le troisième quart devait appartenir au chapelain de la Creste, et le quatrième à l'archevêque [5]. Vingt ans plus tard, l'archevêque

---

(1) *Charte de Dea*, mai 1075 : « Dono ... omne illud quod in ecclesia Sancti Genesii de Umreziaco injuste possidere videbor cum quarta parte decimæ » (*ibid.*, p. 70) ; cf. *suprà*, n° 13 ; — *Charte du prieur Hugues*, 1071-1090 : « Ego igitur Hugo monachus Sci Dyonisii prior de Capella, voluntate et concessione domni Richardi Bituricensis archiepiscopi, emi quartam partem *decimæ* et censum et terram sancti de omni parrochia de Umreziaco de Odone de Agia, et omnia quæ ad jus ecclesiæ pertinent, vidente et concedente Humbaldo domino Uriacense, centum quadraginta solidos Lemovicensis monetæ » (*ibid.*, p. 62).

(2) Cf. *suprà*, n° 21.

(3) *Charte d'env.* 1150 : « ... et dimidiam partem decimæ Unbaldi de Parac, quam beato Dyonisio dedit » (*ibid.*, p. 114).

(4) *Charte d'août* 1153 : « ... decimam de villa de Vipleis, quam parentes sui hæreditario jure quærebant » (*ibid.*, p. 115).

(5) *Charte d'Henri*, 1188 : « Henricus Dei gratia Bituricensis archiepiscopus, Aquitanie primas, omnibus ad quos littere iste pervenerint, salutem. Nos cum dilectis nostris abbate et monachis Sancti Dyonisii super decima de Grosso Bosco in hunc modum pro bono pacis composuisse. Ad ecclesiam namque beati Dyonisii, due partes decimæ de omnibus essartis que modo ibi sunt aut que ibi erunt, ad capellanum de Crista tertia pars, ad nos et successores nostros quarta pars ibi sine reclamatione, qualibet de cetero

Guillaume dut user de toute son autorité pour amener Humbaud Le Groing, chevalier, à ne plus molester le prieur de la Chapelle-Aude, H..., au sujet des dîmes de la paroisse de Viplaix, et à abandonner en toute propriété aux moines un sixième de ces dîmes, auquel il prétendait avoir droit (1).

33. — Ce n'était pas seulement les dîmes que les seigneurs laïques usurpaient alors, mais aussi les *églises*. Ils ne se contentaient même pas de se dire propriétaires des édifices; ils prétendaient encore jouir des droits curiaux qui pouvaient y être attachés : oblations, droits sur les mariages, les sépultures, etc. (2). Étant donné cette conception qu'on se faisait alors de la « propriété » des églises, on conçoit qu'entre les clercs chargés de les desservir et leurs « propriétaires » des rapports pécuniaires s'établissaient forcément. Les clercs « tenaient » vraiment les églises de ces derniers en vertu d'un contrat, qui spécifiait à quelles conditions, et qui ressemblait singulièrement à un bail à cens (3). Ce mode de tenure était employé aussi bien par les propriétaires ecclésiastiques que par les laïques. On a vu plus haut que l'arche-

---

pertinebit.... Actum anno incarnati Verbi MCXX[C] octavo » (*ibid.*, p. 76). Sur cette date, cf. CHAZAUD, *ibid.*, introd., p. LXXX.

(1) *Charte de Guillaume*, 1208 : « Ego Willelmus Dei gratia Bituricensis archiepiscopus, Aquitaniæ primas, notum esse volumus presentibus et futuris quod, cum Humbaudus li Grunz miles dilectum in Xpo H. priorem de Capella Aude super sexta parte decime parrochie de Viplesio molestasset diutius, tandem in presentia nostra dicto priore et ecclesie sue illam sextam partem quittavit in perpetuum ab eadem ecclesia de cetero pacifice possidendam, et fide data in manu nostra firmavit, quod super eadem decima prefatam ecclesiam nullo unquam tempore molestabit.... Actum anno Domini MCCVIII » (*ibid.*, p. 139).

(2) Cf. P. IMBART DE LA TOUR, *Les paroisses rurales en France du IV⁰ au XI⁰ siècle*, Paris, 1900, in-8⁰, p. 275-282, 324-325; — et PAUL THOMAS, *op. cit.*, p. 25 et suiv.

(3) L'expression *tenere ecclesiam* est fréquente; cf. les notes suivantes. Le mot *census* est employé aussi (CHAZAUD, *ibid.*, p. 116). Il ne faut pas confondre cette tenure des églises par des ecclésiastiques avec les inféodations qu'un suzerain pouvait faire de ces mêmes églises à un vassal; dans ce cas le vassal est dit « tenir à la manière laïque »; cf. CHAZAUD, *ibid.*, p. 30 : « qui tenebant de me ecclesiam... secundum consuetudines laïcorum »; p. 50 : « a quo secundum laïcorum veterem consuetudinem movere æcclesia dicebatur »; p. 64 : « more laïco »; p. 143; — et P. GAUTIER, *op. cit.*, n⁰ XXIV.

véque Richard II, lorsqu'il rendit aux moines de la Chapelle-Aude les églises d'Archignat et de Preuille, leur imposa l'obligation de conserver jusqu'à leur mort les chapelains qui les « tenaient » de lui [1].

Il y avait toutefois entre les laïques et les ecclésiastiques « propriétaires » d'églises une différence : les premiers pouvaient vendre leurs droits ; les seconds ne le pouvaient pas, les biens d'Église étant inaliénables. Ils pouvaient seulement les donner à bail à des chapelains. Ce double principe a été très nettement rappelé, en 1133, par l'abbé de Saint-Denis, Suger, pour toutes les églises dépendant du prieuré de la Chapelle-Aude, à la demande même du prieur Raoul Grossinel : Suger défend à tout prieur ou moine « de donner, vendre, ou engager l'une des églises dépendant de la Chapelle-Aude » ; s'il le fait, il encourt l'anathème. Il est défendu à l'acquéreur de prendre possession de l'église aliénée, qui pourra toujours être revendiquée contre lui. Seul, le prieur de la Chapelle-Aude peut donner aux églises dépendant du prieuré des chapelains, auxquels il laissera, pour le temps qu'ils resteront en fonctions, une part convenable des revenus de l'église concédée [2].

Le *Cartulaire* de la Chapelle-Aude contient plusieurs de ces concessions d'églises, faites par les prieurs. L'analyse de quelques-unes montrera quelles étaient les conditions

(1) Cf. *suprà*, n° 16.

(2) *Charte de Suger*, 1133 : « Unde ego Suggerius, Dei gratia beatissimi Dyonisii abbas, favente ac consentiente toto capitulo Sancti Dionysii, prohibeo et anathematis interposicione contradico, ne liceat alicui sive priori sive monacho aliquam de æcclesiis quæ ad cellam beati Dyonisii de Capella pertinent, neque dare, neque vendere, neque in vadimonium mittere. Quod si aliquis temerarie hoc facere præsumpserit, nullus ab eo ecclesiam Sancti Dyonisii aliquo conventu suscipiat, alioquin autem ab omni conventu sancti hoc exigendum constanter esse sciat. Si vero prior Sancti Dyonisii de Capella, in aliqua ecclesia pertinente ad se, capellanum imposuerit, juxta redditus ipsius ecclesiæ partem idoneam illi concedat habendam, quamdiu ipse capellanus ecclesiæ sibi commissæ voluerit. Hanc præceptionem, rogatu Radulfi prioris, statutam de Capella, atque in capitulo beati Dyonisii confirmatam, anno M° C° XXXIII° ab incarnatione Domini, regnante Ludovico inclito rege Francorum, Wulgrino archiepiscopo Bituricæ sedi præsidente, solidam et incommutabilem permanere præcipimus » (*ibid.*, p. 101).

ordinaires de ce genre d'amodiation (1). Lorsque l'archevêque Richard rendit aux moines de la Chapelle-Aude l'église d'*Archignat*, elle était tenue de lui par quatre prêtres : le prêtre Arnaud de Saint-Christophe pour moitié, le chapelain Emenon pour un quart, les clercs Ameil et Roger pour le reste (2). Arnaud de Saint-Christophe pour sa part possédait « la pleine oblation de l'autel lors des fêtes de saint Sulpice d'août, de Toussaints, et de saint Étienne, 2 septiers annuels de bled, 12 deniers à Pâques, et une poule » (3). Ameil et Roger possédaient de même pour leur part 2 septiers de seigle, 12 deniers sur les confessions de Carême, la moitié des oblations de l'église aux fêtes de Toussaints, de saint Étienne après Noël, et de saint Sulpice d'août, et une poule par an » (4). Enfin le chapelain Emenon avait « un quart des droits de sépulture, un quart de la villa et de l'église, le cens annuel, et deux serfs » (5). Pour obéir au vœu de l'archevêque, qui, tout en

(1) Sur ce point, cf. Chazaud, *ibid.*, introd., p. xlvii-l.

(2) Cf. *suprà*, n° 16.

(3) *Charte relative à Arnaud*, 1090-1092 : « Arnaldus presbyter qui medietatem hujus ecclesiæ (de Archiniaco) habuerat, in manu et præsentia prioris Radulfi et archidiaconi Giraldi et archipresbyteri Dacberti, videntibus monachis ibi morantibus, et aliis quam pluribus tam clericis quam laïcis, in vita sua hanc vestituram sco Dyonisio ac loco Capellæ dimisit, videlicet oblationem altaris plenam, in festivitate sci Sulpicii in mense Augusti, et omnium Sanctorum, et sci Stephani, natalis Domini, et duos sextarios annonæ annuos et XII denarios in pascha, et unam gallinam, ita ut transmutatio capellani in amore et consilio prioris Sancti Dyonisii fiat » (*ibid.*, p. 117-118).

(4) *Charte d'Ameil et Roger*, 1090-1092 : « Hujus doni auctoritatem nos sequi volentes, scilicet Amelius et Rotgerius, prædictam ab eo (Richardo) tenentes ecclesiam, hanc vestituram prædicto loco Capellæ fratribusque inibi Deo servientibus facimus, videlicet duos sextarios siliginis, et XII denarios in confessionibus quadragesimæ, et medietatem oblationis ecclesiæ in festivitate omnium Sanctorum, similiter sci Stephani infra natale Domini, et in die sci Sulpicii mense Augusto, et unam gallinam annuatim reddendam, in præsentia et auctoritate Giraldi archidiaconi et D. archipresbyteri.... Hoc concessum est in manu prioris Radulfi et aliorum monachorum, etc. » (*ibid.*, p. 116-117).

(5) *Charte d'Emenon*, 1090-1092 : « Ego Emino do Deo et sco Dyonisio, antequam effectus sim monachus, quartam partem ecclesiæ de Archiniaco, similiter quartam partem sepulturæ in eandem ecclesiam, et censum annualem. Do etiam Heliam et Giraldum fratres germanos, et quartam partem quam habebam in villam et in ecclesiam » (*ibid.*, p. 118).

restituant aux moines l'église d'Archignat, avait réservé les droits des quatre prêtres, Arnaud de Saint-Christophe, Ameil et Roger « investirent » le prieur de la Chapelle-Aude, Raoul Ier, de leur part, en ajoutant qu'après leur mort elle reviendrait en totalité aux moines [1]. Le chapelain Emenon, ayant demandé l'habit monastique au prieur, fit une donation plus complète, sans réserve pour tout ce qu'il avait dans l'église, avec réserve d'usufruit au profit de son frère Amblard pour ses autres biens [2].

Peu après, Arnaud de Saint-Christophe imita Emenon, et donna tous ses biens au prieuré, en stipulant toutefois que si, au moment de son décès, il avait un neveu clerc, ce neveu serait investi de la chapellenie d'Archignat [3]. Le fait se réalisa. Arnaud mourut au temps du prieur Eudes; et ce dernier, avec le consentement de son chapitre, concéda la chapellenie de l'église d'Archignat à Arnaud II, neveu du défunt, lui laissant la moitié des revenus et les deniers des quêtes (*peræ*) [4]. Comme son oncle, Arnaud II devait un jour se donner, lui et ses biens, à « saint Denis » [5].

34. — L'histoire des desservants de l'église de *Viplaix* est également instructive. Après la restitution opérée à leur profit en 1087 ou 1089 [6], les moines de la Chapelle avaient concédé cette église à vie, pour la desservir, à un clerc, qui

---

(1) *Charte relative à Arnaud* : « Post mortem autem ejus, quicquid in ecclesia habet proprium, sco Dyonisio remaneat » ; — *Charte d'Ameil et Roger* : « ... ita ut post nostram mortem sco Dyonisio totum remaneat » (*ibid.*, p. 118 et 117).

(2) Cf. *Charte d'Emenon*, *loc. cit.* ; — et *suprà*, n° 16.

(3) *Charte relative à Arnaud* : « ... seque presbyter Arnaldus, societate ab eis suscepta, et sua omnia eis concessit » ; — *Charte relat. à Arnaud II*, env. 1095 : « Arnaldus de Sancto Cristoforo sanctissimi Dyonisii conventui se sociavit, qui ad pactum quod habuit cum eis retinuit ut, post ejus discessionem, si nepotem clericum haberet, a conventu capellania de Archiniaco concedatur » ; — (*ibid.*, p. 118 et 119).

(4) *Charte relative à Arnaud II* : « Hunc iterum, eodem supradicto ad conventum regresso, me Odone existenti priore, Arnaldo nepoti suo, capitulo concedente, capellaniam supradictæ ecclesiæ concessi, id est medietatem ut aliam serviat, et solos denarios perarum » (*ibid.*, p. 119).

(5) *Ibid.* : « Hic idem, qui donum suscepit, beatissimo Dyonisio et loco Capellæ se et sua coudonavit ».

(6) Cf. *suprà*, n° 15.

se montra fort infidèle à leur égard. Il suggéra en effet aux moines d'Ahun de se faire investir de l'église qu'on lui avait confiée par l'archevêque Léodegaire, qui, nouvellement élu, ignorait le droit des moines de la Chapelle. Il s'ensuivit un long procès, sur lequel nous reviendrons, et auquel mit fin une sentence de Léodegaire, qui, le 27 janvier 1114, rendit l'église litigieuse aux moines de la Chapelle (1).

Le prieur Raoul Grossinel, une fois investi, concéda l'église à un nouveau chapelain, nommé Raoul, avec lequel il fit le contrat suivant : le nouveau chapelain devait donner au prieur un tiers des oblations perçues par lui lors des fêtes de la Toussaints, de saint Martin, et de Noël avec son octave, c'est-à-dire jusqu'au saint jour de la Circoncision inclusivement. Ces oblations devaient être rendues au prieur, avant la fin de l'octave, par le chapelain ou son mandataire, sauf un denier qu'il garderait pour sa messe. Le chapelain devait en outre 5 sous à Pâques, et 2 septiers de seigle à l'époque de la moisson. Le lendemain de Pâques, il était tenu, s'il le pouvait, de conduire une procession de Viplaix à la Chapelle-Aude; s'il ne le pouvait pas, le prieur lui donnait terme pour s'acquitter jusqu'à la Pentecôte (2). Rendu prudent par le passé, le prieur Raoul ajoutait qu'il comptait sur la fidélité du chapelain; sinon, il en choisirait un autre (3).

(1) Cf. *infrà*, n° 48.

(2) *Charte du prieur Raoul*, env. 1114 : « Enimvero de ecclesia (Viplensi) vestiti postquam fuimus, quonam modo sacerdos iste (Radulfus), de eadem nobis suscepta ecclesia, effectusque capellanus, erga nos sese haberet præscripsimus; videlicet ut in sollempnitate omnium Sanctorum tertiam partem oblationis nobis reddat, in festivitate enim sci Martini nichilominus faciat, similiter quoque, et in Nativitate Domini cum suis festivis diebus, id est expleto Circumcisionis die sanctissimo, idem persolvat, quinque solidos illius monetæ que per illam villam communiter cucurrerit ad Pascha reddat; post Pascha, scilicet in crastinum, processionem, si poterit, ad Capellam ducat; sin autem, usque ad Pentecosten terminum habeat, ita tamen ut infra hoc spatium procul dubio restituatur. Duos quoque siliginis sextarios, quo tempore messes colliguntur, præsentibus monachis reddat .... Oblationem quam prædiximus, vel per se, vel per suum legatum, priusquam octavus dies transeat reddatur, præter nummum suæ missæ quem communis oblatio sortiatur » (*ibid.*, p. 113).

(3) *Ibid.* : « Super his plane predictis hunc sacerdotem velud (*sic*) famulum, fidelem constituimus, quandiu fideliter serviens extiterit : nam

Le prêtre Raoul « tint » l'église ou plutôt les églises de
Viplaix pendant 35 ans environ. Après sa mort, arrivée vers
1150, le prieur Guillaume concéda les églises de Viplaix à
deux autres prêtres, nommés également Raoul, à la condition
qu'ils auraient la moitié dans tous les revenus et bénéfices
des deux églises (1). En outre, par « grâce spontanée », qui
ne devait pas servir de titre à leurs successeurs, les moines
permirent aux deux Raoul de prélever sur la masse parta-
geable, leur vie durant, s'ils restaient fidèles : 2 septiers de
seigle et 1 septier de froment, 1 denier sur les oblations
ordinaires, toutes les oblations des relevailles et mariages,
2 deniers sur les oblations faites au moment de l'enterrement,
præsente corpore, et (sauf à partager le surplus pour moitié
avec les moines) 2 deniers sur les quêtes et 1 denier sur les
plantations de vignes; enfin la moitié de la dîme donnée à
« saint Denis » par Humbaud de Paret; mais comme cette
« aumône » ne faisait pas partie de la chapellenie, elle devait
être comptée à part (2). Ce contrat fut signé à la Chapelle-
Aude, en présence de Guy, archiprêtre d'Hérisson, et de
Mathieu, archiprêtre de Saint-Désiré (3). Il en résulte que
dans la pensée des moines de la Chapelle, les églises de

postquam infidelis repperiretur, alius licenter, loco ejus, famulus succederet
quilibet et famularetur » (*ibid.*, p. 113).

(1) *Charte du prieur Guillaume*, env. 1150 : « Wuillelmus prior ecclesias de Vipleis, post Radulfi sacerdotis mortem, qui eas a prioribus et monachis Capellæ diu tenuerat, duobus Radulfis contradidit, videlicet quod in
cunctis prædictarum ecclesiarum redditibus aut beneficiis dimidiam partem
haberent » (*ibid.*, p. 114).

(2) *Ibid.* : « Præterea duobus sacerdotibus istis, non presbyterii merito,
sed gratia spontanea monachorum, in eorum vita, absque reclamatione
sequentium presbyterorum, ultra habere concessum est, ex simul frugibus
ab utrisque participibus collectis, siliginis duo sextaria et unum fromenti,
et solum oblationis nummum, et mulierum purificandarum oblationes, et duos
denarios perarum (quod si plus erit, monachis per medium dividatur),
nummum etiam vitisationum (si plures erint, sicut jam dictum est, dividatur),
et nuptias, et duos denarios oblacionis præsente corpore, et dimidiam partem
decimæ Unbaldi de Parac, quam beato Dyonisio dedit, si fideles permanse-
rint. Quæ elemosina, quia capellaniæ non pertinet, separatim congregetur »
(*ibid.*, p. 114).

(3) *Ibid.* : « Hoc apud Capellam factum est in archipresbyterorum præsentia Guidonis de Ericonio, Mathei de Sancto Desiderato ».

Viplaix devaient être l'objet d'un véritable bail à mi-fruits.

Ce n'était sans doute pas suffisant pour faire vivre les deux chapelains ; car dès le 2 août 1153, le prieur Rorgon passa avec eux de nouvelles conventions, approuvées par tout son chapitre, moines, clercs, et même laïques (1). Il abandonna aux deux prêtres Raoul, pour trois ans à dater de la fête de saint Michel, sa part dans les revenus de l'église, c'est-à-dire la moitié du produit, tant au dedans qu'au dehors, des sépultures, des oblations, des pénitences, de la rétribution scolaire, et autres bénéfices pouvant revenir à l'église, le tout moyennant une rente annuelle de 10 cierges et de 30 sous payables par tiers à Noël, à Pâques, et à l'Assomption (2). Il leur céda aussi la moitié de la dîme des agneaux, des veaux, des porcs, des poules, du « bled », et de toutes autres choses, pour 18 septiers de « bled » de cens, savoir 8 de seigle, 2 de froment, 2 d'orge, 6 d'avoine, à la mesure de la Chapelle, payables le jour de la Nativité de la Sainte Vierge (3). Les deux chapelains promirent de leur côté de faire tous leurs efforts pour faire restituer par leurs parents, qui prétendaient en jouir à titre héréditaire, la dîme de Viplaix ; de les tenir pour excommuniés jusqu'à ce que cette dîme eût été remise aux églises de Viplaix et au monastère de la Chapelle ; enfin de payer eux-mêmes la dîme de leurs propres récoltes. Si, à ce sujet, leurs parents leur inten-

(1) Notamment Giraud Baraton, Raoul du Puy, et Guillaume de Bouesse, « per quorum consilio (*sic*) hec conventio facta est » (*ibid.*, p. 116).

(2) *Charte du prieur Rorgon*, 2 août 1153 : « Notum fieri decrevimus præsentibus et futuris, quod Rorgo prior Capellæ consilio capituli sui, tam monachorum quam clericorum vel laïcorum, Radulfis duobus sacerdotibus, quibus Woillelmus prior prædecessor suus capellaniam de Vico-pleno dederat, suam partem reddituum ecclesiæ, scilicet medietatem de beneficiis, tam intus quam extra, de sepulturis, de oblacionibus, de pænitenciis, de scola, et de omnibus beneficiis, quæ vel evenire vel adesse ecclesiæ possunt, a festivitate Michaelis usque ad tres annos, pro triginta solidis et decem candelis, X in nativitate Domini, X in Pascha, X in assumptione sanctæ Mariæ, concessit » (*ibid.*, p. 115).

(3) *Ibid.* : « Simili modo medietatem decimarum tam agnorum quam vitulorum, et porcorum, et gallinarum, et aliarum rerum, et annonæ, pro decem et octo sextariis censualibus reddendos in nativitate sanctæ Mariæ, VIII de siligine, II de frumento, II de ordeo, et VI de avena, ad mensuram Capellæ, concessit » (*ibid.*, p. 115).

taient un procès, ils trouveraient auprès du prieur conseil
et appui (1).

Mais peu après, les deux chapelains revinrent à la Chapelle-Aude, se plaignant d'avoir été grevés par cette convention, et suppliant le prieur Rorgon d'alléger un peu le cens
qui leur avait été imposé(2). Ils étaient accompagnés de leurs
amis, notamment de Guy, archiprêtre d'Hérisson, et Pierre,
archiprêtre d'Huriel. Le prieur, cédant à leurs instances,
diminua le cens dû par les deux chapelains de 5 sous et
2 septiers de « bled » (3).

35. — Citons, pour finir, les conventions relatives à l'église
de *Chasemais*. Cette église avait été longtemps « tenue » du
prieur de la Chapelle, Raoul II, par Dagbert, avant qu'il
devînt archiprêtre de Saint-Désiré, et même ensuite, jusqu'à
sa mort. Les moines de la Chapelle-Aude l'avaient alors reprise
et conservée dans leur domaine (4). Mais en 1135, Mathieu,
archiprêtre d'Hérisson, neveu du défunt, eut une bonne ins-
piration, « à la fois pour la vie présente et la vie future » : il se
donna, lui et ses biens, à Dieu et à saint Denis, disant que le
jour « où il lui plairait d'entrer dans les sentiers d'une vie plus

(1) *Ibid.* : « Et presbyteri concesserunt, quod decimam de villa de Vipleis, quam parentes sui hæreditario jure quærebant, pro posse suo adquire-
rent, et tamdiu extra ecclesiam excommunicatos tenerent, quoad usque decimam ecclesiis de Vipleis et loco Capellæ in pace dimitterent, vel rectum
inde facerent, et ipsi de suis frugibus decimam reddiderunt, et a modo
in pace reddere promiserunt. Et si presbyteris parentes placitum moverent
propter hoc, prior consilium et auxilium super eorum placitis eis promisit.
Hæc conventio facta est apud Capellam, prima dominica augusti, luna VIIIᵃ,
anno ab incarnatione Domini Mᶜ Cᵒ LIIIᵒ » (*ibid.*, p. 115-116).

(2) *Ibid.* : « Post hanc conventionem presbyteri dicentes in hoc placito se
esse gravatos, convenerunt apud Capellam, in præsentia domni Rorgonis
prioris cum amicis suis, rogantes ut aliquantum de hoc censu eis indolge-
retur » (*ibid.*, p. 116).

(3) *Ibid.* : « Igitur domnus Rorgo prior, motus precibus tantorum virorum, scilicet Wuidonis archipresbyteri Iricionensis, et Petri archipresbyteri
Uriacensis, etc., et consilio tocius capituli sui, dimisit eis V solidos et duo
sextaria annone, usque ad terminum supra scriptum » (*ibid.*, p. 116).

(4) *Charte relative à Mathieu d'Hérisson*, 1135 : « Denique quod ad
causam præsentem attinet, Dacbertus archipresbyter diu tenuit eam (ecclesiam
Casimansi) de beato Dyonisio et de Capellæ priore Rodulfo, ante archipres-
byteratum suum et interim usque ad obitum. Quo defuncto, monachi Capellæ
habuerunt etiam eam in dominio ut suam » (*ibid.*, p. 99-100).

stricte », il se ferait moine à la Chapelle. Il ajouta qu'après sa mort aucun membre de sa famille ne pourrait revendiquer quelque droit dans la chapellenie de Chasemais, qui devait lui revenir d'après les conventions de Dagbert et des moines de la Chapelle (1). Le prieur Raoul et ses frères concédèrent alors la chapellenie et l'église de Chasemais à l'archiprêtre Mathieu jusqu'à ce qu'il lui plût ou qu'il lui fût permis de revêtir l'habit monastique. Ils retinrent seulement par an : 10 sous de rente payables par moitié à Noël et à Pâques, 1 muid de seigle, à la mesure de la Chapelle, payable à la fête de la Sainte Vierge en septembre, 60 cierges, payables par tiers à Noël, à Pâques, et à la Toussaints (2). Ils lui donnèrent aussi la maison contiguë à l'église, un emplacement à la Chapelle pour en bâtir une autre, et une vigne appelée *Fulbeschæ*, étant entendu que tout ce qu'il acquerrait, tant en maisons qu'en autres choses, il le donnerait aux moines en vue de la récompense divine (3). La convention fut scellée « par un baiser de paix et de foi », en présence d'un grand nombre de témoins, l'année de l'Incarnation 1135 (4).

En dehors des églises et des chapelains qui viennent d'être nommés, le *Cartulaire* de la Chapelle-Aude en mentionne

---

(1) *Ibid.* : « Matheus autem, archipresbyter, prænominati nepos, duppliciter sibimet consulens, et in hoc videlicet seculo et in futuro, usus est consilio sapienti : nam Deo et beato Dyonisio et loco Capellæ sese dedit et sua, hoc etiam addito quod, si aliquando sibi placeret strictioris vitæ semitas ingredi, monachus ibi fieret.... Insuper adjecit ut, post suum obitum, nemo sui generis in capellania Casimansi, quæ ex conventibus supradicti Dacberti et monachorum Capellæ debebatur, jus aliquod vendicaret » (*ibid.*, p. 100).

(2) *Ibid.* : « Rodulfus postea prior et fratres sibi commissi, suo sua largientes, concesserunt illi capellaniam et ecclesiam quamdiu in tali habitu sibi liberet vivere, vel liceret, hæc in ipsa quot quot annis retinentes : X solidos, ad natale Domini V, et ad Pascha V, modiumque unum siliginis ad mensuram Capellæ ad festum beatæ Mariæ in septembrio reddendum, LX quoque candelas, XX ad Natale dominicum, ad Pascha totidem, et ad festivitatem omnium Sanctorum præscriptum numerum » (*ibid.*, p. 100).

(3) *Ibid.* : « Necnon dederunt illi domum ecclesiæ prædictæ contiguam, et Capellæ locum ad aliam ædificandam, vineam quoque quæ dicitur Fulbeschæ, quia quidquid ubique tam in ædificiis quam in rebus aliis adquisiturus erat, pro divina remuneracione et præsenti consilio et auxilio illis dabat » (*ibid.*, p. 100).

(4) *Ibid.* : « Hoc vero pactum osculo pacis et fidei firmaverunt... anno ab incarnatione Domin MCXXXV° » (*ibid.*, p. 100).

d'autres, sans indiquer les conditions de leurs tenures, savoir : — à *Preuille*, vers 1070, le prêtre Dodon, et en 1087-1092, le prêtre Jean, qui était en même temps chapelain de *Nassigny;* — à *Lanage*, en mai 1075, les deux prêtres Dagbert et Roger, ce dernier encore en fonctions en 1096; en 1135, trois frères : Giraud, Dagbert, et Airaud, les deux premiers encore mentionnés en août 1153; — au temps du prieur Raoul II, à *Vaux*, le chapelain André, à *Onrezat*, le chapelain Humbert, à la *Chapelle-Aude*, le chapelain Audebert[1]; — à *Aude*, de 1123 à 1150 environ, le chapelain Robert[2]; — à *Paslières*, au temps de l'archevêque Vulgrin, le chapelain Giraud; — à *Givrettes*, vers 1150, le prêtre Pierre.

36. — La condition des desservants d'églises, qui, au xıı^e siècle, était vraiment analogue à celle des tenanciers des terres, s'améliora progressivement. Les revenus de leurs églises finirent par leur être attribués en entier, sauf une légère redevance à payer au prieur, redevance qu'on doit considérer plutôt comme récognitive du droit de patronage que comme une charge pécuniaire. Cette transformation était la conséquence d'une autre plus importante : la substitution au *dominium* ou droit de propriété jusque-là exercé sur les églises d'un droit moins grave, le *jus patronatus* ou droit de patronage, « droit considéré comme connexe au spirituel ». Cette distinction avait été faite par Alexandre III, très nettement, et à la longue avait triomphé[3]. Il faut ajouter que, lorsque les biens monastiques tombèrent un peu partout en *comménde*, il y avait dans le nouveau système une simplicité qui convenait à merveille aux prieurs commendataires, qui résidaient rarement; aussi, en beaucoup d'endroits, et en particulier à la Chapelle-Aude, se maintint-il jusqu'à la Révolution.

En 1528, un terrier du prieuré de la Chapelle-Aude, dressé par les soins du prieur commendataire Jehan Breschard,

[1] Audebert est plusieurs fois témoin : en 1097-1129, 1123, 1121-1135.

[2] Robert est plusieurs fois témoin : en 1097-1129, 1123, 1147-1153, env. 1150.

[3] Cf. Paul Thomas, *op. cit.*, p. 130

protonotaire apostolique, nous apprend que ce dernier jouissait alors du droit de patronage sur douze cures et deux
vicairies, et qu'il avait à ce titre le droit de percevoir sur
chaque cure, le lendemain de Pâques, les sommes suivantes :
50 sous tournois sur les cures de Viplaix, Nocq, et Estivareilles ; 32 sous sur celle de Maillet ; 22 sur celles de Lanage
et d'Aude ; 15 sur celles de Givrettes et de Nassigny ; 9 sur
celles de Preuille et d'Onrezat ; et 3 seulement sur celles de
Vaux, d'Argentière, et de la Chapelle-Aude, soit au total :
14 livres 3 sols. Les deux vicairies étaient celles de Notre-
Dame des Claustres, fondée en l'église de la Chapelle-Aude,
et de Notre-Dame de Sardat, fondée en 1245 au village de la
Creste (1). De plus, tous les curés et vicaires étaient « tenus,
chacun an, le lendemain de Pasques charnelles, venir en procession à Sainct Denis, en ladicte esglise de la Chappellaude,
et y amener leurs paroissiens » (2). Cette dernière obligation
avait été imposée, vers 1114, au prêtre Raoul, chapelain de
Viplaix (3) : nous ne saurions dire si à cette époque elle était
déjà d'un usage général. Il résulte d'un document émané du
dernier prieur commendataire, l'abbé Maufout, grand vicaire
de Bourges, que les redevances fixées par le terrier de 1528,
sur les douze cures précitées, et la procession du lundi de
Pâques existaient encore au moment de la Révolution (4).

(1) *Terrier de* 1528, art. 19 et 20 : « Item, a ledict seigneur prieur de la
Chapellaude, à cause de son dict prieuré, l'église dudict lieu, droit de
patronage, et de conférer les bénéfices cy-amprès déclairés, quand ils sont
vacans ; c'est assavoir : la cure de la Chapellaude et viccairie de Nostre-
Dame des Claustres, fondée en ladicte esglise de la Chappellaude, item les
cures d'Onrezat, Noct, Viplaix, Lanaige, Argentière, Vaulx, Pereuilhe, Nassigniet, Aude, Mailhiet, Estivareilhes, et la viccairie de Nostre-Dame de
Sardat, fondée au village de la Creste.... Item, a ledit seigneur, à cause de
sondict prieuré de la Chappellaude, dépendant de l'abbaye Sainct Denys en
France, droict de prendre et percevoir le lundy de Pasques sur chacun curé,
à cause desdictes cures, pour raison du patronage d'icelles, les sommes qui
s'ensuivent, c'est à savoir du curé de la Chappellaude III s. t., d'Onrezat,
IX s. t., etc. » (*ibid.*, introd., p. lxxxv et s.).

(2) *Ibid.*, art. 19.

(3) Cf. *suprà*, n° 34.

(4) Cf. Chazaud, *ibid.*, introd., p. li-lii, en note. Le prieur, à l'issue de
la procession, devait donner à dîner aux curés et aux vicaires, ainsi qu'aux
sacristains qui portaient les croix de chaque église paroissiale.

CHAPITRE III

LES DROITS DE JUSTICE DU PRIEUR
DE LA CHAPELLE-AUDE

37. — Sur les personnes et sur les terres qui se trouvaient comprises dans la justice du prieuré de la Chapelle-Aude, et dont nous venons d'étudier la condition, quels étaient les droits du prieur? Il avait d'abord le droit de rendre la justice dans l'intérieur des quatre croix, droit exclusif qui lui avait été donné en ces termes par Philippe Ier : « Si quelque habitant de la Chapelle commet une injustice à l'égard d'un homme du bourg ou d'un étranger, il ne sera soumis à la justice d'aucun homme, si ce n'est du prieur et des autres frères » (1). Personne autre que le prieur ne pouvait, entre les quatre croix, exercer un pouvoir quelconque et y prétendre la *voirie* ou justice, pas même le protecteur du prieuré, le sire de Bourbon, à moins d'une permission expresse du prieur et des moines (2).

(1) *Diplôme de Philippe Ier*, 27 mai 1067 : « Si autem supradicte Capelle aliquis incola vicino suo vel extraneo injusticiam fecisset, nullius hominis nisi solius prioris vel aliorum fratrum justicie subjacuisset » (dans Chazaud, *ibid.*, p. 24).

(2) *Ibid.* : « Et ad eum (Burbunensem dominum) res et villa respiciat, ita tamen quod nullam ibi possit exercere potestatem, nisi amor prioris ceterorumque monachorum ei permiserit »; — *Charte d'Humbaud d'Huriel*, 14 mai 1075 : « Ita ego, quamvis locus Capelle non sit mei juris, concedo ut nullus homo nec ego nec aliquis de genere meo vel quilibet extraneus umquam presumat intra IIII^{or} cruces Capelle vicariam querere, nec

Par suite, en cas d'injustice commise entre les quatre croix par un habitant de la Chapelle, c'était au prieur que la partie offensée devait se plaindre ; le prieur, soit en personne, soit par son prévôt, avertissait le coupable de faire droit, et lui fixait un jour convenable pour comparaître accompagné de son seigneur. Si au jour fixé le coupable se présentait sans son seigneur et ne pouvait prouver que l'absence de ce dernier était due à un cas de force majeure, le prieur l'obligeait à donner satisfaction au plaignant. S'il pouvait prouver au contraire que l'absence de son seigneur était due à un cas de force majeure, le prieur lui fixait un second jour convenable pour qu'il pût l'avoir avec lui (1). Si l'injustice avait été commise en dehors des quatre croix, le prieur n'était pas compétent pour en connaître ; mais comme personne autre que lui n'avait juridiction entre les quatre croix, le coupable et ses biens se trouvaient en sûreté dans la ville de la Chapelle ; tant qu'il y demeurait, il y jouissait de l'impunité (2). La Chapelle-Aude était, en effet, un véritable lieu d'asile. Le diplôme de Philippe Ier le disait nettement : « Tout voleur ou autre criminel, pris entre les quatre points désignés par les croix, sera tout à fait libre, tant qu'il demeurera dans ces limites ». Il y avait toutefois une condition : s'il s'agissait d'un voleur, il devait rendre l'argent volé lorsqu'on trouvait sur lui la preuve du vol (3). Si le vol avait été commis entre les

hominem capere, aut sua ei auferre, vel vim ei inferre » ; — (*ibid.*, p. 24-25, 30-31).

(1) *Coutumes de* 1073, art. 22 : « Sciendum est eciam quod si aliquis Capelle incolarum sive vicino, sive extraneo, infrà cruces, injuriam faciat, clamator ad aures prioris clamabit, qui per se ; vel per prepositum suum, injuriatorem submonens ad faciendum rectum, diem competentem, qua dominum suum secum habeat, ei proponet. Quod si, die statuta, dominum nequaquam habuerit et majorem vim domini sui pretendere nequiverit, prior eum ad satisfaciendum clamanti compellet. Sin autem major vis domini sui cognita patenter fuerit, qua secum eum habere nequeat, ei iterum dies conveniens, qua eum habere possit, a priore statuetur » (*ibid.*, p. 44).

(2) *Ibid.*, art. 23-1° : « Sed si intra cruces injuria illata non fuerit, prior non ei rectum faciet, ille tamen injuriator et tota substancia sua infra villam secura permanebunt... » (*ibid.*, p. 44).

(3) *Diplôme de Philippe Ier* : « Quod si forte fur vel alicujus criminis reus infra constituta loca deprehenderetur, liber omnino esset, quamdiù infra metam quatuor locorum moraretur, reddita pecunia, si apud se inveniretur

quatre croix, le voleur devait en plus payer 60 sous d'amende pour « l'infraction de la ville » (1).

Si au lieu de faire tort à un homme du bourg ou à un étranger, quelque habitant de la Chapelle s'attaquait au prieur ou à l'un des siens, c'était toujours le prieur qui était compétent pour le juger et l'obliger à donner satisfaction ; il devait seulement lui fixer un jour convenable pour comparaître assisté de son seigneur (2). Dans le cas inverse, c'est-à-dire si quelqu'un se plaignait d'une injustice commise à son égard par les moines, la charte des *Coutumes* distingue : si l'affaire concerne la ville, le plaid aura lieu dans la ville ; sinon, dans un autre lieu convenable (3).

Les moines de la Chapelle avaient le droit de rendre des édits applicables dans la ville, comme les autres seigneurs justiciers. Tout violateur d'un édit devait payer une amende, soit l'amende accoutumée pour la transgression des bans des autres seigneurs, soit une amende fixée par les moines, mais ne pouvant pas dépasser 60 sous (4). Ceux qui avec préméditation apportaient des armes dans la ville, pour y provoquer une sédition ou pour en préparer l'invasion, devaient payer d'abord 60 sous d'amende pour l'apport

unde criminis furto accusabatur » (*ibid.*, p. 24). — *Adde Cout. de* 1073, art. 23-2° : « ... nisi sit aliquod furtum vel insublatum quod sibi illico reddetur, salvo tamen fure vel raptore, quamdiu intra cruces demorabitur » (*ibid.*, p. 44).

(1) *Ibid.*, art. 33 : « Si aliquis, infra loca terminata, furtum fecerit, pro ville infractione LX solidos dabit, et cui furtum fecerit, rectum integre faciet » (*ibid.*, p. 46).

(2) *Ibid.*, art. 26 : « Sicut autem prior homines ville sue, si alicui injuriam fecerint, clamanti rectum facere compellet, sic si se vel aliquem suorum injuriaverint, sibi eos constringet satisfacere, data competenti die ut dominum suum habeant, sicut superius ostensum est, sed in curia sua sibi rectum facient » (*ibid.*, p. 44-45).

(3) *Ibid.*, art. 27 : « Verum si quispiam super monachis aut suis aliquam injuriam facientibus questus fuerit, si res unde conqueritur ad villam pertinet, in eadem villa placitabunt ; si non pertinet, in aliquo loco congruo » (*ibid.*, art. 45).

(4) *Ibid.*, art. 29 : « Si monachi quodlibet edictum in villa, ut mos est villarum dominis, fecerint, et aliquis illud transgressus fuerit, secundum consuetudinem que de bannis dominorum transgressis habetur, sive secundum precium infrà LX solidos ab eis dispositum, emendabit » (*ibid.*, p. 45).

d'armes, et « amender » ensuite selon la gravité de leur forfait et l'appréciation des juges [1]. Pour tous les forfaits commis à la Chapelle par l' « homme » d'un seigneur voisin, le prieur avait droit à un tiers des amendes, sans préjudice des « bans » que le seigneur intéressé pouvait avoir édictés dans sa ville [2].

38. — Ni dans le diplôme royal, ni dans la charte des *Coutumes*, il n'était spécialement question de l'exécution des jugements du prieur. Comme il avait la haute justice, il est à présumer qu'il pouvait les faire exécuter tous, même les *judicia sanguinis*, sans intervention des seigneurs voisins. N'y pouvant procéder lui-même, en sa qualité d'ecclésiastique, il avait à son service un *prévôt*, officier laïque ; il en avait même deux, l'un pour la Chapelle-Aude, et l'autre pour le village de Caux ; ce dernier résidait d'ailleurs à la Chapelle-Aude [3]. Philippe Ier, en 1067, avait prévu simplement le cas où le prieur se trouverait en présence d'un homme orgueilleux qui mépriserait l'autorité des moines, et il avait adjuré les seigneurs présents, si le prieur leur adressait sa plainte, de faire promptement justice « pour l'honneur de saint Denis » [4].

Au milieu du xiiie siècle, il n'en était plus ainsi. A la suite d'une convention conclue en 1249 avec le seigneur de Culant,

---

(1) *Ibid.*, art. 32 : « Dicendum est quoque, quod si quis, ad sedicionem in villa, vel ad invadendam villam, extra premeditate aliquà arma attulerit, LX solidos pro extracione armorum persolvet, dein, secundum forisfacti quantitatem et judicum examinacionem, injuriato emendacionem faciet » (*ibid.*, p. 45-46).

(2) *Ibid.*, art. 31 : « De omnibus enim forisfactis, que in hac villa fient, cujuscumque sit homo qui fecerit forisfactum, habebit prior terciam partem recti, exceptis bannis que habent domini in villis » (*ibid.*, p. 45).

(3) On trouve mentionnés au *Cartulaire* quelques-uns de ces prévôts du prieur : — *Martin*, en 1087 ou 1089 ; — *Humbert*, en 1097-1135 ; — *Siméon*, en 1097-1135 ; — *Geofroy*, en 1122 ; — *Jean de Colombes*, vers 1172.

(4) *Diplôme de Philippe Ier* : « Et quia Capelle donum regium meæ auctoritatis testimonio confirmare desidero, amicabiliter vobis impero, ut si quis superbia nimia repletus pro monachorum imperio justiciam facere dedignetur, si prioris querimonia auribus vestris insonuerit, ut inde dignam emendationem ad honorem sci Dyonisii faciatis » (*ibid.*, p. 24).

et sur laquelle nous reviendrons plus loin (1), les droits du
prieur avaient été restreints précisément au sujet de l'exécution de ses sentences. S'il arrivait en effet qu'un forfait eût
été commis, entraînant, « d'après la coutume du pays », la
peine de mort, de mutilation des membres, ou de confiscation des héritages, le prieur rendait le jugement en sa cour ;
mais l'exécution devait être faite par le seigneur de Culant
ou celui d'Huriel. Pour cela, le prieur était tenu, une huitaine
avant l'exécution, d'en faire connaître le jour au seigneur de
Culant, en son village de la Creste, pour qu'il vînt y procéder
à la Chapelle-Aude, ou qu'il y envoyât un de ses officiers. En
cas d'abstention du seigneur, le prieur ou son juge ou tout
autre par lui commis pouvait faire exécuter le condamné.
Pareille dénonciation devait être faite au seigneur d'Huriel.
En cas de discord, on devait s'en rapporter au serment du
prévôt du prieur ou de celui qu'il avait chargé de faire la
dénonciation (2).

Le prieur avait également tout droit de justice dans les
villages de Caux et de la Courtade ; mais la convention précitée de 1249 y apportait deux restrictions : — 1° les amendes
n'appartenaient au prieur que jusqu'à LX sols et 1 denier ;
quand elles dépassaient cette somme, le surplus devait être
remis au seigneur de Culant (3), et le prévôt de Caux devait
prêter serment au seigneur de Culant que le prieur ne le
frustrerait jamais de sa part d'amendes (4) ; — 2° lorsqu'il
s'agissait d'un crime entraînant la mort, la mutilation des
membres, ou la confiscation des héritages, le prieur devait
prévenir huit jours d'avance le seigneur de Culant, à la
Creste, pour qu'il vînt à Caux ou y envoyât un de ses officiers, afin de coopérer au jugement de l'accusé avec le prieur
ou ses officiers, et exécuter ensuite la sentence. En cas d'abstention du seigneur de Culant, le prieur, « comme vray

---

(1) *Charte de* 1249, dans CHAZAUD, *Additions, loc. cit.*, p. 487. — La
participation des seigneurs laïques aux exécutions criminelles n'était pas rare
quand il s'agissait de sentences rendues par les justices des abbayes et des
prieurés.

(2) *Charte de* 1249, *loc. cit.*, p. 487.

(3) *Ibid.*, p. 488.

(4) *Ibid.*, p. 487-488.

CHÉNON.   8

seigneur », pouvait juger seul, par lui ou ses officiers, et
faire exécuter le condamné. En cas de confiscation, les héritages confisqués sur leurs vassaux devaient appartenir respec-
tivement au prieur et au seigneur de Culant (1). Enfin, si le
prisonnier, par violence ou par cas fortuit, parvenait à
s'échapper de prison, le prieur et son prévôt seraient
déchargés de toute responsabilité en se purgeant par serment
qu'ils n'avaient aucunement contribué à l'évasion, soit par
eux, soit par autrui (2).

La charte des *Coutumes* de 1073 interdisait encore à toute
personne, indigène ou étrangère, de prêter sur gages dans
l'intérieur des quatre croix, sans l'autorisation du prieur ou
de son prévôt. Le contrevenant devait rendre le gage et
amender « selon sa loi », à moins qu'il ne pût prouver qu'il
ignorait la défense (3). Quand le prêt sur gages était autorisé,
il était encore défendu d'emporter le gage hors de la ville;
défendu aussi, quand le gage avait été soustrait, d'en réclamer un second, ou de troubler à ce propos l'ordre public :
le prêteur n'avait qu'à porter plainte au prieur qui lui ferait
rendre justice (4).

Deux chartes assez curieuses prouvent qu'on pouvait
donner en gage, non seulement des immeubles, dont le
créancier avait la jouissance (5), mais encore des droits
immobiliers, tels que des dîmes, ou même des serfs; dans
ce dernier cas, le créancier percevait les redevances dues par

(1) Cf. *infrà*, n° 43.

(2) *Ibid.*, p. 488.

(3) *Coutumes de* 1073, art. 30-1° : « Addendum hoc eciam est, neminem
indigenam vel alienigenam vademonium posse accipere, infrà cruces, sine
clamore prioris vel preposili : quod si fecerit, legem emendabit, et reddet
pignus illi a quo acceperit, nisi se bannum nescire probare potuerit » (dans
CHAZAUD, *Cartulaire, op. cit.*, p. 45).

(4) *Ibid.*, art. 30-2° : « Sed de fiducia in eadem villa sibi facta licentiam
accipiet, ita tamen quod pignus extra eandem villam non deferat; nec cum
fiducia, si sibi vademonium abstulerit, sedicionem faciat, nec pignus iterum
accipiat; sed prius priori clamorem faciat, qui suum rectum et illius querat »
(*ibid.*, p. 45).

(5) Cf. CHAZAUD, *ibid.*, p. 79 : « ... cum prato quod habeo in vadimonium
de Rotgerio Aligerio pro XXXᵃ solidis Silviniacensis monetæ, tali pacto ut,
quando reddiderit vadimonium monachis Capellæ, ipse Rogerius habeat
quod suum est ».

les serfs engagés. C'est ainsi que, peu de temps avant sa mort, Hélie d'Huriel, ayant acheté un cheval au prieur Raoul pour 4 livres en monnaie de Souvigny, lui donna en gage la moitié de la dîme de Vaux. Ce contrat était garanti « par le serf Pierre Bordet et toute sa tenure », en ce sens que si Hélie ou une autre personne enlevait aux moines de la Chapelle quelque chose de la dîme engagée, Pierre Bordet devait payer le déficit aux moines, jusqu'à ce qu'Hélie ou ses héritiers eussent soldé les 4 livres dues [1]. Sous l'archevêque Vulgrin, Bernerard de Culant, ayant emprunté 20 sous en monnaie de Souvigny au prieur Raoul, lui donna en gage deux serfs, Géraud Tornels et son frère Pierre, promettant de ne commettre à leur égard « aucun forfait », c'est-à-dire de ne saisir ni leurs corps, ni leurs biens, et retenant seulement sur eux une redevance d'une hémine de seigle pour les besoins de son sergent. Les autres redevances devaient être payées aux moines de la Chapelle jusqu'à ce que Bernerard se libérât. La convention était, comme la précédente, garantie par deux fidéjusseurs [2]. C'était, on le voit, un véritable *mort-gage* qui se pratiquait alors à la Chapelle-Aude. Ce contrat ressemblait trop au prêt à intérêt pour être toléré ; il fut interdit par Alexandre III, à plusieurs reprises, et aussi

---

(1) *Charte d'Hélie d'Huriel*, 1097-1129 : « Notificamus igitur tam præsentibus quam futuris, Heliam Uriacensem misisse in vadimonium Radulfo priori et monachis de Capella, medietatem decimæ ecclesiæ de Vallo, donec redderet illis quatuor libras nummorum Silviniacensium quas debebat eis, propter equum quem emerat a priore. Sciendum vero est, Heliam ex hac conventione dedisse monachis fidejussorem Petrum Bordet et omnem suam possessionem, tali pacto, quod si Helias ipse vel quælibet alia persona de supradicta decima monachis aliquid auferret, Petrus Bordet, qui erat fidejussor, et omnis ejus possessio captallum tantum monachis emendaret, donec Helias vel suus heres quatuor libras supradictorum nummorum monachis redderet » (*ibid.*, p. 81).

(2) *Charte de Bernerard de Culant*, 1121-1135 : « Unde notum esse volumus, tam præsentibus quam futuris, quod Bernerardus de Cuslenc accipiens à Radulfo priore Capellæ XX solidos Silviniacensis monetæ, misit vadimonium Geraldum Tornels et Petrum fratrem ejus, concedens ut nullum forisfactum eis faceret, donec vadimonium redderet, scilicet ut nec corpora eorum caperet, nec aliquid de suo eis auferret, tantum retinens in eis unam eminam siliginis ad opus servientis sui, etc. » (*ibid.*, p. 87).

par le droit civil là où le prêt à intérêt était prohibé (1).

39. — Vers la fin de la charte des *Coutumes*, le prieur Hugues ajoutait : « Le prieur aura dans la ville le droit de voirie et tous les autres droits que les seigneurs possèdent dans leurs villes ». On sait combien ces droits seigneuriaux étaient nombreux. Beaucoup sont indiqués et fixés par la charte des *Coutumes*. — Il y a d'abord toute une série de droits relatifs au *vin* et parfois à d'autres denrées : droit de banvin, de taxe, de mesurage, de forage, de rouage, de crédit forcé (2). Le ban de vendanges n'est pas mentionné, sans doute parce que dans l'intérieur des quatre croix, il y avait peu de vignes à la Chapelle-Aude. Mais il y avait des vignes en dehors, lesquelles étaient naturellement sujettes au ban de vendanges des seigneurs voisins. Le prieur de la

(1) *Decretales Gregorii noni*, V, 19, cap. 1 (Alex. III au concile de Tours, 1163) : « Plures clericorum et... eorum quoque qui præsens sæculum professione vocis et habitu reliquerunt, dum communes usuras, quasi manifestius damnatas, exhorrent, commodata pecunia indigentibus, possessiones eorum in pignus accipiunt, et provenientes fructus percipiunt ultrà sortem. Idcirco generalis concilii decrevit auctoritas, ut nullus amodo constitutus in clero vel hoc vel aliud genus usuræ exercere præsumat » ; cap. 2, qui étend la règle aux laïques ; cap. 8 ; — *Summa de legibus Normannie*, éd. Joseph Tardif, XIX (Rouen et Paris, 1896, in-8°, p. 54) : « Tercius autem modus [usure] est de mortuo vadio. Mortuum autem vadium dicitur, cum fructus rei invadiate, quos percipit commodator, eam quittant in nihilo, vel proventus, ut si quis terram suam in vadium pro XX libris tradiderit alicui, quod de ejus proventibus percipit commodator ultrà dictam pecuniam, que integre reddenda est, pro usura reputatur » ; — BEAUMANOIR, LXVIII, 11, éd., Salmon, n° 1931 : « Encore est-il une autre maniere d'usure, de quoi nous n'avons pas parlé, que li aucun apelent mort gage, si comme aucuns preste une somme d'argent seur aucuns eritages qui sont nommé, en tele maniere que, tant comme li emprunteres tenra les deniers, li presteres tenra l'eritage, et seront les despueilles sieues dusques a tant qu'il rait la somme d'argent qu'il presta, sans riens rabatre des levees de l'eritage. En cel cas disons nous que nule plus aperte usure ne puet estre que cele que li presteres oste des despueilles de l'eritage. Donques se cil qui ainsi preste en mort gage veut pledier de l'usure, toutes les despueilles que li useriers leva sont rabatues de sa dete ». — Cf. GLASSON, *Hist. du droit et des institut. de la France*, Paris, in-8°, t. VII (1896), p. 665 et suiv.

(2) Sur ces divers droits, cf. E. CHÉNON, *Étude sur les droits seigneuriaux relatifs aux vignes et au vin d'après les chartes et les coutumes du Berry* (1904), dans les *Mém. des Antiq. du Centre*, t. XXVII, p. 240-291 [tirage à part, t. I, p. 140-191].

Chapelle avait obtenu du seigneur d'Huriel le privilège de n'être pas astreint à son ban (1).

Le *banvin* était organisé à la Chapelle-Aude d'une façon très particulière. Il présentait une triple anomalie : — 1° il n'était pas déterminé dans sa durée ; le prieur pouvait vendre son vin avec ban autant de fois qu'il le voulait ; — 2° le ban était interrompu pendant les foires, d'un dimanche à l'autre ; — 3° les particuliers qui avaient fait « crier » leur vin avant l'ouverture du ban, n'étaient pas astreints à l'observer (2). Mais en dehors de ces cas, toute infraction au ban était punie d'une amende de 60 sous (3). Pendant le ban, les moines ne devaient pas vendre leur vin plus cher que les autres (4). En 1354, le prieur jouissait toujours de ce droit, mais réduit à une fois par an (5). En 1528, la durée était fixée à trois mois, mais le prieur pouvait en choisir l'époque à sa guis (6).

Le prieur pouvait de même fixer le *prix* du vin à vendre. Quiconque essayait de vendre au-dessus de la taxe devait

(1) *Arrêt du Parlement*, 1270 : « Idem prior, secundum compositionem super hoc factam, diu est inter eos factam, bannum ipsum non tenebatur servare, et eidem et hominibus suis vindemiare licebat » (dans CHAZAUD, *op. cit.*, append., p. 146). — Cf. *infrà*, n° 56.

(2) *Coutumes de 1073*, art. 10-1° : « Necnon, quociescumque voluerit, vinum cum banno prior venumdabit, nisi in nundinis, ita quod nemo ville incolarum suum vendere audebit, quamdiu vini monachorum ad vendendum aliquid supererit, nisi suum ante bannum proclamari fecerit. In nundinis vero, vendet qui melius poterit, ab una dominica die in aliam, quamvis bannum sit, sed transacta dominica die, minime, nisi qui ante bannum vinum proclamatum vendere inceperit » (*ibid.*, p. 42).

(3) *Ibid.*, art. 10-2° : « Sed si aliter aliquis facere et bannum violare presumpserit, LX solidos dabit ».

(4) *Ibid.*, art. 10-3° : « Quamvis autem monachi vinum cum banno vendant, non tamen carius quam alii ».

(5) *Accord de 1354 :* « ... le ban dudit prieur, que il a de son vin vendre seul en la ditte ville, une foiz l'an, sans ce que autre puisse vendre vin ce pendant, à paine d'amende » (*ibid.*, append., p. 151).

(6) *Terrier de 1528*, art. 17 : « Item a ledit prieur, à cause de son prieuré et seigneurie de la Chapellaude, droit de bannyée audit lieu de la Chapellaude, trois moys chacun an, en tel temps que bon luy semble, durant lesquieulx trois moys nul ne peut vendre vin en détails en sa maison, sans le congié et licence dudict prieur » (*ibid.*, introd., p. LXXXV, en note).

amender le fait « selon sa loi » (1). Le prieur défendait aussi
de vendre le vin, le pain, et la viande plus cher à un
étranger qu'à un homme du bourg ; tout coupable de cette
fraude devait, pour la première fois, indemniser celui qu'il
avait lésé ; et, en cas de récidive, « satisfaire selon sa loi » (2).
Le prieur fixait également les *mesures* pour le vin et pour les
céréales, avec défense de les augmenter ou de les diminuer.
En cas de contravention, les mesures inégales étaient brisées,
et le coupable condamné à l'amende, « selon sa loi » pour la
première fois ; à 60 sous la seconde fois, l'infraction devenant
alors une infraction « d'habitude » (3). Dans les foires, le
prieur percevait sur les marchands un droit de mesurage
appelé *leyde* (4).

Le *forage* était ainsi fixé : chaque fois qu'un habitant de
la Chapelle-Aude ouvrait un fût pour vendre du vin, il devait
payer aux moines un setier pour chaque vaisseau (5). Le
prieur renonça à ce droit lors de l'affranchissement des
habitants en 1249 (6). Quiconque faisait sortir de la ville du
vin acheté, avec un âne ou un chariot, devait payer à chaque
fois une obole pour l'âne et 4 deniers pour le chariot, à titre
de droit de *rouage* (7). Enfin le prieur jouissait du droit de
crédit forcé, soit pour le vin, soit pour le pain, la viande, et

(1) *Coutumes de* 1073, art. 13 : « Precium autem vini venalis, quod prius
impositum fuerit, si quis augmentare presampserit, irrita talis presumptio
fiet, et hujus rei auctor legi sue emendando subjacebit » (*ibid.*, p. 43).

(2) *Ibid.*, art. 12 : « Si etiam peregrino panem, vinum, vel carnes, carios
quam vicinis vendiderit, et convictus fuerit, primum cui defraudaverit capud
rei restituet, et deinde secundum legem suam satisfaciet, si ex consuetudine,
sicut predictum est » (*ibid.*, p. 43).

(3) *Ibid.*, art. 11 : « Mensuram vini sive annone quam prior miserit, nemo
augmentare vel minuere presumat ; quod si fecerit, fracta inequali mensura,
legem emendabit ; sed si secundo facere, et quasi ex consuetudine tenere
voluerit, LX solidos dabit » (*ibid.*, p. 42-43).

(4) Cf. *infrà*, n° 41.

(5) *Coutumes de* 1073, art. 18 : « Est quoque decretum, quod quicumque
habitatorum Capelle vinum venale aperuerit, de unoquoque dolio sextarium
inde monachis attribuat » (*ibid.*, p. 43).

(6) Cf. *suprà*, n° 31.

(7) *Coutumes de* 1073, art. 20 : « Si aliquis de villa vinum mercatum cum
asino vel quadriga extraxerit, pro asino obolum, pro quadriga quatuor denarios, quociens duxerit, persolvet » (*ibid.*, p. 43).

autres choses vénales; pour ces dernières, le délai imparti était de quatorze jours; pour le vin, il était plus long (1).

40. — Venaient ensuite les *banalités*, de moulin et de four. Le prieur ou, comme dit le texte, « le saint » avait un moulin auquel tous les habitants de la ville devaient venir moudre leurs grains; celui qui était convaincu d'avoir moulu ailleurs, devait payer le droit de mouture et l'amende « selon sa loi » (2). De même, quiconque demeurait entre les quatre croix était tenu de cuire son pain au four de « saint Denis »; convaincu d'avoir cuit ailleurs, le contrevenant devait payer le droit de four (*furnaticum*) et l'amende « selon sa loi » (3). Il n'était même pas permis de se servir, pour cuire le pain, d'un four portatif (*trapa*); en cas d'infraction habituelle, le four était brisé, et le coupable payait « sa loi » (4). Pour chauffer leurs fours, les moines se servaient de bois qu'ils allaient couper dans les forêts d'Humbaud d'Huriel; ils lui devaient pour cela une hémine d'avoine par chaque four, à titre de « forestage » (5). Les boulangers étaient astreints à faire les pains d'une certaine taille, en rapport avec le prix du froment; s'ils les faisaient plus petits, ils devaient ou perdre leurs pains, ou payer l'amende « selon leur loi », à

(1) *Ibid.*, art. 8 : « Habebit quoque credicionem in villa in pane et in carnibus et in omnibus aliis rebus venalibus, usque ad quatuordecim dies; in vino autem quod venditum fuerit, habebit credicionem post quatuordecim dies vendicionis vini » (*ibid.*, p. 42).

(2) *Ibid.*, art. 17 : « Eodem modo si ad alterius moleudinum, nisi sancti, aliquem annonam molere probatum erit, quamdiu molere potuerit, reddet molumentum et legem » (*ibid.*, p. 43).

(3) *Ibid.*, art. 15 : « Quin eciam, si aliquis, qui infra determinatas quatuor cruces moretur, ad alium, nisi ad sancti Dionysii, furnum panem coxerit, et certum erit, in primis reddito furnatico, legem suam emendabit » (*ibid.*, p. 43).

(4) *Ibid.*, art. 16 : « Si quis eciam trapam habuerit, et sub ea panem consuetudinaliter coxerit, si convictus fuerit, trapa frangetur, et ipse legem suam solvet » (*ibid.*, p. 43). Du CANGE, qui cite ce texte v° *Trapa*, n'a pas compris le sens du mot. Ce sens est fixé par cet extrait d'un *Inventaire* des meubles de la mairie de Dijon en sept. 1395 : « Une *trappe* d'airain a fere tartres » (cité par GODEFROY, *Dict. du vieux français*, v° *Trape*).

(5) CHAZAUD, *op. cit.*, append., p. 144 : « Illud tantum retineo mihi et hæredibus meis ut de furnis Capellæ, qui sunt et qui erunt, reddant monachi de unoquoque furno unam eminam avenæ de forastagio, quamdiu acceperint sylvas ad opus fornorum ».

moins que ce ne fût en foire (1); il y avait pour les foires
toute une réglementation spéciale que nous étudierons plus
loin (2).

Le prieur avait encore un droit sur les bœufs et les porcs
tués pour être vendus, savoir : pour un porc, un denier, et
pour un bœuf, deux (3). Il pouvait aussi imposer à la ville de
la Chapelle-Aude, sur l'avis des moines et de ses vassaux,
la *monnaie* qu'il jugerait la plus utile pour les bourgeois et
lui, pourvu qu'elle eût cours autour de la Chapelle, à Huriel,
Saint-Désiré, et autres lieux voisins (4). D'après certains
textes, il semble bien que la monnaie adoptée fut d'abord
celle de Limoges, puis celle du prieuré de Souvigny (5).

Le prieur de la Chapelle-Aude jouissait encore, à l'égard
de tous les bourgeois, des droits de *gîte* et de *procuration*.
Si l'archevêque, l'abbé de Saint-Denis, ou quelque autre
puissant personnage venait lui demander l'hospitalité, le
prieur pouvait les loger dans toutes les maisons des bourgeois, qu'ils fussent ou non ses hommes, en tout temps, et
malgré eux (6). De plus, s'il ne trouvait pas dans la ville de

(1) *Coutumes de* 1073, art. 14 : « Si pistores panem venalem, minorem
quam frumenti precium exposcit, nisi in nundinis, fecerint, aut panem
amittent, aut legem solvant » (*ibid.*, p. 43).

(2) Cf. *infrà*, ch. IV.

(3) *Coutumes de* 1073, art. 19 : « Si quis bovem vel porcum [.....] aut
vendendum occiderit, de porco nummatam, de bove vero duas dabit » (*ibid.*,
p. 43).

(4) *Ibid.*, art. 21 : « Talem monetam in villa prior, consilio tam monachorum quam clientium, que sibi et burgensibus utilis sit, et qae circa
Capellam, aut apud Huriacum, aut apud Sanctum Desideratum, aliisve fini-
timis regionibus suscipiatur » (*ibid.*, p. 44).

(5) La monnaie de *Limoges* est mentionnée deux fois comme employée
par le prieur Hugues, donc avant 1090; cf. *ibid.*, p. 62 : « centum quadraginta solidos Lemovicensis monetæ », et p. 68 : « trecentis et quinquaginta
solidis Lemovicensis monete ». — La monnaie de *Souvigny* apparaît sous
l'archevêque Audebert (1092-1097); cf. *ibid.*, p. 143 : « duos solidos Silviniacensis monetæ ... sub Aldeberto archiepiscopo ». Elle persiste sous Léodegaire et Vulgrin; cf. *ibid.*, p. 81 : « quatuor libras nummorum Silviniacensium (entre 1098-1129) »; — p. 79, 87, 98 : « pro XXXᵃ solidis
Silviniacensis monetæ; — XX solidos Silviniacensis monetæ; — XL solidos
Silviniacensis monetæ (entre 1121-1135) ».

(6) *Coutumes de* 1073, art. 7 : « Est alia consuetudo, quod si prior loci
quoslibet hospites, sive archipresulem, sive abbatem, sive aliam potestatem

viande à acheter pour ses hôtes, ses sergents pouvaient réquisitionner chez n'importe quel habitant les porcs et les poules : le prix en était fixé par deux ou trois experts, et payé aux intéressés dans les quatorze jours (1). Si l'archevêque ou un autre puissant personnage venait à la Chapelle pour défendre la ville ou pour l'utilité commune des bourgeois, ceux-ci devaient le nourrir à frais communs (2). Enfin, si quelque tyran voulait exercer sa domination « sur les choses de saint Denis », tous les bourgeois devaient venir prêter main-forte au prieur, chacun selon son pouvoir, comme les sujets des autres seigneurs (3).

Tels étaient les droits de justice du prieur de la Chapelle-Aude en temps normal. Mais ces droits subissaient en temps de foire des restrictions importantes, qu'il est nécessaire d'étudier à part.

habuerit, in omnibus ipsius ville domibus tam suorum hominum quam aliorum eos hospitari faciet, omni tempore, sive burgenses velint, sive non » (*ibid.*, p. 42).

(1) *Ibid.*, art. 9 : « Quin eciam si aliqua potens persona cum monachis hospitata fuerit, et in villa carnes ad emendum repperiri nequibunt, servientes porcos, gallinas, cujuscumque sint, accipient, ita quod, ad laudem duorum vel trium virorum, infra quatuordecim dies, precium illis quorum fuerant prior restituet » (*ibid.*, p. 42).

(2) *Ibid.*, art. 28 : « Si archiepiscopus vel aliqua potens persona, pro defensione ville, vel pro communi utilitate burgensium, in villam venerit, eum communiter burgenses procurabunt » (*ibid.*, p. 45); — *Charte de franchise* de 1249, art. 10 (dans CHAZAUD, *Additions, loc. cit.*, p. 485).

(3) *Coutumes de* 1073, art. 25 : « Si aliquis in res sancti Dionisii tirannidem suam injuste exercere voluerit, et prior ei velit aliquo modo, pro defendendis rebus suis, contra ire, burgenses ei pro posse suo auxilium ferent, sicut faciunt aliarum villarum dominis subjecti sui » (dans CHAZAUD, *Cartulaire, op. cit.*, p. 44).

CHAPITRE IV

COUTUMES ET POLICE DES FOIRES
A LA CHAPELLE-AUDE

41. — On a vu plus haut (*suprà*, n° 9), qu'avant de mourir, l'archevêque de Bourges Aymon de Bourbon avait accordé aux moines de la Chapelle-Aude une foire (*nundina*), qui devait se tenir audit lieu dans la première semaine de carême; et que l'archevêque Richard II, « voulant augmenter les biens de l'abbaye de Saint-Denis et surtout la chapelle construite sur le mont Julian, dans son diocèse », leur en avait concédé deux autres, l'une à l'époque de l'Ascension, l'autre à l'époque de la fête de saint Denis (9 octobre) (1). Peu après, ayant appris qu'Humbaud d'Huriel, seigneur de la terre, percevait un péage sur la voie publique qui passait par la Chapelle, Richard se rendit compte qu'il était indispensable d'avoir, pour la sécurité de tous ceux qui viendraient aux foires ou s'en retourneraient, la protection et la

(1) *Charte de Richard II*, 17 mai 1075 : « Ricardus Bituricensis archiepiscopus volens augmentare et amplificare omnes res sancti Dyonisii, precipue Capellam in monte Julano fundatam, in episcopatu suo constructam, que erat juris sancti Dyonisii, sicut Aymo Bituricensis archipresul predecessor suus decreverat, et preceperat fieri nundinam, que vocatur *feria*, apud Capellam consuetudinarie prima ebdomada quadragesime, ita et domnus Richardus successor ejus jussit et decrevit fieri nundinam, que vulgo vocatur *feria*, apud Capellam consuetudinarie die Ascensionis dominice et in festivitate sancti Dyonisii » (dans CHAZAUD, *Cartulaire, op. cit.*, p. 32).

garde de ce puissant seigneur (1). Aussi profita-t-il de son séjour à la Chapelle-Aude, à l'Ascension de l'année 1075, d'abord pour lui faire signer ce jour-là (14 mai) la promesse de respecter tous les privilèges accordés par le roi Philippe Ier et par Archembaud de Bourbon au prieur et aux bourgeois de la Chapelle (2) ; ensuite, pour conclure avec lui, le dimanche suivant (17 mai), une longue convention qui établissait pour les foires de la Chapelle-Aude une réglementation complète, et modifiait sensiblement les droits du prieur en lui *associant* le seigneur d'Huriel (3).

Il fut convenu, en effet, qu'Humbaud d'Huriel et les moines mettraient en commun, d'une part le péage des trois foires, d'autre part les revenus desdites foires, notamment la *leida*, les amendes pour fausse monnaie, larcins, et autres forfaits commis dans les foires, « depuis le dimanche au lever du soleil jusqu'au dimanche suivant au coucher du soleil » ; la durée de chaque foire était en effet de huit jours pleins. Il était entendu d'ailleurs que cette mise en commun des péages et des revenus des trois foires se ferait sur un pied d'égalité, c'est-à-dire que les moines ne pourraient considérer Humbaud d'Huriel comme tenant d'eux ses péages, ni Humbaud considérer les moines comme tenant de lui leurs revenus (4). Il était bien spécifié aussi que c'était aux seuls revenus des foires énumérés ci-dessus que le seigneur

(1) *Ibid.* : « Perpendens autem archiepiscopus Hunbaldum Uriacensem dominum terre accipere pedagium de publica via que transit per Capellam, et custodiam et defensionem ipsius Hunbaldi esse utilem et necessariam venientibus ad feriam et redeuntibus » (*ibid.*, p. 32).

(2) Cf. *Charte d'Humbaud*, 14 mai 1075, *ibid.*, p. 29-32.

(3) Cf. l'analyse de cette convention dans CHAZAUD, *ibid.*, introduction, p. XX-XXIII.

(4) *Charte de Richard II*, 17 mai 1075, art. 1 : « Placitavit (Ricardus) cum Hunbaldo ut Hunbaldus mitteret in commune cum monachis Capelle pedagium de tribus nundinis, ab una dominica ab hortu solis usque ad alteram dominicam ad occasum solis, non quod monachi possent dicere quod Hunbaldus haberet aliquid de monachis in pedagio, et monachi mitterent in commune cum Hunbaldo reditus de tribus nundinis ab una dominica ab hortu solis usque ad alteram dominicam ad occasum solis, non quod Hunbaldus posset dicere quod monachi haberent aliquid de Hunbaldo vel in villam vel in reditibus, scilicet pedagium, leidas, falsas monetas, latrocinia, et omnia forisfacta que fierent in feria » (*ibid.*, p. 33).

d'Huriel et ses héritiers auraient droit; tous les autres revenus du prieuré, de quelque façon que les moines parvinssent à les augmenter, devaient leur être laissés en totalité, conformément au diplôme royal de 1067 (1).

Les amendes destinées à être partagées furent ainsi fixées de concert entre l'archevêque, Humbaud, et les moines, sur l'avis des seigneurs voisins : — 1° quiconque ne payera pas la *leida* qu'il doit sera condamné à une amende de 60 sous (2); — 2° même amende pour celui qui frapperait un autre homme du bâton ou du poing (3), et pour celui qui, dans la ville ou dans la foire, mettrait le glaive hors du fourreau avec l'intention de frapper (4); — 3° pour celui qui frapperait avec le glaive, l'amende était portée à 100 sous, et s'il tuait à 300 sous (5). Toutes ces amendes devaient être payées à Humbaud et aux moines. Quant aux victimes de ces divers délits, elles recevaient une indemnité arbitrée par le juge (6). Les rachats donnés pour les forfaits commis étaient également partagés entre les seigneurs « associés » (7).

42. — La justice et la police des foires étaient assurées de concert par le seigneur d'Huriel et le prieur de la Chapelle-Aude, au moyen de *sergents*, dont les uns étaient au service d'Humbaud, et les autres, en nombre égal, au service

(1) *Ibid.*, art. 2 : « De omnibus vero reditibus Capelle, quoquo modo monachi possent augmentare sua et in villa et in feria, ita exclusum est, ut nichil omnino acciperet Hunbaldus nec aliquis de genere suo, preter tantum in reditibus nundinarum, videlicet pedagio, leidis, falsis monetis, latrociniis, et ceteris forisfactis que fierent in tribus nundinis, sicut in precepto regis continetur » (*ibid.*, p. 33).

(2) *Ibid.*, art. 4 : « Decreverunt quoque archipresul et Hunbaldus et monachi, consilio et consensu obtimatum terre, ut quicumque leidam non redderet, qui reddere deberet, LX solidos emendaret » (*ibid.*, p. 33).

(3) *Ibid.*, art. 5 : « Si aliquis aliquem feriret fuste vel pugno, totidem ».

(4) *Ibid.*, art. 6-1° : « Si aliquis causa feriendi gladium evaginaret in feria, vel in villa, LX solidos emendaret ».

(5) *Ibid.*, art. 6-2° : « Si cum gladio evaginato ictum faceret, C solidos; si interficeret, CCC solidos ».

(6) *Ibid.*, art. 7 : « Ista emendabuntur Hunbaudo et monachis; et quibus injuria facta fuerit tantum emendabitur, quantum eis judicio donabitur » (*ibid.*, p. 33).

(7) *Ibid.*, art. 10 : « Si autem redemptio pro forisfacto data fuerit, dividatur inter monachos et Hunbaldum » (*ibid.*, p. 34).

des moines(1). Ces sergents étaient chargés d'appréhender au corps tous ceux qui apporteraient aux foires de la fausse monnaie ou commettraient quelque autre fraude envers les acheteurs, et de saisir leurs biens; la fraude commise était réparée, et les fraudeurs jugés par Humbaud et les moines(2). Les sergents devaient aussi arrêter les voleurs et quiconque commettait quelque forfait dans les foires; ils les incarcéraient, soit dans la prison des moines, soit dans celle d'Humbaud. Le jugement était ensuite rendu de concert par Humbaud et les moines, et les profits partagés entre eux (3). Il en était de même pour toute discorde éclatant entre ceux qui étaient venus aux foires pour vendre ou acheter : la discorde était jugée dans la cour de « saint Denis », en présence du prieur et d'Humbaud; si l'un d'eux faisait défaut, le jugement était rendu par celui des deux qui était présent; mais les profits étaient communs(4). Les personnes infâmes étaient jugées par Humbaud et les sergents des deux « associés »(5).

(1) *Ibid.*, art. 14-1° : « Fuit quoque conventus, ut quot servientes mitterent monachi ad consuetudines ferie inspiciendas, tot mitteret et Hunbaldus » (*ibid.*, p. 35). — Un certain nombre des sergents de la Chapelle sont mentionnés au *Cartulaire*, parmi les témoins des actes; savoir : *Martin du Bois*, 1073, 1075, 1096; *Renoul*, 1073, 1075, 1075-1090; *Bernard*, 1090-1095; *Constance*, 1075, 1090, 1107; *Arnoul*, 1096, 1097-1135; *Vivien*, 1098-1108; *Pierre Bordet*, serf, 1097-1135; *Ascelin*, 1123.

(2) *Ibid.*, art. 8 : « Si falsam monetam aut argentum aut aliam fraudem qua alios deciperet ad nundinas adferens aliquis inveniretur, corpus illius caperetur, et omne quod secum haberet illi auferretur; et illi quem defraudaverat catallum redderetur; et de fraudatore et de aliis forisfactoribus, in eadem villa, competens justicia consilio monachorum et Hunbaldi fieret » (*ibid.*, p. 34).

(3) *Ibid.*, art. 8, *suprà cit.*; — et art. 11 : « Si vero vel monachi vel servientes sui ceperint aliquem latrocinantem, vel quodlibet aliud forisfactum facientem in nundinis, et miserint in carcere, vel monachi in suo, vel Hunbaldus in suo, sit commune inter monachos et Hunbaldum omne quod lucrabitur de forisfactore » (*ibid.*, p. 34).

(4) *Ibid.*, art. 12 : « Si etiam aliqua discordia horta fuerit inter eos qui venerant ad nundinas causa vendendi et emendi, in curia sancti Dionisii et in presentia prioris et Hunbaldi dijudicetur. Sin autem vel prior vel Hunbaldus defecerit, ante illam qui presens erit, sive priorem, sive Hunbaldum, contentio diffiniatur, et profituum quod inde accederit inter monachos et Hunbaldum dividatur » (*ibid.*, p. 34).

(5) *Ibid.*, art. 9 : « Si justicia facienda esset de aliqua infami persona

L'archevêque Richard et Humbaud d'Huriel se préoccupèrent également de la sécurité nécessaire à l'aller et au retour
des foires. Ils décidèrent que tous ceux qui molesteraient les
allants et revenants, et refuseraient de réparer leurs torts,
seraient jugés dans la cour d'Humbaud et dans celle des
moines(1). Si le seigneur d'Huriel ne réussissait pas à protéger
ainsi les allants et venants des foires, l'archevêque Richard
et ses successeurs devaient se constituer juges et vengeurs
des forfaits commis(2). En sens inverse, si contrairement à la
défense intimée déjà par Philippe Ier (3), quelqu'un venant
aux foires commettait quelque forfait, il ne devait être pris,
ni dans la ville, ni hors la ville, à moins, bien entendu, qu'il
n'eût commis son forfait dans la ville ou dans la foire (4).
Les voleurs eux-mêmes étaient en sûreté, conformément à
la disposition du diplôme royal(5).

Mais au sujet du *vol*, la convention que nous analysons
fait une distinction intéressante. Quand il s'agissait d'une
chose volée, ou enlevée pendant la trêve de Dieu, si le voleur
était trouvé dans la ville, et si la chose n'avait pas encore été
vendue par lui, elle était restituée à son propriétaire ; si elle

---

apud ipsam Capellam, Hunbaldus et servientes sui et servientes monachorum
facerent justiciam » (*ibid.*, p. 34).

(1) *Ibid.*, art. 3 : « Concesserunt etiam archiepiscopus et Hunbaldus, quod
si quis aliquem venientem ad nundinas aut redeuntem disturbaret, et emendare nollet, si justificare possent, ad judicium venire compellerent, et facere
rectum in curia sua et in curia monachorum » (*ibid.*, p. 33).

(2) *Ibid.*, art. 17 : « Promisit etiam Hunbaldus cum juramento in manu
et presencia domni Ricardi archipresulis, et duo filii sui Hunbaldus et Helias,
ut de omnibus illis qui aliquod forisfactum facerent venientibus ad nundinas
et redeuntibus, ipsi essent judices et vindicatores, ad honorem et utilitatem
monachorum et sui et illorum quibus facta fuerit injuria, de quibuscunque
possent. De quibus autem illi non possent, archiepiscopus et successores
sui essent judices et vindicatores » (*ibid.*, p. 35).

(3) *Diplôme royal de 1067* : « Quin insuper in ista carta regio decreto
vetitum constat, ne de Capella aliquis egrediens vel rediens alicui nocere
presumat, ne pro istius rei nequitia detrimentum aliquod monachis eveniat »
(*ibid.*, p. 24).

(4) *Charte de Richard II*, 17 mai 1075, art. 13-1° : « Decretum est etiam
quod si aliquis fecisset aliquod alicubi forisfactum veniens ad nundinas,
neque in villam neque extra villam caperetur, nisi forte illud forisfactum
in ipsa villa vel in nundinis perpetrasset » (*ibid.*, p. 34).

(5) Cf. *suprà*, n° 37, et la note suivante.

avait déjà été vendue, et si l'acheteur pouvait prouver sa bonne foi, c'est-à-dire prouver qu'il ignorait que son vendeur fût un larron ou que la chose eût été enlevée pendant la trêve de Dieu, le propriétaire, pour la ravoir, était obligé de rembourser à l'acheteur le prix qu'il avait payé (1). Cette distinction, qu'on retrouve deux siècles plus tard dans les *Coutumes* de Beauvaisis et dans celles de Toulouse (2), et qui est encore aujourd'hui consacrée par le Code civil (3), nous paraît avoir dans la convention de 1075 une de ses expressions les plus anciennes. Elle n'est pas très équitable pour le malheureux volé, et à cause de cela était contestée par les canonistes (4). Elle a évidemment pour origine le désir de faciliter le commerce des foires.

(1) *Ibid.*, art. 13-2° : « Excepto quod si alicui res sua furata fuerit, ve ablata in treuga Dei, et forisfactor in nundinis inventus fuerit, ille qui perdiderat rem suam habebit, si vendita non fuerit, et forisfactor sit salvus, quia in nundinis inventus fuit. Si autem res vendita fuerit, et auctor legitime probaverit se nescire illum esse latronem de quo emerat, nec illam rem fuisse ablatam in treuga Dei, habebit rem suam, et reddet emptori tantum quantum dedit » (*ibid.*, p. 34-35).

(2) BEAUMANOIR, *Coutumes de Beauvaisis* (1283), XXV, 22 (éd. Salmon, n° 739): « ... pour ce ne demourra pas que cil qui demande sa chose ne la rait de celui qui l'a, essieutés aucuns cas; si comme se cil qui a la chose l'acheta en marchié commun, comme cil qui creoit que li venderes eust pouvoir du vendre et ne connoist le vendeur, ou il est en tel liu qu'il ne le puet avoir a garant : en tel cas, cil qui poursuit sa chose, qu'il perdi ou qui li fu emblée ou tolue, ne la raura pas, s'il ne rent l'argent que l'acheteres en paia ; car puisqu'il l'acheta sans fraude et en marchié, il ne doit pas recevoir la perte de son argent pour autrui mesfet » ; — *Coutumes de Toulouse* (1286), éd. Ad. Tardif, n° 95 : « Est usus et consuetudo Tholose, quod si aliquis emerit res mobiles in Tholosa publice in carreria publica, vel foro publice,... quod emptor debet recuperare pretium ab illo cujus res est et qui petit rem, quamvis res sit furtiva ». — Cette distinction a été adoptée par GUY COQUILLE, *Coutumes de Nivernais*, chap. xxi, art. 16.

(3) Code civil, art. 2280 : « Si le possesseur actuel de la chose volée ou perdue l'a achetée dans une foire ou dans un marché, ou dans une vente publique, ou d'un marchand vendant des choses pareilles, le propriétaire originaire ne peut se la faire rendre qu'en remboursant au possesseur le prix qu'elle lui a coûté ».

(4) Notamment : HOSTIENSIS, *De pœnit. et remissionibus*, et AUFRERIUS, *Quest.*, 151. — Dans le même sens : *Anciennes Coutumes de Bretagne*, art. 199 : « Et posé qu'il les eût achetées en foire ou marché, si celui qui auroit égaré ou perdu les marchandises, les pouvoit prouver siennes, il les

Il restait à régler les rapports entre les deux « associés », le prieur de la Chapelle-Aude et le seigneur d'Huriel. Les sergents que chacun d'eux employait devaient prêter à l'autre le serment de rapporter fidèlement les revenus des foires (1). Au cas où l'un des « associés » aurait fait quelque tort à l'autre en recevant plus que sa part, il devait, dans le délai de quatorze jours, restituer le « trop perçu » (2). Si l'un des sergents s'était approprié quelque revenu, et qu'on pût le prouver, il devait restituer ce qu'il avait pris, et de plus amender « selon sa loi », c'est-à-dire selon sa condition « d'homme libre, de serf, ou de collibert », avec interdiction d'exercer à l'avenir la fonction de sergent des foires (3). Enfin, si quelque dissension surgissait entre le prieur et Humbaud au sujet des conventions intervenues, ils devaient la soumettre d'abord à l'arbitrage de quelques seigneurs voisins de la Chapelle-Aude; puis, en cas d'insuccès, au jugement de l'archevêque (4).

Ces conventions, très importantes, car elles établissaient pour les foires de la Chapelle-Aude un régime tout spécial, une sorte de *pariage* intermittent, furent jurées entre les mains de l'archevêque Richard II, par Humbaud d'Huriel et

---

auroit; et perdroit l'acheteur ce qu'il auroit mis, sauf son recours sur celui qui les auroit vendues » ; — un arrêt du Parlement de Toulouse, du 7 mai 1623; — LA THAUMASSIÈRE, *Questions et responses*, 2ᵉ éd., 1691, in-4°, p. 448-450; — et POTHIER, *Traité des cheptels*, n° 50.

(1) *Charte de Richard II*, 17 mai 1075, art. 14-2° : « … ita ut servientes monachorum jurarent Hunbaldo, et servientes Hunbaldi jurarent monachis, reportaturos fidelitatem monachis et Hunbaldo de reditibus nundinarum » (dans CHAZAUD, *ibid.*, p. 35).

(2) *Ibid.*, art. 14-3° : « Et si vel monachi vel servientes sui, vel Hunbaldus vel servientes sui alii aliis aliquam de supradictis facerent injuriam, plus accipiendo quam non deberent, infrà XIII dies, qui plus accepisset alii catallum tantum redderet » (*ibid.*, p. 35).

(3) *Ibid.*, art. 15 : « Si autem unus ex illis qui accipiunt reditus de nundinis, vel de servientibus monachorum, vel de servientibus Hunbaldi, fecerit latrocinium de reditibus dominorum, et poterit probari, emendabit tantum catallum, et talem legem qua vixerit, sive sit liber, sive servus, sive colibertus, ita ut sit amplius serviens nec monachis nec Hunbaldo de reditibus nundinarum » (*ibid.*, p. 35).

(4) *Ibid.*, art. 16 : « Statuerunt quoque quod si aliqua dissensio forte inter monachos et Hunbaldum de istis conventionibus oriretur, prius inter finitimos viros apud Capellam, utrum corrigi posset, discuteretur; sin autem, in curia archiepiscopi dijudicaretur » (*ibid.*, p. 35).

par ses deux fils Humbaud et Hélie[1]. Deux originaux furent
dressés et revêtus du sceau de l'archevêque, l'un pour Humbaud, l'autre pour les moines[2]. Rappelons enfin qu'en temps
de foire les habitants n'étaient plus tenus de respecter le
banvin du prieur, ni les boulangers de faire le pain au poids
légal [3].

43. — Au milieu du XIIIᵉ siècle, les conventions de 1075
tenaient toujours; mais les droits du seigneur d'Huriel, sans
doute par suite de mariages, se trouvaient alors divisés entre
Ebbes de Déols, seigneur de Châteaumeillant et d'Huriel, et
Renoul II, seigneur de Culant. En 1249, Guillaume, abbé de
Saint-Denis, fit avec Renoul de Culant, au sujet des foires,
une nouvelle convention, dont voici les principales disposi-
tions. Il y avait toujours *trois* foires à la Chapelle-Aude,
chacune durant huit jours, savoir : la première depuis le
soleil levant du dimanche avant la saint Denis jusqu'au
soleil couchant du dimanche suivant; la deuxième, depuis le
premier dimanche de carême jusqu'au dimanche suivant;
la troisième depuis le dimanche d'après l'Ascension jusqu'au
dimanche suivant[4]. Le prieur de la Chapelle-Aude conser-
vait toute justice, tant haute que basse, dans le village de la
Chapelle, ainsi que dans les villages de Caux et de la Courtade; mais les revenus des foires, c'est-à-dire le péage du
seigneur d'Huriel, le péage du seigneur de Culant, la *leida*,
et toutes les amendes, « tant grandes que petites », devaient
se diviser entre le prieur, qui en aurait la moitié, et les deux
seigneurs d'Huriel et de Culant, qui se partageraient l'autre
moitié[5]. Dans ces revenus communs, n'étaient pas compris
la *leida* et le péage de l'*huile*, ni le droit d'étalage sur
toutes les marchandises exposées en vente dans les trois

---

(1) *Ibid.*, art. 17, *suprà cit.*

(2) *Ibid.*, art. 18 : « Ut autem hec constitutio firmior et durabilior esset,
voluerunt et statuerunt archiepiscopus et Hunbaldus et monachi fieri inde
duas cartas, quarum unam habet Hunbaldus, alteram monachi, proprio sigillo
Bituricensis archipresulis sigillatam » (*ibid.*, p. 35-36).

(3) Cf. *suprà*, nᵒˢ 39 et 40.

(4) *Charte de l'abbé Guillaume*, août 1249, dans CHAZAUD, *Additions*,
loc. cit., p. 486.

(5) *Ibid.*

foires; ces derniers droits appartenaient pour le tout au prieur (1).

Le régime judiciaire était modifié en ce sens que toutes les plaintes et tous les délits devaient être jugés dans la cour du prieur, et non ailleurs, mais conjointement par le prieur et les deux seigneurs susdits, ou leurs officiers (2). Les larrons et les criminels arrêtés dans les foires devaient être conduits directement dans la prison du prieur, et jugés le lendemain des foires par le prieur et les deux seigneurs, ou leurs officiers. Si ce jour-là, les « associés » ne pouvaient s'accorder sur la sentence à rendre, le prisonnier était gardé huit jours dans la prison du prieur, puis dans celle des deux autres seigneurs alternativement, jusqu'à ce que le jugement fût rendu ; mais l'accusé devait toujours être jugé dans la cour du prieur (3).

Peu d'années après cette convention de 1249, passée avec le seigneur de Culant, le prieur de la Chapelle-Aude en conclut une seconde, plus avantageuse, avec les seigneurs d'Huriel. C'était alors Robert III et Robert IV de Bomez, chevaliers, père et fils, qui avaient épousé Agnès et Mathilde ou Mahaut de Déols, deux des quatre filles d'Ebbes de Déols, seigneur de Châteaumeillant, Préveranges, la Roche-Guillebaud, Huriel, et autres lieux (4). Ebbes de Déols avait dû donner Huriel en dot à ses filles ; car en 1252, les deux sires de Bomez, le père et le fils, en étaient seigneurs du chef de leurs femmes. C'est le 4 mai de cette année-là, « le samedi après la fête des apôtres Philippe et Jacques », que Robert III de Bomez signa, dans son propre château de Bomiers, avec le consentement d'Agnès et de Mahaut de Déols et de son fils Robert IV, une charte par laquelle il se réservait tous les droits qu'il avait, comme seigneur d'Huriel, sur les trois foires de la Chapelle-Aude, et de plus les péages et autres coutumes que ses prédé-

(1) *Ibid.*

(2) *Ibid.*

(3) *Ibid.*

(4) Cf. La Thaumassière, *Hist. de Berry*, op. cit., réimpr., t. III, p. 18 ; — E. Chénon, *Notice historique sur Châteaumeillant*, op. cit., p. 74 ; et *La succession de Robert III de Bomez*, dans les *Mém. des Antiq. du Centre*, t. XXXVI, p. 10-12 [tirage à part, t. II, p. 304-306].

cesseurs avaient pu percevoir au temps passé [1], mais concédait au prieur le droit de tenir dans la ville, chaque jeudi, un *marché*, sur lequel les seigneurs d'Huriel ne pourraient prétendre aucun droit : ni de justice, ni de coutume, ni de propriété, ni de marché [2]. Le prieur devait en avoir la justice entière, tant haute que basse [3]; et les hommes de la terre d'Huriel pourraient y venir, s'ils le voulaient, à la fois sans contrainte et sans empêchement de la part des seigneurs d'Huriel [4]. Robert III de Borhez promettait d'observer fidèlement ce traité tant qu'il serait lui-même seigneur d'Huriel et de le faire observer par ses successeurs [5]. Cette dernière précaution n'était pas inutile; car il devait mourir peu après, en 1254 [6].

[1] *Charte de Robert III de Bomez*, 4 mai 1252 : « Universis presentes litteras inspecturis Robertus de Bomez, miles, dominus de Uriaco, salutem in Domino. Noveritis quod ego, de consensu et voluntate Agnetis uxoris mee et dicte Maltidys sororis sue, et Roberti filii mei, concedo..., exceptis jure, justicia, consuetudine que in tribus nundinis dicte ville (Capelle Aude) ego et heredes Uriaci habere consuevimus, et exceptis pedagio et aliis consuetudinibus, quas ultra tres nundinas percepimus temporibus retroactis... Datum anno millesimo ducentesimo quinquagesimo secundo, mense mayo, apud Bomez castrum meum, die sabbati post festum apostolorum Philippi et Jacobi. Anno incarnationis Domini M.CC.L.II » (dans CHAZAUD, *Cartulaire*, *op. cit.*, p. 140-141).

[2] *Ibid.* : « Concedo et volo quod prior Capelle Aude, qui pro tempore fuerit, faciat et habeat in perpetuum, qualibet hebdomade die jovis, mercatum in villa Capelle Aude, in quo ego vel heredes mei Uriaci nullum jus, justiciam, sive consuetudinem, aut dominium, nec aliquid ratione mercati habeamus, nec possimus de cetero reclamare » (*ibid.*, p. 140).

[3] *Ibid.* : « Concedo etiam, de consensu et voluntate predictorum, quod omnis justitia tam major quam minor eidem priori et successoribus ejus in perpetuum remaneat » (*ibid.*).

[4] *Ibid.* : « Ad quod mercatum homines terre Uriaci veniant non coacti, sine contradictione aliqua calumpnia sive impedimento à nobis vel à nostris eisdem aliquatenus faciendis » (*ibid.*).

[5] *Ibid.* : « Promitto etiam bona fide quod hec omnia, prout superiùs sunt expressa, fideliter et firmiter, quamdiu ero dominus Uriaci, in perpetuum observabo, et ab heredibus meis Uriaci faciam observari, nec per alium nec per me contra predicta veniam in futurum » (*ibid.*).

[6] Cf. E. CHÉNON, *La succession de Robert III de Bomez*, *loc. cit.*, p. 11 [tirage à part, p. 305].

TROISIÈME PARTIE

CONFLITS ET PROCÈS AVEC LES SEIGNEURS ET LES MONASTÈRES VOISINS

———

Le prieuré de la Chapelle-Aude possédait des domaines trop vastes, des droits seigneuriaux trop importants, et des immunités trop grandes, pour ne pas tenter la convoitise ou exciter la jalousie des seigneurs voisins et des autres monastères de la région. Aussi les conflits avec les uns et les autres n'étaient pas rares. Les moines de la Chapelle étaient loin de jouir en paix de leurs richesses et de leurs privilèges. Il leur fallait souvent recourir à l'autorité de l'archevêque de Bourges, et soutenir devant sa cour, et plus tard au Parlement, des procès interminables, suivis de résistances plus ou moins prolongées. Ces conflits et ces procès peuvent se diviser en trois catégories. Tantôt, il s'agissait de biens donnés aux moines : terres, bois, moulins, dîmes, par des bienfaiteurs dont les héritiers venaient, comme il arrivait si souvent au moyen âge, contester les donations. Tantôt, c'était quelques-unes des églises restituées au temps de Richard II, qui étaient ensuite usurpées par des monastères voisins, ou même par l'archevêque de Bourges. Plus tard, c'est aux immunités des habitants de la Chapelle-Aude et aux droits de justice du prieur, que des seigneurs s'attaquèrent, très souvent par la force. On assiste alors à des luttes étranges,

judiciaires et extrajudiciaires, où alternent les actes de
violence et les actes de procédure, dans un enchevêtrement
bizarre, qui donne une singulière idée de la façon dont le
monde féodal comprenait la justice. Nous étudierons dans
trois chapitres distincts ces trois ordres de conflits.

CHAPITRE I

CONFLITS RELATIFS AUX DOMAINES
DU PRIEURÉ

---

44. — Le premier conflit relatif aux domaines du prieuré
éclata vers la fin du pontificat de Richard II, en 1087 ou
1089, à propos des donations faites par Geofroy Gaudeth au
moment de partir en pèlerinage (*suprà*, n° 21). Longtemps
après son départ, ne le voyant pas revenir, son beau-frère
Ameil de Chambon et sa sœur Ermengarde pensèrent qu'il
était mort. Ils réclamèrent alors aux moines de la Chapelle
tout ce que leur avaient donné Geofroy et même Amblard
Gaudeth, le « fidèle fondateur » du prieuré (1). On prit jour
pour se présenter en justice, à Huriel, devant Humbaud
l'ancien, seigneur du lieu, et ses vassaux. La discussion
et la lutte entre les deux plaideurs fut longue. Finalement
Humbaud et ses vassaux demandèrent aux moines de transiger, en remettant à Ermengarde une partie des biens que
leur avaient donnés son père et son frère, sous cette condition
qu'elle n'en aurait que l'usufruit, et qu'après sa mort, ils
reviendraient à perpétuité au monastère (2).

(1) *Charte de Richard II*, 1087 ou 1089 : « Post multum vero temporis,
Amelius des Chambuns et Ermengardis uxor ejus, soror Gaufredi Gaudeth,
videntes Goffredum non redire, et existimantes eum mortuum esse, insur-
rexerunt adversum monachos sancti Dyonisii, calumpniantes donum quod
Amblardus et Goffridus filius ejus fecerant, dicentes non ita esse factum sicut
monachi dicebant, unam statuerunt diem ut venirent ad judilium » (*ibid.*,
p. 67-68).

(2) *Ibid. :* « Cumvenerunt igitur, statuta die, apud Uriacum, in presentia

Les moines y consentirent malgré eux et abandonnèrent
à Ermengarde la moitié de la terre et des bois de la Faye, la
moitié de la portion de dîmes qu'ils possédaient à Nocq, et
tout ce qu'ils avaient dans le bois Doerec, à la condition
qu'Ermengarde fît, entre les mains de l'archevêque, protecteur du monastère de la Chapelle, la même promesse qu'elle
avait faite entre les mains d'Humbaud et de ses vassaux (1).
Quant au péage qu'ils avaient acheté, moyennant 350 sols
limousins, de Geofroy Gaudetb, et qui leur avait été enlevé
par violence, les moines refusèrent de s'en dessaisir, et
déclarèrent simplement qu'ils attendraient le temps où ils
pourraient obtenir justice (2). Quelques jours après, l'archevêque Richard II se trouvant à la Chapelle, les moines man-
dèrent à Ameil de Chambon et à sa femme de se présenter
devant lui, pour y confirmer la transaction passée à Huriel;
ils obéirent. L'archevêque fit alors dresser par Angise une
charte scellée, dont une copie fut remise à Ameil de
Chambon (3); parmi les témoins figure le prieur Hugues.

domni Humbaldi senioris aliorumque procerum suorum. Certantibus itaque
et altercantibus diutius monachis et Amelio et Ermengarde uxore sua, ipse
domnus Humbaldus et reliqui proceres rogaverunt priorem et monachos, et
laudaverunt ut partem donorum, que Amblardus et Goffredus fecerant, dimitterent Ermengardi, tali convento ut, quamdiu ipsa viveret, haberet; post
mortem vero suam monachi perhenniter sine calumpnia omnia possiderent »
(*ibid.*, p. 68).

(1) *Ibid.* : « Monachi vero, licet inviti et coacti, dimiserunt Ermengardi
quamdam partem donorum, scilicet medietatem terre et silvarum de Faia, et
de quarta parte quam habebant in decima de Noto medietatem, et totum
quod habebant in bosco Doerec; tali tamen conditione fecerunt, ut quod
ipsa Ermengardis concesserat in manu dompni Humbaldi ceterorumque
procerum, illud idem concederet in manu mea, sub cujus defensione et
tuitione erat monasterium Capelle Sci Dyonisii, quod et ipsa Ermengardis et
Amelius maritus ejus concesserunt » (*ibid.*, p. 68).

(2) *Ibid.* : « De pedagio vero quod monachi emerant de Gaufredo Gaudetb
trecentis et quinquaginta solidis Lemovicensis monete, et quod injuste et
per violentiam sco Dyonisio subtractum erat, dixerunt monachi se nullo
modo dimissuros, sed se tempus expectaturos quo possent justiciam habere »
(*ibid.*, p. 68).

(3) *Ibid.* : « Evolutis itaque paucis diebus, me commorante apud
Capellam, monachi Capelle mandaverunt Amelio et Ermengardi uxori sue,
ut venirent in presentiam meam, concessuri conventum quem fecerant apud
Uriacum, in manu Humbaldi Uriacensis, quod et ipsi fecerunt. Ego itaque

Le second conflit eut lieu au temps du prieur Raoul II, à propos de la donation faite par Pierre Faure (*suprà*, n° 22). A la mort de ce dernier, le don qu'il avait fait fut nié par son frère Géraud. En justice, le prieur Raoul produisit des témoins qui avaient assisté à la donation ; mais les juges ordonnèrent à ces témoins de confirmer leurs dires par l'épreuve du fer rouge, ce qu'ils acceptèrent : l'homme qui toucha le fer rouge pour eux ne ressentit aucune brûlure [1]. Géraud soutint alors que son frère lui avait fait de ses biens une donation antérieure à celle des moines. Les juges, réunis de nouveau, lui enjoignirent de fournir la même preuve que le prieur [2]. Mais lorsqu'on fut arrivé à l'église de Lanage, où Géraud devait prouver son assertion par le fer rouge, les deux adversaires préférèrent s'entendre. le prieur sur l'avis de ses moines, et Géraud sur l'avis de ses amis. Les moines n'ayant eu primitivement qu'une moitié dans les moulins litigieux, il fut convenu qu'ils auraient les deux tiers et Géraud le troisième tiers. Le prieur devait de plus contribuer à l'achat et à l'entretien des meules et des fers, de la même façon que Pierre Faure et proportionnellement à la quantité de blé moulu. Le procès fut ainsi apaisé [3].

Richardus archiepiscopus, auditis utriusque partis rationibus, lectis etiam cartis de donis que fecerant Amblardus et Goffredus, et audita laudatione quam fecerant Humbaldus Uriacensis dominus et proceres ejus, adjudicavimus inde cartam fieri et mei proprii sigilli impressione signari, etc. Hoc est actum apud Capellam Sancti Dyonisii, tempore Francorum regis Philippi » (*ibid.*, p. 68-69).

(1) *Notice sur la donation de P. Faure*, 1097-1135 : « Eo itaque defuncto absque liberis, monachisque partem defuncti ut sibi datam accipere volentibus, frater ejus Giraldus insurrexit, denegans donum monachis factum fuisse. Itur ad judicium ab utrisque : tunc habuit prior Radulfus testes, qui viderant et audierant donum. Judicaverunt igitur ut testes suum confirmarent testimonium per ferrum ignitum, quod ipsi facere non veriti sunt ; et homo qui pro eis ferrum tulit, nullam sensit adustionem » (*ibid.*, p. 83-84).

(2) *Ibid.* : « Quo facto, iterum Géraldus retinuit partem probatam, dicens quod frater suus prius sibi dederat quam sco Dyonisio aut priori. Adierunt igitur judices iterum, quorum deliberatum est sententia, ut quod dicebat, eadem qua monachi probaverant lege, verum esse probaret » (*ibid.*, p. 84).

(3) *Ibid.* : « Ubi ergo ventum fuit ad locum, scilicet ad ecclesiam Lenatgie, ut Geraldus ostenderet per ferrum calidum quod dicebat, statuerunt et concederunt, prior consilio monachorum suorum et clericorum et servientium,

45. — Un troisième conflit du même genre, commencé sous Léodegaire, se prolongea sous son successeur Vulgrin (1120-1136). On a vu plus haut (*suprà*, n° 13) que Dea, femme d'Humbaud Goulfier et mère d'Humbaud II Goulfier, avec le consentement de son mari et de ses enfants, avait rendu aux moines de Saint-Denis un quart de la dîme d'Onrezat. Pendant plus de trente ans, les moines l'avaient possédée en paix, lorsqu'un jour Humbaud de l'Age prétendit que cette dîme mouvait en fief de lui, et s'en empara, sans même assigner le prieur de la Chapelle en justice(1). Le prieur Raoul alla trouver l'archevêque Léodegaire, et porta plainte contre Humbaud de l'Age. L'archevêque invita ce dernier à se présenter en justice et à faire droit au prieur. Il ne fit ni l'un ni l'autre, et fut excommunié(2). Puis Léodegaire mourut, et Vulgrin lui succéda. Voyant qu'Humbaud demeurait dans son excommunication, le nouvel archevêque le cita à comparaître; et, sur son refus, l'excommunia une seconde fois. Humbaud comprit alors que la résistance était impossible, et « qu'il était dur de regimber contre l'aiguillon ». Il reconnut s'être emparé à tort de la dîme, fit sa paix avec le prieur, et promit

---

et Geraldus amicorum, ut, cum monachi non haberent in molendinis primitus nisi tantum dimidiam partem, amodo duas tertias annonæ haberent partes, Geraldus tertiam et farinam, et sic dimissum est judicium; ita tamen quod Geraldus faceret, quod frater suus faciebat pro farina. Prior vero, pro parte Petri annonæ, daret hoc quod dabat Petrus ad emendas molas, et ferrum, et secundum hoc quod de moldura dabit ad molas et ferrum » (*ibid.*, p. 84).

(1) *Notice sur la dîme d'Onrezat*, 1121-1135 : « Notificamus igitur præsentibus et futuris monachos Sci Dyonisii de Capella tenuisse quiete et sine calumpnia per XXX annos vel plus, quartam partem decime de Umreziaco quam dederat sco Dyonisio et monachis Capellæ Dea mater Humbaldi Gufferii, consilio et concessione Gulferii mariti sui et filiorum suorum, sicut testificatur alia carta. Postea vero Humbaldus de Agia dicens illam decimam esse de suo fisco, priusquam monuisset priorem de Capella venire ad judicium et facere sibi rectum, injusta invasione invasit decimam » (*ibid.*, p. 77).

(2) *Ibid.* : « Quod cum vidisset Radulfus, prior Capellæ, veniens ad domnum Leodegarium archiepiscopum, fecit clamorem de Hunbaldo, qui injuste invaserat res sci Dyonisii. Archiepiscopus itaque, audiens clamorem prioris, monuit Hunbaldum, ut veniret ad judicium, et faceret priori rectum. Hunbaldus vero inobediens jussioni archiepiscopi, noluit nec ad judicium venire, nec priori rectum facere. Quo audito, archiepiscopus, quia inobediens fuerat, nec ad judicium venerat, excommunicavit eum » (*ibid.*, p. 77).

que ni lui, ni ses fils, ni personne de sa race ne soulèverait une nouvelle querelle à ce sujet (1).

Vulgrin procéda de même à l'égard d'Ameil de Saint-Caprais, qui, après la mort du prêtre Raymond de Bouesse, avait prétendu que l'alleu d'*Utis*, donné par ce dernier aux moines de la Chapelle, mouvait de lui en fief, et s'en était injustement emparé. L'archevêque l'avait cité devant sa cour. Ameil, ayant dédaigné de venir, fut excommunié. Ce que voyant, il se rendit à la Chapelle et se hâta de restituer au prieur Raoul et aux religieux ce qu'il leur avait enlevé (2). De même Audebert, seigneur d'Huriel, qui réclamait la « culture » de Caux, finit par se désister entre les mains du prieur et de Guillaume de Culant (3).

46. — Peu après, l'ouche d'Archignat, donnée, on l'a vu, moitié par le prêtre Raymond de Bouesse et ses frères, moitié

(1) *Ibid.* : « Mortuo interim domno Leodegario bonæ memoriæ, Hunbaldo remanente in excommunicatione ejus, succedente in archiepiscopatu domno Vulgrino reverentissimo viro, ipse domnus Vulgrinus, audito clamore prioris, monuit Hunbaldum ad judicium. Quo nolente venire, eamdem sententiam, quam antecessor suus Leodegarius posuerat, posuit et ipse super Hunbaldum. Videns itaque Hunbaldus se non posse resistere, et durum esse contra stimulum calcitrare, recognoscens etiam se injuste decimam invasisse, consilio amicorum suorum, pacificans se cum priore, totam querelam, quam de supradicta decima faciebat, ipse et filii sui ex integro dimiserunt, etc. Hoc factum est apud Capellam, tempore domini Vulgrini Biturigæ sedis archiepiscopi et Ludovici Francorum regis » (*ibid.*, p. 77-78).

(2) *Notice sur l'alleu d'Utis*, 1121-1135 : « Mortuo vero Raimundo, insurrexit Amelius de Sancto Caprasio, dicens illam terram esse sui juris, monachis Capellæ injuste abstulit, et in suo dominio remeavit. Quapropter W. archiepiscopus Bituricensis Amelium in rationem posuit, submonens ut veniret ad judicium : ille vero dedignans noluit venire; qua de causa archiepiscopus W. posuit super eum sentenciam excommunicationis. Videns igitur Amelius se esse excommunicatum, noluit pati, venitque in præsentia, apud Capellam, Radulfi prioris et aliorum monachorum, illam terram sco Dyonisio ex toto reddidit, et de hoc quod injuste abstulit Deo et monasterio Capellæ se culpabilem reddidit. Hoc viderunt et audierunt isti, tempore W. archiepiscopi et Ludovici regis Francorum : Radulfus, prior Capellæ, etc. » (*ibid.*, p. 61-62).

(3) *Concession d'Audebert d'Huriel*, 1121-1135 : « Sciant omnes et posteri nostri et presentes quod Aldebertus de Uriaco et servientes sui calumniaverunt culturam de Colto, que venit à Suspensis usque ad viam que ducit ad Guitum super Coutum; sed postea concessit.... Quod factum est in manu Radulfi prioris et Guillelmi de Cusleno » (dans P. GAUTIER, *ibid.*, nᵒ XV).

par Roger de Bouesse, fils d'un autre Raymond (*suprà*, n° 25), fut revendiquée par les descendants d'Eudes de l'Age, c'est-à-dire Humbaud de l'Age et sa sœur Ermengarde, alors mariée à Rorgon de Saint-Caprais, dit le jeune (1). Humbaud et Rorgon prétendaient que l'ouche en question avait été jadis tenue en fief d'Eudes de l'Age par Girard de Bouesse, père du prêtre Raymond. Il s'ensuivit un procès devant la cour féodale du seigneur d'Huriel (2), où le prieur Raoul et le prêtre Raymond démontrèrent qu'ils avaient pendant long-temps joui paisiblement de l'ouche qu'on leur réclamait (3). Humbaud et Rorgon finirent par renoncer à leur plainte. Ils le firent entre les mains du prieur Raoul, à Saint-Christophe, près d'Huriel; et la femme de Rorgon de Saint-Caprais, Ermengarde, confirma ensuite la transaction, en présence de Rorgon de Saint-Caprais l'ancien, de sa femme Asceline, et de leurs fils Guillaume et Pierre (4).

L'archevêque Vulgrin eut à s'occuper d'une autre affaire,

---

(1) Le texte dit simplement « *Ermengart uxor Rorgonis* »; mais on ne peut expliquer l'intervention de Rorgon de Saint-Caprais et la confirmation de l'acte par ladite Ermengart qu'en la supposant la sœur d'Humbaud de l'Age. Il est probable aussi qu'il faut l'identifier avec cette *Ermengardis de Agia*, qui donna, entre 1098 et 1108, aux moines de la Chapelle une culture sisé aux Ages, et qui était alors mariée avec Foulques de la Bussière (*ibid.*, n° VI, et *suprà*, n° 22).

(2) Le seigneur d'Huriel était suzerain d'Eudes de l'Age, et les procès relatifs aux fiefs étaient jugés par la justice seigneuriale, dont la compétence *ratione materiæ* primait ici la compétence *ratione personæ* des cours d'Église.

(3) *Notice du plaid avec Humbaud et Rorgon*, 1121-1135 : « Monachi Capellæ et Raimundus et fratres ejus diu tenuerant et quiete possederant. Post multum vero temporis, surrexerunt Rorgo juvenis, filius Rorgonis de Sancto-Caprasio, et Humbaldus de Agia, dicentes illam olchiam esse sui juris, scilicet de feodo quod Girardus, pater Raimundi sacerdotis de Buxa, habebat de Odone de Agia. Venerunt ergo ad judicium apud Uriacum, videlicet Radulfus prior et Raimundus cum Rorgone et cum Humbaldo de Agia » (dans P. GAUTIER, *op. cit.*, n° VI).

(4) *Ibid.* : « Hoc factum est in manu Rodulfi prioris, apud Sanctum Christophorum, quod est juxta Uriacum, tempore Ludovici regis et Wlgrini archiepiscopi Bituricensis. Hanc autem conventionem Ermengart, uxor Rorgonis juvenis, concessit Deo et sco Dionysio et monachis Capellæ. Hoc viderunt et audierunt isti : Rorgo senior de Sancto-Caprasio, Ascelina uxor ejus, Guillelmus et Petrus filii eorum » (*ibid.*, n° VI).

sur laquelle les détails manquent. Trois inconnus, Jordan Taureau, Alleman, et Géraud Sapiol, avaient occupé « injustement » une terre de saint Denis, dérobé un cheval au prieur et de l'argent à son clerc. Les coupables s'étaient ensuite réfugiés dans le *castrum* d'Hérisson et dans un petit château voisin appelé *Ais*. Le prieur Raoul s'étant plaint à plusieurs reprises à l'archevêque, « aux soins duquel l'Église de la Chapelle était confiée », celui-ci écrivit, entre 1123 et 1133, à l'archiprêtre d'Hérisson, Guy, pour lui notifier qu'il avait excommunié les usurpateurs, s'ils ne restituaient pas en entier ce qu'ils avaient pris, et mis en interdit le *castrum* d'Hérisson et le petit château d'Ais ; aucun office divin, sauf le baptême des enfants, n'y devait être célébré [1]. L'archiprêtre d'Hérisson ayant montré quelque négligence à exécuter cette sentence, l'archevêque lui écrivit, en 1134 ou 1135, une seconde lettre pour lui enjoindre de faire justice de Jordan Taureau, de Géraud Sapiol, et d'Alleman [2].

Vers la même époque, un autre conflit éclata, au sujet du moulin d'*Espalais* (paroisse de Nassigny), entre le prieur Raoul Grossinel et Dalmas d'Hérisson. Les revendications de ce dernier avaient amené la destruction et la presque « abolition » du moulin, lorsque, en 1135 ou 1136, Eudes de Deuil succéda à Raoul Grossinel, démissionnaire. Sur le conseil de celui-ci et des autres moines, le nouveau prieur concéda à vie à Guy, archiprêtre d'Hérisson, le moulin litigieux, à la charge de mettre fin aux réclamations de Dalmas. Guy, à sa mort, devait laisser le moulin au prieuré de la Chapelle,

---

(1) *Lettre de Vulgrin*, 1123-1133 : « Multotiens conquestus est prior de Capella, de Jordane Tauri, et de Allemanno, qui terram sancti Dyonisii auferunt, et de Geraldo Sapiol, et de equo sibi ablato, ac de nummis clerico suo ablatis.... Unde mandamus tibi et præcipimus quia, si integras res supradictas non restituerint, super eos sententiam excommunicationis imponimus, et castrum Iricionense, in quo ipsi receptantur, et castellum quod vocatur Ais, à divino cessent officio, baptismate infantium excepto... » (dans CHAZAUD, *ibid.*, p. 108).

(2) *Lettre de Vulgrin*, 1134 ou 1135 : « Mandamus etiam ut, sicuti vobis est injunctum, justitiam exerceatis super Jordanem Tauri, et super Geraldum Sapiol, et super Allemannum, qui terram sancti Dyonisii injuste occupavit » (*ibid.*, p. 129).

avec la plus-value qu'il aurait pu lui donner. Le prieur espérait ainsi recouvrer le moulin « paisiblement » (1).

L'espoir d'Eudes de Deuil fut déçu. Lorsqu'il fut parti pour la croisade de 1147, comme secrétaire de Louis VII, son successeur Pierre eut une lutte assez grave à soutenir, à propos de ce même moulin, contre Géraud de Culant. On a vu plus haut (*suprà*, n° 24) que la mère et le frère de ce dernier, Isabelle ou Élisabeth de Passac et Raoul de Culant, avaient donné au prieuré quatre septiers de bled de rente sur le moulin d'Espalais. Une fois son frère parti, lui aussi, pour la Terre Sainte, Géraud essaya de faire annuler les donations d'Élisabeth et de Raoul, et fit beaucoup de mal aux religieux (2). Il s'ensuivit un long procès, qui se plaida à Reugny (3); mais à la suite de ce plaid, Géraud de Culant fit la paix avec le prieur, dont il reconnut les droits (4). C'est donc seulement vers 1150, après quinze ou vingt ans de difficultés, que le prieur de la Chapelle-Aude parvint à jouir « paisiblement » des revenus du moulin d'Espalais.

(1) *Charte d'Eudes de Deuil*, 1136-1146 : « Dalmas de Iricione quasdam calumpnias in molendino de Espales, tempore Rodulfi prioris, posuerat, pro quibus destructum et sicut vulgo dicitur abbatum erat. Ego vero Odo de Diogilo, ipsius Radulfi consilio et ceterorum fratrum et amicorum nostrorum, dedi illud Guidoni, archipresbytero de Iricione, quatinus ipse calumpnias omnes pacificaret. Et si quid in molendino emeret vel in vadimonio acciperet, post mortem ejus, beatus Dyonisius et locus Capellæ solide et quiete in dominio rehaberet (*ibid.*, p. 91-92).

(2) *Notice sur le plaid de Reugny*, 1147-1150 : « Postquam ad Hierusalem perrexit (Radulfus), Geraldus frater ejus contra monachos de Capella injuste surrexit, et contentionem cum illis de donis matris et supradicti fratris habuit, et postea multa mala monachis fecit » ; — *Notice sur l'affaire d'Espalais* : « Notum fieri volumus presentibus et futuris quod Geraldus de Cuslenc faciebat querimoniam in molendino de Spalait. Unde non modicum certamen inter ipsum Geraldum et Petrum priorem ecclesiæ Sci Dionysii de Capella exortum est » ; — (dans P. GAUTIER, *op. cit.*, n° xxii et n° xviii).

(3) *Reugny*, canton d'Hérisson (Allier), près de Nassigny.

(4) *Notice sur le plaid de Reugny* : « Hac de causa, apud Ruiniacum placitaverunt, et, finito placito, pacem hujus rei inter se habuerunt, et recognovit jura sci Dyonisii, et omnino concessit. Hoc totum factum fuit apud Ruiniacum, in manu domni Petri prioris supradicti loci et Rogerii de Flôrinec » (*ibid.*, n° xxii).

Peu après, Guillaume, seigneur de Culant, en confirmant les donations faites par tous les siens, ratifia également les aumônes de ses vassaux, au sujet desquelles il cherchait noise au prieur Pierre (1).

(1) *Charte de Guillaume de Culant*, 1147-1150 : « Pretereà concessit isdem Willelmus predicto priori (Petro) et aliis sibi subjectis monachis et ecclesiæ de Capella... elemosinas suorum militum, de quibus contrarietatem eisdem monachis inferebat » (*ibid.*, n° xxi).

CHAPITRE II

CONFLITS RELATIFS AUX ÉGLISES
DÉPENDANT DU PRIEURÉ

Les églises dépendant du prieuré de la Chapelle-Aude, qui furent l'objet d'usurpations, parfois couronnées de succès, sont celles de Viplaix, de Givrettes, d'Estivareilles, de Saint-Désiré, de Courçais, et de Chasemais.

47. — On a vu plus haut que l'église ou plutôt les deux églises de *Viplaix* avaient été restituées aux moines de la Chapelle, en 1087 ou 1089 [1]; que le prieur les avait alors concédées à un chapelain peu fidèle, qui avait suggéré aux moines d'Ahun d'en demander l'investiture à l'archevêque Léodegaire [2]; et que ce dernier, nouvellement élu, et ignorant le droit de saint Denis, y avait consenti [3]. Aussitôt que le prieur de la Chapelle, Raoul Grossinel, l'eut appris, il alla

(1) Cf. *suprà*, n° 15.
(2) Cf. *suprà*, n° 34.
(3) *Jugement de la cour de Léodegaire*, 1113 : « Contigit enim quod, cum Sci Dyonisii monachi præfatam ecclesiam (Vippliacensem)... in quiete possiderent et servientem in ea suum jamdudum inibi posuissent, ut monachi Egedunensis cœnobii, fraudulenta suggestione ipsius servientis, qui eam a monachis Capellæ ut commendatam, quoad viveret, tenebat, et quorumdam laïcorum nequam, ab archiepiscopo Leodegario, rectum sci Dyonisii ignorante, eandem ecclesiam dari sibi impetrarent » (dans Chazaud, *ibid.*, p. 110-111). Cf. *ibid.*, p. 85 : « Sed quidam clericus, qui in ipsis (ecclesiis) eorum serviens erat, illis eas dolose abstulerat ».

en toute hâte trouver l'archevêque et porta plainte contre les usurpateurs (1).

L'archevêque accueillit la plainte (1112), et envoya aux moines d'Ahun des lettres scellées, les convoquant, pour faire droit, au synode de la Pentecôte à Bourges (2) : le prieur de la Chapelle y vint, mais les religieux d'Ahun s'abstinrent. L'archevêque les ajourna une seconde fois à la fête de saint Étienne d'août (3) : nouveau défaut. Le prieur Raoul produisit alors ses témoins; et leurs dépositions furent telles que le chapitre de Saint-Étienne invita l'archevêque à restituer à « saint Denis » les églises contestées. Mais Léodegaire, pour éviter toute occasion de querelle, supplia le prieur d'attendre encore, et, pour la troisième fois, somma les moines d'Ahun de venir au moins à la solennité de saint Sulpice en ce même mois d'août. Ils se décidèrent enfin à comparaître. Par malheur, l'archevêque était alors malade à Vierzon. Le prieur Raoul proposa bien à ses adversaires de venir jusque-là avec lui; mais « ils levèrent le pied » (4). Quatrième convocation

(1) *Ibid.* : « Quod cum prior Capellæ, Radulfus nomine, comperisset, attonitus et condolens præsentiam archipræsulis, inde clamorem facturus, festinanter adiit »; — *Notice du prieur Raoul,* 1113 : « Primum ut michi quibusdam referentibus innotuit illos sci Dyonisii præsumpsisse ecclesiam, domino meo archiepiscopo conquestus sum »; — (dans Chazaud, *ibid.,* p. 111 et 125).

(2) Il ressort de cette pièce et de plusieurs autres qu'il se tenait au xiie siècle un synode à Bourges tous les ans à la Pentecôte.

(3) C'est-à-dire à la fête de l'Invention des reliques de saint Étienne, qui se célèbre le 1er août.

(4) *Ibid.* : « Qui querimonia mea audita, ut ad synodum Pentecosten rectum facturi adessent, missis literis suis sigillatis, illis mandavit. Ut ventum fuit ad præfatam diem, adfui: illi vero abfuerunt. Iterum proclamavi, et ille iterum eos ad festum sci Stephani in augusto, missis litteris, invitavit : veni, et illi non venerunt. Tunc etiam representavi testes meos, qui donum prædictæ ecclesiæ et rectum sci Dyonisii viderant et audierant, ita quod commune capitulum Sci Stephani denuo archiepiscopo, ut de ecclesia scum Dyonisium et me donaret. intimavit, sed ille, ut monachis satisfaceret et nullas querelæ haberent occasiones, obnixe me rogavit, ut adhuc expectarem, et vocavit eos tertio, ut saltem ad solempnitatem beati Sulpicii in eodem augusto præsto essent. Tunc tandem venerunt, et ego; sed non invenimus archiepiscopum Virsonio infirmantem; ipse tamen eos submonui, ut ad aspectum illius et judicium Virsonium pergeremus. Quid plura? et detulerunt eo pedem » (*ibid.,* p. 125-126).

pour le samedi avant le concile : quatrième défaut ; le prieur Raoul attendit vainement pendant plusieurs jours. Cinquième convocation pour le 22 janvier 1113 à Puy-Ferrand : les moines vinrent ; mais, prétextant divers empêchements, déclarèrent qu'ils n'étaient pas prêts à soutenir l'affaire. L'archevêque, vraiment patient, leur assigna alors comme jour d'audience le lendemain de carême prenant (23 février) ; mais ils firent défaut pour la sixième fois, et le prieur Raoul se trouva encore seul pour maintenir sa plainte (1).

Ce n'est que le 18 octobre 1113 que Léodegaire réussit à mettre en présence les deux parties, après le synode qui se tint à Bourges à cette date, jour de la fête de saint Luc. Les débats durèrent longtemps, et le jugement ne fut rendu par l'archevêque que le 27 janvier suivant (2). Les moines d'Ahun, pour toute défense, s'étaient bornés à dire que les églises de Viplaix leur appartenaient. Les moines de la Chapelle au contraire avaient produit des chartes et des témoins : parmi ces chartes figurait d'abord celle que l'archevêque Richard II avait fait rédiger par le moine Benoît de Saint-Gildas, le jour où il avait, par sa crosse pastorale et la tradition de reliques, investi le prieur Hugues des deux églises restituées ; plusieurs des témoins de cette charte, et notam-

(1) *Ibid.* : « Ego autem ad eum tetendi et clamavi. Quarto direxi [t] litteras ut sabbato ante concilium venirent, nec iterum obtemperaverunt. At ego ad propositum terminum presto fui, et expectavi eos, quot diebus protelatum fuit concilium. Iterum autem XI° kl. februarii ad Podium Ferrandi eos vocavit, quo ipsi venerunt ; sed quibusdam, ut commentabantur, impedientibus, de causis nostris disserere parati esse desierunt. Quare archiepiscopus dedit eis diem, post caput jejunii, sequenti die. Tunc quoque venire neglexerunt. Quid ergo dicemus ad hæc ? adhuc in eadem persisto clamacione. » (*ibid.*, p. 126). Cf. *ibid.*, p. 111.

(2) *Jugement de la cour de Léodegaire*, oct. 1113 : « Postremo tamen majori vi coacti, auxiliatoribusque suis, quotquot potuere, collectis, Bituricas accedentes, ad sinodum quæ XV kal. novembris celebratur, astante quoque priore cum testibus et fautoribus suis, præsentiæ domni archiepiscopi clerique sui se repræsentaverunt » ; — *Jugement de Léodegaire*, 27 janv. 1114 : « Contentionem quam diù habuerant monachi Sci Dyonisii de Capella cum monachis Egedunensibus de ecclesiis de Vippleis, convocatis in hoc utrisque die statuto Bituricam, canonice decidendo, finire curavimus » (*ibid.*, p. 111 et 85).

ment le moine Benoît qui l'avait écrite, étaient venus en attester l'authenticité (1).

48. — Mais à côté de cette pièce, qui était inattaquable, les moines de la Chapelle en produisirent une autre, singulièrement plus suspecte, à savoir la charte attribuée à Childéric II, roi des Franks, dont il a été question plus haut (2), et qui porte la prétendue date de 670 (3). Cette charte mentionne comme ayant coopéré à la donation avec Childéric, l' « archevêque » de Bourges Roricius, certainement mort avant 533 (4), et l'évêque de Lyon Godin, qui siégeait en 688, 693, et atteignit au moins l'année 701 (5). De plus, elle qualifie Rori-

(1) *Jugement de Léodegaire :* « Assistentes itaque coram nobis monachi Egedunenses has quas eis dederamus, nichil aliud pretendentes, sui juris esse dixerunt. Monachi vero Sci Dyonisii contra responderunt quod predecessor noster domnus Richardus bone memorie Bituricensis archiepiscopus concedentibus laïcis, de corum (*sic*) dominio seculariter erant, sibi eas tribuerat, et in hujus doni memoriam, per traditionem reliquiarum earumdem ecclesiarum, inde eos investiverat.... Cumque quereretur, si quod haberent monumentum hujus rei, cartam sigillatam testesque hoc, si opus esset, paratos probare, se respondentes habere, in presentia eam produxerunt » ; — *Jugement de la cour de Léodegaire :* « Quorum racionibus ordine relatis, testamentisque Sci Dyonisii tam veteribus quam novis in propatulo perlectis, præsente quoque quodam monacho nuncupato Benedicto qui donum ecclesiæ sco Dyonisio et loco Capellæ factum a venerabili Richardo episcopo audierat, et manu sua, jussu ejusdem, scripserat, aliisque compluribus idem legitime testificantibus » ; — (*ibid.*, p. 85 et 111).

(2) Cf. *suprà*, n° 2, *in fine*, et n° 3, *in principio*.

(3) « Data [die quar]to kal. augusti anno X regni nostri, Clypiacensi palatio, in Dei nomine feliciter, amen » (*ibid.*, p. 18).

(4) Roricius n'est connu de La Thaumassière, *op. cit.*, tome II, p. 32, que par cette unique mention du faux diplôme de Childéric II ; et cette circonstance pourrait faire douter de son existence. Roricius cependant a bien existé : son nom se trouve en effet sur le fameux diptyque épiscopal de Saint-Étienne de Bourges, entre celui de Tetradius, qui a assisté aux conciles d'Agde de 506 et d'Orléans de 511, et ceux des évêques Siagrius, Humatus, Honoratus Ier et Honoratus II ; le nom de ces deux derniers (qu'il faut peut-être identifier) figure parmi les souscriptions des conciles d'Orléans de 533 et de Clermont-en-Auvergne de 535. Roricius n'a donc pu être évêque de Bourges qu'entre 511 et 533 (cf. Mgr Duchesne, *Fastes épiscopaux de l'ancienne Gaule*, Paris, in-8°. tome II, 1900, p. 22). Le rédacteur du faux diplôme s'est d'ailleurs trahi lui-même, en qualifiant Roricius de *vir bonæ memoriæ*, ce qui indique un défunt et non un collaborateur.

(5) Sur l'évêque Godin, cf. *suprà*, nos 1 et 3.

cius d'*archevêque*, titre qui n'apparaît en Gaule qu'au milieu du IX⁰ siècle, et prétend qu'il y avait à Viplaix des *chanoines*, terme qui n'apparaît qu'au X⁰ siècle (1). La fausseté du diplôme n'est donc pas contestable. L' « original », qui subsiste aux Archives nationales, révèle l'écriture des XI⁰ et XII⁰ siècles (2). Le style est de la même époque. C'est donc bien à cette date qu'il a été fabriqué. Peut-être existait-il déjà au moment où l'archevêque Richard II cherchait à enlever aux laïques les domaines de Saint-Denis usurpés par eux : en tout cas, il n'en fait pas mention. Il est plus probable qu'il a été écrit au moment du conflit avec les moines d'Ahun, pour justifier la tradition faite par Richard II au prieur Hugues. Ce qui est certain, c'est qu'il a été produit au procès; car il est visé dans le jugement rendu par la cour de l'archevêque Léodegaire (3).

Non seulement le diplôme de Childéric II est faux; mais encore il relate des choses invraisemblables. D'après lui, il y aurait eu à Viplaix jusqu'à neuf églises, cinq secondaires qui sont simplement mentionnées en passant, et quatre principales, savoir : une chapelle royale érigée en l'honneur du Saint Sauveur et desservie par vingt moines, une autre église bâtie en l'honneur de la Vierge Marie, desservie par des « chanoines », jusque-là dépendant du roi, mais que celui-ci, à la demande de leur prieur Frotaire et avec le consentement de l' « archevêque » Roricius, a fait passer sous la domination des moines, enfin les églises de Saint-Pierre et de Saint-Martin, « tenues du roi » par l'évêque de Lyon Godin, mais que celui-ci a abandonnées spontanément aux moines de Saint-Denis (4). Ces deux dernières églises ont certainement

(1) Cf. Giry, *op. cit.*, p. 336, note 1, et 339.

(2) Cf. *suprà*, n⁰ 2, *in fine*.

(3) *Jugement de la cour de Léodegaire* : « Contigit enim quod cum Sci Dyonisii monachi præfatam ecclesiam, tam a Childerici Francorum regis et Roricii Bituricensis archipræsulis antiquitus, novissime autem à Richardi ejusdem sedis antistitis quam quorumdam laïcorum eidem ecclesiæ præsidentium muneribus, in quiete possiderent.... Testamentisque Sci Dyonisii tam *veteribus* quam novis in propatulo perlectis » (dans Chazaud, *ibid.*, p. 110 et 111).

(4) Voir le texte dans Chazaud, *ibid.*, p. 16-18; et Jules Tardif, *op. cit.*, n⁰ 18, p. 14-15.

existé : on a vu plus haut comment elles avaient été restituées par les laïques qui s'en étaient emparés (1); mais les
sept autres, dont on ne trouve aucune trace, ni matérielle, ni
écrite, sont certainement, avec leurs cortèges de moines et de
chanoines, un produit de l'imagination féconde du rédacteur
du diplôme.

Quoi qu'il en soit, chartes authentiques et chartes fausses
ayant été lues, et de nombreux témoins ayant été entendus
devant sa cour, l'archevêque Léodegaire adjura les abbés,
archidiacres, et autres clercs qui en faisaient partie, « de juger
selon le droit ». Après une longue délibération, les juges
ecclésiastiques décidèrent de rendre les églises de Viplaix aux
moines de Saint-Denis, conformément à l'attribution que leur
en avaient faite antérieurement le roi des Franks et plus
récemment l'archevêque Richard (2). Parmi les juges présents
se trouvaient les abbés de Vierzon et d'Issoudun, six archidiacres, notamment celui de Culant, Giraud, et trois archi-
prêtres, notamment celui de Châteaumeillant, Jean (3). Le
27 janvier 1114, l'archevêque Léodegaire confirma leur jugement, et restitua aux moines de Saint-Denis les deux églises
qui leur avaient été enlevées (4). Aussitôt investi, le prieur

---

(1) Cf. *suprà*, nº 15. L'église Saint-Martin de Viplaix existe toujours.

(2) *Jugement de la cour de Léodegaire :* « Archipræsul injunxit proceribus, et sub obsecratione magna rogavit, ut rectum secundum verba cau-
sidicorum studerent inde decernere judicium. Qui collatis utriusque sermo-
nibus, et cartis sci Dyonisii præsentibus, seorsum convenientes, diuque inter
se rectum trutinantes, tandem judicialem palam omnibus protulere sententiam, dicentes et rectum certissime esse perhibentes ecclesiam supra nomi-
natam juri sci Dyonisii monachorumque suorum cedere debere, cum con-
staret legitimis id testificantibus privilegiis regem Francorum et Bituricensem
archiepiscopum eam sibi antiquitus attribuisse, novissimis vero temporibus
Richardum antistitem et laïcos, quicumque ibi aliquid possidebant, loco
Capellæ, cum reliquiis ipsius ecclesiæ, investitura concessisse » ; — *Jugement de Léodegaire :* « Partis igitur utriusque ratione audita ac diligenter
discussa, abbates et archidiaconi, cum aliis clericis multis, ut de hoc judi-
carent missi, in partem domini domni Ricardi venerabilis archiepiscopi ratum
manere et firmum debere judicaverunt » ; — (dans Chazaud, *ibid.*, p. 111-112
et 85-86).

(3) Cf. Chazaud, *ibid.*, p. 112.

(4) *Jugement de Léodegaire :* « Nos ergo, qui has dantes ecclesias jus
alterius non dederamus, hoc confirmantes judicium, Radulpho priori ceteris-

confia les églises de Viplaix à un chapelain nommé Raoul, qui fut plus fidèle que le précédent (1).

Les moines d'Ahun avaient d'ailleurs essayé de parer le coup en s'adressant au pape; car il résulte d'une lettre de l'évêque Girard Engot, légat du Saint-Siège, que ce dernier avait pris connaissance de la charte de Richard II relative à Viplaix, qu'il était intervenu auprès de Léodegaire, et que, ce dernier lui ayant répondu qu'il avait tranché la question, il lui en avait donné acte (2).

De cette même lettre du légat, il résulte que les moines de la Chapelle étaient alors en lutte avec Archembaud V de Bourbon, au sujet de l'église de *Givrettes* : le légat recommande à l'archevêque de forcer, « par la sévérité pontificale », le seigneur de Bourbon à laisser les moines posséder l'église de Givrettes en paix, comme ils l'avaient fait jusqu'alors (3); mais les détails nous manquent sur cette affaire.

que monachis sci Dionysii supradictis, ecclesias esse reddendas adjudicavimus, et in perpetuum quiete possedendas concessimus... Data presidente Romane ecclesie sedi papa Paschali Io, regnante rege Ludovico, anno ab incarnatione Domini MCXIII, VI kal. febr., epacta XIIa » (*ibid.*, p. 86). — Cette charte a été reproduite par MM. THIERRY DE BRIMONT et ALPH. DE LA GUÈRE, dans les *Mém. des Ant. du Centre*, t. IX, p. 167-168, mais avec la date erronée MCIII.

(1) *Charte du prieur Raoul*, env. 1114 : « Notificamus pactum quod Radulfus prior Capellæ ceterique Sci Dyonisii monachi cum Radulfo sacerdote Viplensis ecclesiæ de eadem ecclesia, archipræsulis Leodegarii inperio ministrorumque illius ecclesiæ concessu, [fecerunt] » (dans CHAZAUD, *ibid.*, p. 112). Cf. *suprà*, n° 34.

(2) *Lettre de Girard Engot*, vers 1115 : « Girardus Engot episcopus et sanctæ Romanæ [ecclesiæ] legatus, L. venerabili Bituricensi archiepiscopo salutem et benedictionem. Visis sanctitatis vestræ litteris, quibus vos significabatis causam ecclesiæ de Vipplesio sine nostra appellatione diffinivisse, nosque te tanquam religiosam personam credidimus. Vidimus etiam munimenta ecclesiæ Sancti Dyonisii et privilegium quod R. archiepiscopus de praedicta ecclesia fecerat, atque ideo, tum amore Sci Dyonisii, tum vestra auctoritate, causam istam dimisimus » (dans CHAZAUD, *ibid.*, p. 109-110).

(3) *Ibid.* : « Mandamus etiam vobis, ut de ecclesia de Givretis, de qua Archimbaldus eos inquietat, quam tempore antecessorum vestrorum quiete possiderunt, ut eum pontificali severitate coerceatis » (*ibid.*, p. 110). — Si la date exacte de cette lettre de Gérard Engot était connue, elle pourrait servir à fixer celle de l'avènement d'Archembaud V, qui est un peu incertaine (cf. CHAZAUD, *Chronologie, op. cit.*, p. 176).

49. — Le prieur de la Chapelle n'en avait pas fini avec
les moines d'Ahun. Ceux-ci, mortifiés de l'échec qu'ils
avaient éprouvé à propos des églises de Viplaix, attendirent
la mort de Léodegaire, et aussitôt après s'emparèrent « par
violence et par main laïque » de l'église de Notre-Dame
d'*Estivareilles* (1). Cette église, comprise dans la charte de
restauration dressée par Richard II, avait été restituée aux
moines de la Chapelle-Aude par l'archevêque Audebert, le
14 mai 1097 (*suprà*, n° 17). Les moines d'Ahun y installèrent un certain Géraud de Cenezec, qui s'empara du fief presbytéral, et s'appropria le blé, le vin, et même les ânes appartenant aux moines de la Chapelle (2). Saisi par une plainte
de Raoul Grossinel, l'archevêque Vulgrin ordonna au prieur
de la Chapelle et aux moines d'Ahun de se présenter devant
lui à Bourges, le jour de la fête de saint Ursin (9 novembre
1122), pour plaider. Le prieur fut exact au rendez-vous;
mais, fidèles à leur système, les moines d'Ahun, gouvernés
alors par l'abbé Clair, ne vinrent pas et n'envoyèrent personne pour les représenter. L'archevêque les convoqua de
nouveau à Bourges pour le début du carême suivant; mais
en pure perte. Il fixa alors un troisième jour, le dimanche
après la Pentecôte (3 juin 1123), pour que l'abbé Clair vînt
répondre de ses deux défauts précédents et faire droit au
prieur de la Chapelle (3).

(1) Cf. CHAZAUD, *ibid.*, p. 108 : « pro ecclesia de Stivaliculis, quam esse
juris beati Dionisii asserebant, et a monachis Agedunensibus sibi dicebant
ablatam »; — p. 123 et 128, *infrà cit.*

(2) Cf. CHAZAUD, *ibid.*, p. 129 : « Rogavimus Geraldum de Cenezec, ne
terram sci Dyonisii inquietaret, nec fiscum presbyteralem ecclesiæ de Stivaliculis, ad ecclesiam de Capella pertinentem, acciperet; ipse vero neutrum
fecit »; — et p. 108 : « Conqueritur etiam super Geraldum de Cenezec qui
abstulit ei annonam, et vinum ecclesiæ de Stivaliculis, et asinos suos ».

(3) *Notice sur l'affaire d'Estivareilles*, vers 1124 : « Notificamus tam
præsentibus quam futuris, qualiter R. prior Capellæ egerit, de ecclesia de
Stivaliculis, contra monachos Agedunenses, in præsentia domni Wulgrini
Bituricensis archiepiscopi. In primis fecit clamorem Bituricensi archiepiscopo
R. prior Capellæ de monachis Agedunensibus, qui auferebant ei ecclesiam
de Stivaliculis, quæ erat juris sci Dyonisii. Archiepiscopus itaque, audito
clamore, statuit diem et priori et monachis Agedunensibus, ut venirent
Bituricas in præsentiam ejus, ad festum sci Ursini, placitaturi de ecclesia
de Stivaliculis. Prior igitur interfuit Bituricas, statuta die ; monachi vero, nec

Cette fois l'abbé comparut. Mais quand le prieur eut réclamé justice sur les défauts et sur le fond, l'abbé demanda des délais. L'archevêque lui fit observer qu'il n'en pouvait point accorder, à moins que le prieur n'y consentît. Celui-ci refusa net; mais à la fin, vaincu par les prières de l'archevêque lui-même et par les instances des juges, il accorda un délai jusqu'au lendemain de la fête de saint Étienne « qui se célèbre le 1er août », à la condition toutefois que les moines d'Ahun ne feraient appel, pendant ce temps, ni au pape, ni à un cardinal, ni à un légat, et qu'ils ne chercheraient pas à se procurer d'autres titres que ceux qu'ils avaient à l'heure présente(1).

Dans l'intervalle, Suger, que Vulgrin avait béni comme abbé de Saint-Denis l'année précédente(2), et le roi lui-même étaient intervenus et avaient écrit à l'archevêque de rendre aux moines de la Chapelle l'église qui leur appartenait(3).

interfuerunt, nec legatum qui interdiceret placitum miserunt. Remandavit iterum archiepiscopus monachis, ut venirent Bituricas, post caput jejunii subsequentis. Illi vero nec venerunt, nec qui interdiceret placitum miserunt. Archiepiscopus itaque, videns monachos Agedunenses duobus placitis defuisse, statuit diem, scilicet dominicam subsequentem Pentecosten, ut venirent et prior et monachi in præsentia ejus, responsuri et de hoc quod ad statutam diem non venerant, et de hoc, quod priori de Aldis jus sci Dyonisii injuste auferebant »; — *Jugement de Vulgrin*, août 1123 : « Ego Wulgrinus, ordinante Dei providentia, Bituricensis archiepiscopus, per presentis scripti testimonium, volo memorie fidelium comendari,... quod venerabilis frater Suggerius abbas Sci Dionisii parisiensis et Radulphus prior de Capella Aldis sepius ad nos clamorem fecerunt pro ecclesia de Stivaliculis, quam esse juris beati Dionisii asserebant, et a monachis Agedunensibus sibi dicebant ablatam. Nos ergo.... abbatem Agedunensem Clarium nomine et monachos ejus invitavimus a l exequendam rectitudinem abbati Sci Dionisii et monachis ejus, qui ecclesiam de Stivaliculis reclamabant »; — (*ibid.*, p. 123-124, et 108-109).

(1) *Notice précitée* : « Interfuerunt ergo placito et abbas et prior. Priore itaque quærente justiciam primum de hoc, quod abbas statutis diebus non interfuerat, et de hoc quod ei jus suum auferebat, abbas petiit inducias : archiepiscopus vero respondit se non posse dare inducias, nisi ei prior daret. Prior autem dixit se nullo modo daturum inducias. Ad ultimum vero... dedit inducias usque ad diem quæ subsequitur festum sci Stephani, quod celebratur in kl. augusti, ita videlicet condicione, etc. » (*ibid.*, p. 124).

(2) Cfr. La Thaumassière, *op. cit.*, tome II, p. 60.

(3) *Notice précitée* : « Monachi autem statuta die Bituricas non venerunt ne placitum tenuerunt. Archiepiscopus vero videns monachos Agedunenses

Aussi l'archevêque résolut d'en finir : le 2 août 1123, les moines d'Ahun ayant encore fait défaut, il prit l'avis des membres de sa cour épiscopale, qui déclarèrent qu'il fallait investir le prieur de la Chapelle : ce que l'archevêque s'empressa de faire par un jugement formel, dont le texte nous a été conservé (1). Il écrivit en même temps à Géraud de Cenezec de restituer, comme il l'en avait déjà prié oralement, le fief presbytéral qu'il détenait (2), et à Guy, archiprêtre d'Hérisson, de l'y forcer (3).

50. — L'affaire n'était pas finie. A peine les moines d'Ahun eurent-ils appris que l'archevêque de Bourges avait donné l'investiture de l'église d'Estivareilles au prieur Raoul, qu'ils dépouillèrent l'église de ses reliques et de ses livres, et les emportèrent. Ils se présentèrent ensuite devant la cour de Vulgrin, disant qu'ils avaient été traités contrairement au droit, parce qu'ils n'avaient reçu ni messager ni charte scellée de l'archevêque, et ils réclamèrent justice (4). L'archevêque

dedignatos fuisse, et ter et quater, in curiam suam venire, et priore de Aldis reclamante justiciam, et dicente debere sibi reddi quæ erant sui juris, rege etiam et abbate Sci Dyonisii mandantibus sibi, quatinùs redderet priori de Aldis ecclesiam de Stivaliculis, quæ erat juris sci Dyonisii, archiepiscopus. præcepit fieri judicium » (*ibid.*, p. 124). C'est à tort que M. Luchaire, *Louis VI le Gros*, Paris, 1890, in-8°, n° 486, place l'intervention royale en 1131 ; la comparaison du texte précité et du texte cité à la note suivante montre qu'elle est antérieure au 2 août 1123.

(1) *Jugement de Vulgrin*, 2 août 1123 : « Abbas autem Agedunensis vel monachi ejus, die data, non affuerunt, nec excusationem canonicam miserunt ; interim quoque submoniti à nobis venire contempserunt. Idcirco, communicato consilio bonorum fratrum et ministrorum nostrorum, judicavimus monachos Sci Dionisii, qui justiciæ se præsentaverant, debere habere investituram supra memoratæ ecclesiæ, eosque investivimus, et per ministros nostros investiri præcepimus.... Data per manum Huberti cancellarii, anno Incarnationis dominicæ MCXXIII° » (*ibid.*, p. 109) ; cf. *ibid.*, p. 124 et 96.

(2) Cf. Chazaud, *ibid.*, p. 129 : « Sæpius ore ad os et per litteras nostras mandavimus et rogavimus Geraldum de Cenezec, ne terram sci Dyonisii inquietaret, nec fiscum presbyteralem ecclesiæ de Stivaliculis, ad ecclesiam de Capella pertinentem, acciperet ».

(3) *Lettre de Vulgrin à G., archip. d'Hérisson*, 1123-1133 (*ibid.*, p. 108).

(4) *Notice précitée* : « Monachi vero audientes archiepiscopum tradidisse vestituram de ecclesia priori de Aldis, spoliantes ecclesiam, tulerunt reliquias et libros. Monachi etiam pro certo scientes priorem esse vestitum, adierunt curiam archiepiscopi, clamorem facientes, et justiciam sibi fieri exi-

convoqua le prieur de la Chapelle, qui se déclara prêt à démontrer qu'il avait agi selon les règles jucidiques, mais demanda qu'auparavant ses adversaires rendissent à l'église d'Estivareilles ses reliques et ses livres, conformément au droit canon. L'archevêque leur assigna comme jour d'audience le surlendemain du synode habituellement tenu lors de la fête de saint Luc (18 octobre), en leur enjoignant de rendre auparavant les objets enlevés. Mais les moines d'Ahun ne rendirent rien et ne vinrent pas, dit un texte formel (1).

L'archevêque leur assigna sans doute un autre jour; car il résulte d'un autre texte qu'il y eut une seconde comparution, devant sa cour, du prieur de la Chapelle et de l'abbé d'Ahun, à une date que nous ne saurions préciser (entre 1125 et 1130). Après avoir écouté les raisons des deux adversaires, Vulgrin leur demanda s'ils voulaient être jugés. Sur leur réponse affirmative et sur l'ordre de l'archevêque, les clercs composant sa cour déclarèrent qu'après avoir envoyé déjà trois légats à trois termes différents, ils en avaient envoyé un quatrième, le prêtre Bernard le Maçon, lequel avait juré sur l'Évangile d'accomplir sa mission avant la fête de saint Étienne d'août, et avait transmis le sceau de l'archevêque au prieur Étienne de Passac. Bernard était disposé à prêter serment, et le livre des Évangiles était ouvert

gentes » ; — *Notice sur le jugement de Vulgrin :* « Postea vero idem abbas monachique sui se injuste tractatos fuisse archiepiscopo coram clero eodem dixere, quia nec legatum nec sigillum archiepiscopi de prædictis viderant vel audierant » ; — (*ibid.*, p. 124-125, et p. 96). — Ces deux notices offrent dans la suite certaines difficultés de conciliation ; j'ai suivi le système qui m'a paru le plus probable.

(1) *Notice sur l'affaire d'Estivareilles :* « Quo audito, archiepiscopus vocavit et monachos et priorem in præsentia sui. Qui cum venissent, prior respondit se rectum facturam monachis Agedunensibus, ea videlicet racione ut monachi redderunt reliquias et libros, quæ de ecclesia injuste tulerant. Archiepiscopus ergo statuit diem, scilicet feriam secundam post synodum, quod agitur post festum sci Lucæ, præcipiens monachis quatinus interim redderent ea quæ de ecclesia tulerant, et sic venirent, statuta die, rectum facturi et rectum accepturi. Monachi vero nec sua ecclesiæ reddiderunt, nec placito interfuerunt » ; — *Notice sur le jugement de Vulgrin :* « Ad hoc vero Rodulfus prior hoc jure factum fuisse ratiocenari se velle respondit. Die igitur terminoque ab archiepiscopo instituto, discesserunt » ; — (*ibid.*, p. 125 et 96).

devant tout le monde ; mais l'abbé Clair ne voulut pas qu'il jurât, et, sans raison, se retira (1).

Il fit alors appel à Rome(2) ; mais il n'eut pas de ce côté meilleur succès. Au bout d'un certain temps (entre 1132 et 1134), le légat du pape, qui était alors l'intègre Geofroy de Lèves, évêque de Chartres (3), lui intima l'ordre de rendre l'église d'Estivareilles aux moines de la Chapelle, dans les huit jours de la réception de sa lettre, sauf, s'il croyait y avoir quelque droit, à venir le discuter en sa présence : en cas de désobéissance, le légat déclarait l'abbé suspendu de son office (4). L'opiniâtre Clair n'ayant ni obéi, ni observé la suspense qu'il avait encourue par là même, le légat lui enjoignit pour la seconde fois d'investir les moines de la Chapelle dans le délai de huit jours, sauf encore à venir devant lui discuter ses droits : sinon, il devait perdre sa charge d'abbé et se voir interdire l'entrée des églises (5). Le légat écrivit en outre à l'ar-

(1) *Ibid.* : « Iterumque abbas cum canonicis suis aliisque adjutoribus, prior vero cum legatis suis aliisque amicis, in curiam archiepiscopi, in die proposito, venere. Auditis autem utrorumque rationibus, archiepiscopus si judicium audire vellent ab eis quæsivit. Quo ab eis concesso, jussu archiepiscopi clerus predictus, dimissis tribus terminis tribusque legatis, quartum scilicet Bernardum sacerdotem Cementarium cognomine, supra textum sancti Envangelii se legationem interminato ad festum sci Stephani, augusto intrante, proposito fecisse, sigillumque Stephano priori de Paciaco ab archiepiscopo missum tradidisse indicavit. Illo vero ad sacramentum parato, textoque coram omnibus posito, jusjurandum abbas habere noluit. Quibus sic factis, absque ratione discessit » (*ibid.*, p. 96).

(2) CHAZAUD, *ibid.*, p. 125 : « Sed interim Romam abierunt ».

(3) Geofroy de Lèves fut nommé légat en France par Innocent II en 1132 ; il l'était encore en 1139 (cf. abbé VACANDARD, *Vie de saint Bernard*, Paris, 1895, in-8°, t. I, p. 317, et t. II, p. 57).

(4) *Lettre du légat G. de Lèves à l'abbé d'Ahun*, 1132-1134 : « Per litteras nostras tibi præcepimus, ut monachos Sci Dyonisii ecclesia de Stivaliculis investires, et si quod juris ecclesiæ vestræ in ea reclamantes, ante præsentiam nostram jus illud diracionaturus venires, a tuo quoque officio te suspendimus, nisi præceptum nostrum de investitura illa, infra VIII dies post acceptionem litterarum, implesses » (*ibid.*, p. 127).

(5) *Ibid.* : « Tu vero, prout accepimus, nec præceptum illud implevisti, nec suspensionis sententiam servasti. Unde tibi per iterata scripta præcepimus, apostolica auctoritate, et sub periculo ordinis tui, tibi injungimus, quatinus visis litteris istis, infra octo dies, præfata ecclesia prædictos monachos investias : si quid, etc. Quodsi rursus præceptum nostrum de investitura

chevêque Vulgrin d'assurer l'exécution de sa décision (1.

A son tour, l'archevêque manda à l'archiprêtre d'Hérisson, Guy, d'avertir les moines d'Ahun qu'ils eussent à remettre le prieur de la Chapelle en possession de l'église contestée, ou à se présenter devant lui le troisième jour après l'octave de Noël, c'est-à-dire le 4 janvier (1134 ou 1135), avec leur abbé ou ses fondés de pouvoirs ; car le prieur de la Chapelle aurait aussi avec lui son abbé ou les fondés de pouvoirs de celui-ci. S'ils faisaient encore défaut, l'archevêque déclarait qu'il investirait sans délai les moines de la Chapelle, d'après les ordres reçus du légat (2). Dans une seconde lettre, Vulgrin enjoignit à l'archiprêtre d'Hérisson et à ses chapelains d'avertir Géraud de Cenezec que, s'il ne rendait pas le fief presbytéral et les ânes soustraits aux moines de la Chapelle, dans le délai de quatorze jours, il serait excommunié à cette date (3).

51. — Au lieu d'obéir, les récalcitrants en vinrent aux voies de fait. Le prieur Raoul s'étant présenté avec le clerc Guillaume à l'église d'Estivareilles, un moine, Humbaud de Passac, se jeta sur Guillaume et « porta sur lui des mains sacrilèges », devant l'autel même où officiait le chapelain. Ce dernier, sommé de cesser l'office à raison du sacrilège commis, ne le cessa pas (4). Prévenu de suite par une plainte

---

illa, infra dierum [...] spacium non adimpleveris, abbatis sedem et ecclesiarum introïtum tibi prohibemus » (*ibid.*, p. 127).

(1) Cf. *Deuxième lettre de Vulgrin, infrà cit., in fine* : « ... quia et litteras domini legati super hac re accepimus » (*ibid.*, p. 128).

(2) *Deuxième lettre de Vulgrin à G., archiprêtre d'Hérisson,* 1133 ou 1134 : « Monachi Agedunenses, pro clamore prioris de Capella, multociens vocati ad causam, super ecclesia de Stivaliculis, multociens defecerunt. Adhuc igitur mandamus tibi commonere eos, ut priorem illum de ecclesia illa revestiant, vel tertia die post octavam Nativitatis, paratos nos (*sic*) exhibeant ad justiciam ei exequendam, vel in presentia nostra apud Bituricas.; provideantque ut habeant secum abbatem suum, etc. » (*ibid.,* p. 127-128).

(3) *Troisième lettre de Vulgrin à G., archiprêtre d'Hérisson,* 1134 ou 1135 : « Ipse vero neutrum fecit (Geraldus), et diu eum sustinuimus. Iterum igitur mandamus vobis submonere eumdem Geraldum, ut asinos prioris de Capella reddat, et fiscum illum presbyteralem quietum dimittat, et quod cepit restituat. Quod nisi usque ad dies XIIII expleverit, ex tunc in ante excommunicatus teneatur » (*ibid.*, p. 129).

(4) *Quatrième lettre du même au même,* 1134 ou 1135 : « Clamorem acce-

du prieur, l'archevêque Vulgrin ordonna à l'archiprêtre
d'Hérisson d'avertir le moine Humbaud et le chapelain de
se présenter devant lui à Chouvigny (1), le dimanche avant
la fête de saint Michel (1134 ou 1135) pour y répondre de
leurs agissements. Il lui manifesta en même temps son mécon-
tentement de voir qu'il n'avait pas exécuté ses ordres précédents au sujet de Géraud de Cenezec (2).

Vulgrin mourut (6 janvier 1136) sans avoir pu vaincre l'obs-
tination des moines d'Ahun. Son successeur, Albéric, s'oc-
cupa aussi de l'affaire (3); mais on ne peut affirmer qu'il ait
été plus heureux. En tout cas, à l'avènement de son successeur Pierre de la Châtre (1141), les moines d'Ahun avaient
conservé, ou avaient repris « violemment et par main laïque »,
comme la première fois (4), l'église d'Estivareilles. L'abbé
Suger dut revenir à la charge, et prier le nouvel archevêque
de prendre en mains, comme l'avaient fait ses deux prédécesseurs, les intérêts de l'abbaye de Saint-Denis, se déclarant
prêt d'ailleurs à répondre « canoniquement » par-devant
lui (5). Cette lettre, qui n'est pas datée, a dû être écrite en

pimus prioris de Capella et Guillelmi clerici ejus, quod Hunbaldus monachus
de Paciaco eidem Guillelmo manus sacrilegas ante altare injecit, et capellanus de Stivaliculis, in cujus conspectu hoc factum est, pro sacrilegio cessare
commonitus, non cessavit » (*ibid.*, p. 129-130).

(1) Chouvigny, *Calviniacus*, lieu-dit dans la paroisse de Giverlais, à
trois kilomètres à peine d'Estivareilles.

(2) *Ibid.* : « Mandamus igitur tibi commonere utrumque, et monachum,
et capellanum, ut dominica ante festum Michaelis veniant Talviniacum (*lire :
Calviniacum*), ante nos, de hac re responsuri. Miramur etiam quare de ipso
justiciam, quam tibi mandavimus, non fecisti, cum res ecclesiæ de Stivaliculis, pro jussione nostra, priori de Capella non reddiderit » (*ibid.*, p. 130).

(3) Cf. *Lettre de Suger à Pierre de la Châtre*, vers 1144 : « ...quid
inde scilicet actum sit in diebus venerabilium archiepiscoporum bonæ
memoriæ Wulgrini et Alberici » (*ibid.*, p. 105).

(4) C'est l'hypothèse de M. Chazaud, *op. cit.*, introd., p. xxixx; mais la
lettre de Suger à Pierre de la Châtre n'est pas claire sur ce point.

(5) *Lettre de Suger à Pierre de la Châtre*, vers 1144 : « Præcipue tamen
pro ecclesia de Stivaliculis, quam in hac tempestate, Bituricensis ecclesiæ
monachi Agedunenses, per laïcam manum, fratribus nostris de Capella violenter abstulerunt, deprecamur ut nobis eam restituatis. Quod si in ea jus
clamant investiti, parati sunt fratres nostri, conveniente termino, quem eis
posueritis, consilio nostro inde canonice respondere. Si autem actionem illam
audire placet, quid inde scilicet actum sit in diebus venerabilium archiepi-

1144, c'est-à-dire après la réconciliation de Louis VII et de
Pierre de la Châtre[1], et avant le départ de celui-ci pour
Rome (1145).

Pierre de la Châtre ne réussit sans doute pas mieux que ses
prédécesseurs; car en 1145, Albéric, cardinal-évêque d'Ostie
et légat du pape, étant venu en France pour seconder l'action
de saint Bernard contre l'hérétique Henri [2], Suger lui soumit l'affaire. Le légat, constatant que l'abbé d'Ahun, non
seulement n'avait rien restitué, mais encore avait méprisé la
sentence de suspense portée par son prédécesseur, l'évêque
de Chartres, lui intima derechef l'ordre d'investir sans délai
le prieur de la Chapelle. Ensuite, s'il le voulait, il pourrait
venir plaider devant lui, légat, soit à Vézelay, soit au lieu où
il se trouverait, au début du carême suivant [3]. Au cas où
l'abbé désobéirait, l'entrée de l'église lui était interdite *ipso
facto* [4]. Cette intervention du légat Albéric fut sans doute

scoporum bonæ memoriæ Wulgrini et Alberici, per eosdem fratres nostros
plenius agnoscite » (*ibid.*, p. 105).

(1) Sur les démêlés du roi et de l'archevêque, cf. LA THAUMASSIÈRE, *op.
cit.*, t. II, p. 62-63; — et DE RAYNAL, *op. cit.*, t. II, p. 18-25. C'est seulement en 1144 que Pierre de la Châtre put entrer à Bourges.

(2) Cf. abbé VACANDARD, *op. cit*, t. II, p. 222 et suiv. Albéric était à Bor-
deaux le 1er juin 1145, à Albi le 27 et le 28.

(3) C'est-à-dire en février 1146 ou mars 1147, suivant que la lettre a été
écrite en 1145 ou 1146. Au premier abord la date de février 1146 paraît la
plus probable, quand on se rappelle que Louis VII avait convoqué à Vézelay
pour le 31 mars 1146 une grande assemblée de prélats et de barons, auxquels saint Bernard devait prêcher la seconde croisade; mais, en février
1146, Albéric était à Rome. En mars 1147, au contraire, il revint en France
avec le pape Eugène III; il mourut à Verdun peu après le 22 novembre de
la même année. A la fin de mars, il était dans les environs de Vézelay, dont
il avait été abbé. Ces faits rendent plus plausible la date de mars 1147.

(4) *Lettre du légat Albéric à l'abbé d'Ahun*, 1145 ou 1146 : « Venê-
rabilis frater noster abbas Sci Dyonisii nobis conquestus est, quod monachos
suos de Capella de ecclesia de Stivaliculis, quæ sui juris est, laïca manu et
violenta spoliaveris, et cum propter hoc a domino Carnotum, tunc temporis
legato, ab officio pastorali suspensus fueris, non tantum monachis quod juris
est non restituisti, sed et sententiam legati contempsisti. Unde tibi præci-
piendo mandamus, quatinus prædictos fratres ecclesia illa sine dilacione
investias. Deinde, si quid te adversus eos habere confidis, in capite quadragesimæ nostro te conspectui præsentes, apud Vizeliacum, vel ubi fuerimus,
ad objecta responsurus, et de contemptu satisfacturus. Quod nisi feceris, ab
illa tibi die ecclesiæ introïtum interdicimus » (*ibid.*, p. 128).

efficace ; car, bien que les derniers détails de cette interminable affaire fassent défaut, il est certain que l'église d'Estivareilles fut rendue au prieuré de la Chapelle (1). Il avait fallu plus d'un quart de siècle pour amener les moines d'Ahun à composition.

52. — Longue également et moins heureuse fut la lutte avec les moines de Saint-Désiré. Il y avait là un prieuré, fondé, comme celui de la Chapelle-Aude, au temps d'Aymon de Bourbon, archevêque de Bourges, par Ebbes de Déols, seigneur de Charenton, et Archembaud II de Bourbon, frère de l'archevêque, et placé par eux, nous ignorons pourquoi, sous la juridiction de l'abbé de Cluse, en Savoie. Or, l'église Saint-Martial de Saint-Désiré (l'ancien *Salviacus*) et celle de Saint-Martin de Courçais, toute voisine, mentionnées comme appartenant à la Chapelle-Aude par un pseudo-diplôme de Dagobert, mais non comprises dans la charte de restauration de Richard II (*suprà*, n° 14), étaient depuis longtemps possédées par les moines de Saint-Désiré, lorsque deux ou trois ans avant 1130, l'abbé Suger, s'appuyant sans doute sur le pseudo-diplôme de Dagobert, les revendiqua. A son instigation, le roi de France Louis VI saisit de l'affaire l'archevêque de Bourges, Vulgrin. Celui-ci adressa au prieur de Saint-Désiré, Beraud (2), une invitation à se présenter à Bourges, au synode de la Pentecôte, et à prévenir l'abbé de Cluse, Jérôme, pour qu'il vînt soutenir sa cause (3). Selon la tactique dont nous avons déjà trouvé plusieurs exemples, ni le prieur, ni l'abbé ne parurent. L'archevêque, auprès duquel Suger et le roi insistaient, adressa au prieur Beraud une seconde assignation, plus pressante, pour le milieu du carême, se plai-

---

(1) Elle figure sur le terrier du prieuré de la Chapelle-Aude de 1528, publié par CHAZAUD, *op. cit.*, introd., p. LXXXV, en note.

(2) Cf. CHAZAUD, *op. cit.*, p. 81 et 89.

(3) *Première lettre de Vulgrin au prieur Beraud*, 1122-1129 : « Dominus rex Francorum et venerabilis frater S. abbas Sancti Dyonisii clamorem nobis fecerunt adversum te, pro injuriis quas ecclesiæ Sci Dyonisii intulisti, auferendo ei ecclesiam Sci Marcialis de Sancto Desiderato, [et] ecclesiam de Curciaco cum rebus ad eas pertinentibus, quas injuste aufers. Unde invitamus te ut ad synodum sis apud Bituricas pentecostes, ad jus inde exequendum in præsentia nostra : abbati autem tuo litteras istas mitte et submone ut eum tecum habeas in causa tua » (*ibid.*, p. 120).

gnant que le litige eût déjà duré trop longtemps, et le mena-
çant, en cas de nouveau défaut, de faire justice (1) : ce fut en
vain. Le frère Jérôme, « indigne abbé du monastère de
Cluse », se borna à envoyer à l'archevêque une lettre assez
vague, où il s'étonnait que celui-ci accueillît si volontiers des
plaintes frivoles; il lui rappelait que les choses possédées
depuis trente ans ou plus devaient rester entre les mains de
leurs possesseurs, et lui demandait de laisser ses domaines
du Berry en paix, tels qu'il les avait trouvés à son avènement. En terminant, il le menaçait d'un appel au Saint-
Siège (2). Sans s'émouvoir, l'archevêque envoya au prieur
Amblard, qui venait de succéder à Beraud, une troisième
assignation à comparaître à Bourges, le cinquième jour de
l'octave de la Pentecôte, déclarant ne plus pouvoir supporter
d'atermoiement (3); mais Amblard ne bougea pas.

Il fallait s'adresser plus haut. En 1130, aussitôt après le
concile d'Étampes, qui reconnaissait comme pape légitime
Innocent II, chassé de Rome par les partisans d'Anaclet II et
se dirigeant vers la France (4), l'abbé Suger lui écrivit pour

(1) *Deuxième lettre de Vulgrin au prieur Beraud*, 1122-1129 :
« Dominus rex Francorum et venerabilis frater noster Suggerius, abbas
Sancti Dyonisii, adhuc in clamore suo persistunt .... Unde et diem nominavimus, qua teneri contempsisti, et quia hujusmodi querela diù indiscussa
mansit, alium tibi diem nominavimus, scilicet ut in media quadragesima sis
apud Bituricas, rectitudinem exequuturus de prædictis ecclesiis in præsentia
nostra. Abbati autem tuo litteras istas mitte, etc. » (*ibid.*, p. 121). —
M. LUCHAIRE, *op. cit.*, n°ˢ 455 et 467, place ces deux lettres de Vulgrin en
1130 et 1131; mais l'espace est trop resserré pour toutes les assignations qui
ont précédé le concile de Reims d'octobre 1131.

(2) *Lettre de l'abbé Jérôme à Vulgrin*, 1122-1129 : « Pernimium miramur
quod beatitudo excellentiæ vestræ aurem accommodat frivolis querimoniis :
nam ut auctoritas ecclesiastica humanaque testatur, res in pace per XXX
[annos] aut eo ferè amplius possesse tacite exinde debentur a possessoribus
possideri.... Si vero aliter, quod non credimus, agere volueritis, nos omnino
ferre non possemus, et sedem Romanam exinde appellare cogeremur. »
(*ibid.*, p. 122).

(3) *Lettre de Vulgrin au prieur Amblard*, 1129 : « Causam inter vos
et monachos Sci Dyonisii diu protelare nec possumus, nec debemus. Præsentibus igitur litteris vos invitamus, ut ad agendam causam, super querelis
abbatis Sci Dyonisii, paratos vos exibeatis, apud Bituricas, quinta feria intus
octavas Pentecostes » (*ibid.*, p. 123).

(4) La date du concile d'Étampes est controversée; il résulte de ce qui

se plaindre des empiétements du prieur de Saint-Désiré et de l'abbé de Cluse. Innocent II envoya alors deux lettres, la première à l'abbé Jérôme pour lui enjoindre de se présenter, soit devant l'archevêque de Bourges le 29 septembre suivant, soit devant lui-même à la fête dè saint Luc (18 octobre 1130), pour répondre de ses délits (1), la seconde à Vulgrin pour le prévenir que l'abbé de Cluse comparaîtrait devant sa cour le 29 septembre (2). — Mais fidèle à son système, l'abbé Jérôme ne se présenta ni devant l'archevêque, ni devant le pape. Innocent II prescrivit alors aux moines de Saint-Désiré de se présenter au concile de Reims, dans lequel il devait sacrer par anticipation, le 25 octobre 1131, le jeune Louis VII.

Le concile de Reims se passa sans que l'on eût vu apparaître aucun moine de Saint-Désiré. Innocent II, froissé, envoya l'ordre à Vulgrin de faire enfin justice (3) : la lettre pontificale, très brève, est datée de Reims, 4 novembre 1131 (4). L'archevêque s'exécuta. Il envoya au prieur

suit qu'elle est forcément antérieure au 29 septembre. Cf. abbé VACANDARD, *Revue des questions historiques*, janvier 1888, p. 124-126 ; — HEFELÉ ET LECLERCQ, *Hist. des conciles*, Paris, t. V (1912), p. 681.

(1) *Lettre d'Innocent II à l'abbé de Cluse*, 1130 : « Dilectus noster Suggerius abbas Sancti Dionysii adversum te conqueri non desistit, pro eo videlicet quod ecclesias beati Marcialis de Sancto Desiderato et Sancti Martini de Corciaco ei injuste abstuleris. Ea propter, per præsentia scripta, tibi mandando præcipimus, quatinus tertio kalend. octobris venerabilem fratrem nostrum Bituricensem archiepiscopum adeas, vel sufficientes responsales transmittas juxta ipsius judicium præfato nostro Suggerio abbati satisfacere præparatus, alioquin proxima beati Lucæ festivitate ad nostram præsentiam venias, eadem super querimonia responsurus » (dans CHAZAUD, *ibid.*, p. 106). Le 18 octobre, Innocent II était au Puy-en-Velay.

(2) *Lettre d'Innocent II à Vulgrin*, 1130 : « Querelam dilecti nostri Suggerii, abbatis Sancti Dionysii, adversus Her. Clusinum abbatem accepimus, quod ecclesiam Sci Marcialis de Sancto Desiderato et ecclesiam beati Martini de Corciaco ei injuste abstulerit. Nos igitur, etc. » (*ibid.*, p. 105-106).

(3) *Lettre d'Innocent II à Vulgrin*, 4 novembre 1131 : « Querelam dilecti filii nostri Suggerii abbatis Sci Dyonisii adversus monachos Sancti Desiderati et abbatem Clusiniacensem accepimus, quod cum ad Remense fuissent invitati concilium, ut sibi de suis responderent querimoniis, non venerunt ; ideoque fraternitati tuæ mandamus quatenus debitam de eis justiciam faciatis. Datum Remis IIII novembris » (*ibid.*, p. 121-122).

(4) L'année 1131 n'est pas mentionnée dans le texte ; mais elle est certaine, la lettre étant postérieure au concile de Reims, et datée de cette ville.

Amblard une dernière sommation à comparaître devant sa cour le troisième jour après l'Épiphanie prochaine (9 janvier 1132). Il l'avertit qu'il agissait ainsi « conformément aux ordres du pape », qu'il était « poussé et pressé par lui », et qu'il ne pourrait plus différer à faire justice (1). — Nous ignorons si cet ultimatum fut suivi d'effet. Toujours est-il qu'au xvie siècle, le prieuré de la Chapelle-Aude ne possédait ni l'église de Saint-Désiré, ni l'église de Courçais (2).

53. — Jusque-là, les religieux de la Chapelle-Aude avaient toujours eu pour les soutenir dans leurs luttes diverses, soit contre les seigneurs féodaux, soit contre les moines du voisinage, les archevêques de Bourges. Dans le conflit que nous avons maintenant à retracer, la situation est renversée. Cette fois, c'est contre l'archevêque Pierre de la Châtre, l'ancien ami de Suger, qu'ils ont à se défendre. Presque aussitôt après la mort du grand abbé, arrivée en janvier 1152, et au moment où son successeur Eudes de Deuil, ancien prieur de la Chapelle-Aude, était en route vers Rome pour les affaires de son abbaye, Pierre de la Châtre s'était emparé de l'église de *Chasemais*, qui était cependant comprise dans la charte de « restauration » de son prédécesseur Richard II ; il était même allé jusqu'à s'emparer aussi de tout ce qu'avait acquis l'archiprêtre Mathieu, qui avait desservi l'église au nom du prieuré et qui venait de mourir (3).

(1) *Lettre de Vulgrin au prieur Amblard*, novembre ou décembre 1131 : « Jam diù conquestus est, et modo conqueritur Suggerius abbas Sci Dionysii, quod ecclesiam Sancti Desiderati et ecclesiam Sci Martini de Corciaco aufertis ecclesiæ Sci Dionysii, unde et litteras domini papæ accepimus, ut vos invitemus, et si non veneritis, debitam justitiam de vobis faciemus. Nos igitur, secundum mandatum domni papæ, vos invitamus, ut tertia die post imminentem epiphaniam Domini, sitis ante nos apud Bituricas, ad jus inde exequendum, et abbatem vestrum invitate, ut et ipse veniat, vel sufficientes mittat responsales.... Commoniti enim a domino papa, imo coacti per litteras ipsius, istam querimoniam et causam sustinere et differe non valemus » (*ibid.*, p. 107).

(2) Elles ne figurent pas sur le terrier de 1528, *suprà cit.*

(3) Cf. *Lettre d'Eugène III, infrà cit.* : « Veniens ergo ad nostram præsentiam, dilectus filius noster, Odo, abbas Sci Dyonisii, adversus tuam fraternitatem quærelam in conspectu nostro deposuit, quod, postquam pro negotiis ecclesiæ suæ ad apostolicæ sedis presentiam venit, ecclesia sua de Casu majori (*sic*) eum, non tam de justitia quam pro tuæ voluntatis arbitrio,

Contre l'archevêque, il n'y avait qu'un recours possible : l'appel au Saint-Siège. Eudes de Deuil adressa donc au pape Eugène III une plainte formelle contre Pierre de la Châtre. Par une lettre datée du Latran, le 6 des ides de septembre 1152, le pape blâma fortement l'archevêque d'avoir donné un aussi mauvais exemple et lui enjoignit de restituer tout ce qu'il avait pris (1). Cette lettre resta sans effet, ainsi qu'une lettre du roi et une seconde lettre du pape (2). Puis Eugène III vint à mourir (juillet 1153). Eudes de Deuil partit pour Rome, et renouvela sa plainte entre les mains de son successeur, Anastase IV. Celui-ci lui remit une nouvelle lettre, datée du 6 décembre 1153, qu'Eudes de Deuil envoya lui-même à l'archevêque. Le pape s'indignait qu'il fallût deux ou trois messages pour décider un prélat à rentrer dans la voie de la justice, et ordonnait une seconde fois à Pierre de la Châtre de tout restituer (3); l'abbé de Saint-Denis,

spoliasti. Sacerdote quoque ipsius ecclesiæ, qui, quando in ea positus est, omnia, quæ posset ibi rationabiliter, Deo largiente, conquirere, eidem ecclesiæ statuit concedenda, huic vitæ substracto, universa bona illius in tuos usus applicuisti » (dans CHAZAUD, *ibid.*, p. 130-131; *adde*, p. 132). Cf. *suprà*, n° 35.

(1) *Lettre d'Eugène III à Pierre de la Châtre*, 8 septembre 1152 : « Super quo, si verum est, tanto magis ammiramur, quanto reverentiam nostram in hac causa neglectam, et canonicas sanctiones omissas, et rationis ordinem vidimus ex magna parte confusum.... Quoniam igitur... mandamus... ut ecclesiam ipsam et ea quæ, de rebus sacerdotis in servitio ejusdem ecclesiæ conquisitis, ad te devenerunt, servata caritate restituas » (*ibid.*, p. 131). A la fin, on lit : « Datum Laterani sexto idus septembris » (*ibid.*, p. 132).

(2) *Lettre d'Anastase IV à Pierre de la Châtre*, 6 décembre 1153 : « ... et cum felicis memoriæ papa Eugenius prædecessor noster de hujus facti correptione secundo tibi, sicut dictum est, sua scripta transmiserit... »; — *Lettre d'Eudes de Deuil à Pierre de la Châtre*, 1154 : « ... pro qua domini papæ Eugenii defuncti, nec non et domini regis litteras acceptis... » (*ibid.*, p. 132 et 134).

(3) *Lettre d'Anastase IV à Pierre de la Châtre*, 6 décembre 1153 : « Veniens autem ad nostram præsentiam dilectus filius noster Odo, abbas venerabilis monasterii Sci Dyonisii, audientiæ nostræ suggessit quatinus, etc. Super quo tanto amplius admiramur quanto magis a semite justiciæ te conspicis deviasse, quare, omni commotione cessante, de ipsius correctione deberes vigilantius cogitare.... Tibi mandamus, quatinus si quærela ejus veritate non discordat, et ecclesiam et quidquid de rebus antedicti presbyteri in servicio ejusdem ecclesiæ acquisitis, ad te devenerit, sæpe dicto abbati dicta emendatione et satisfactione restituas, etc. Datum Laterani,

en envoyant la lettre, se bornait à y ajouter une prière (1).

N'ayant rien obtenu, Eudes de Deuil écrivit une seconde fois à l'archevêque, pour lui demander, s'il ne voulait pas rendre l'église de Chasemais, de lui fixer au moins un temps et un lieu convenables, où la question pourrait être discutée (2). L'archevêque ne répondit sans doute pas ; car l'abbé de Saint-Denis recourut encore une fois au pape, qui expédia une dernière lettre, plus sévère, où il ordonnait la restitution immédiate, et enjoignait à Pierre de la Châtre de se justifier devant l'évêque de Noyon, Baudouin, afin que l'abbé de Saint-Denis ne fût pas obligé de renouveler sa plainte ; ce qui le forcerait, lui pape, à sévir (3). Mais Anastase mourut le 2 décembre 1154, et il est à craindre que, cette fois encore, la force d'inertie, si puissante en Berry, n'ait triomphé du bon droit : l'église de Chasemais, en effet, ne faisait plus partie au xvie siècle des paroisses dépendant du prieuré de la

septimo idus decembris » (*ibid.*, p. 132-133). L'année, non exprimée, est bien 1153 ; car Anastase IV a été élu le 9 juillet 1153 et est mort le 2 décembre 1154.

(1) *Première lettre d'Eudes de Deuil à Pierre de la Châtre*, 1154 : « Rogamus igitur celsitudinem vestram ut... de ecclesia de Chesemai,... fratrem nostrum R. priorem de Capella investiatis ; sed et nos litteras domini papæ A., qui nunc scæ ecclesiæ Romanæ, Deo auctore, præest, super hoc mittimus insuper, et precem nostram suppliciter adjungimus... » (*ibid.*, p. 134).

(2) *Deuxième lettre du même au même*, 1154 : « Si quidem domini papæ Eugenii defuncti, nec non et domini Anastasii, qui nunc superest, et domini regis litteras ac nostras super hoc accepistis : quod si vobis non placet, tempus aptum et locum, quo in causam, coram vobis, super hoc conveniatur, constituite » (*ibid.*, p. 134).

(3) *Deuxième lettre d'Anastase IV à Pierre de la Châtre*, 1154 : « Admiramur plurimum et turbamur, quia dilectus filius noster O. abbas Sci Dyonisii, pro ecclesia de Chasamai, quæ se a tua fraternitate queritur, contra justiciam et sine judicio, spoliatum, nichil ei scriptis apostolicis suffragantibus, tociens ad sedem apostolicam compellitur replicare querelam... Capropter fraternitati tuæ per apostolica scripta mandamus, quatenus vel ecclesiam illam eidem abbati sub velocitate restituas, vel in præsentia venerabilis fratris nostri Noviomensis episcopi, quod justum fuerit, ei non differas exibere, providens ne idem abbas super hoc querelam ad nos ulterius mittere compellatur, alioquin nos omittere non poterimus, quia eidem abbati taliter in jure suo providere curemus, ut invitam saltem jura sua restituere te cogamus » (*ibid.*, p. 135).

Chapelle-Aude (1). — Il en est de même des deux paroisses d'Archignat et Deux-Chaises, comprises dans la charte de restauration de Richard II: mais nous ignorons comment et pourquoi elles ont cessé d'appartenir aux moines de Saint-Denis.

(1) Son nom ne figure pas dans le terrier de 1528, *suprà cit.*; cfr. n° 27. D'autre part, LA THAUMASSIÈRE, *op. cit.*, t. II, p. 64, dit de P. de la Châtre : « Jamais prélat ne fit plus de bien à son Église; aussi en augmenta-t-il notablement les revenus ».

CHAPITRE III

CONFLITS RELATIFS AUX IMMUNITÉS
DE LA CHAPELLE-AUDE

———

Les immunités dont jouissaient les habitants de la Chapelle-Aude entre les quatre croix, immunités garanties par un diplôme royal, gênaient fort les seigneurs voisins. D'abord, la Chapelle étant un véritable lieu d'asile, ils étaient menacés de voir leurs serfs s'y réfugier. Ensuite, habitués à exploiter leurs sujets, ils auraient voulu en faire autant à l'égard des bourgeois de la Chapelle-Aude, et partager avec le prieur les droits dont il jouissait, droits de voirie, tonlieu, crédit forcé, gîte, procuration, service militaire, et autres.

54. — C'est à propos des *serfs* qu'eut lieu le premier conflit de cette catégorie. On a vu précédemment qu'un serf, nommé Giraud le Charpentier, ayant quitté son pays natal, était venu s'installer à la Chapelle-Aude au temps du prieur Hugues, entre les mains duquel il avait fait aveu de servage (1). Le prieur Hugues lui avait ensuite donné pour femme une serve nommée Aldéard, qui venait de « France » et qui appartenait à l'abbaye de Saint-Denis. Les deux époux vécurent ensemble sur la tenure de Giraud, et eurent plusieurs enfants; puis Giraud mourut : il y avait plus de trente ans qu'il habitait la Chapelle-Aude et « servait les

(1) Cf. *suprà*, n° 29.

moines librement et sans empêchement » (1). Or, ce Giraud
le Charpentier avait été jadis serf d'un seigneur nommé Bernard Aimoin, dont la sœur avait épousé Pierre des Courtils.
Ce dernier intervint après la mort de Giraud, et réclama
ses enfants, « disant qu'ils devaient le servir, comme leur
père et sa race avaient servi Bernard Aimoin » (2).

Il y eut procès (3). Il durait depuis longtemps sans pouvoir
finir, lorsque, en mai 1107, l'archevêque Léodegaire vint à la
Chapelle. Pierre des Courtils saisit l'occasion, se présenta
devant le prélat, et porta plainte contre le prieur et les moines,
qui lui enlevaient les héritiers de Giraud le Charpentier, son
serf (4). L'archevêque communiqua la plainte reçue au prieur
Raoul Grossinel, qui répondit qu'il était prêt à faire droit à
Pierre des Courtils devant la cour de l'archevêque (5). On prit
jour. Au jour convenu, Pierre des Courtils invoqua la propriété de Bernard Aimoin pour justifier sa prétention. Les
moines, qui auraient pu s'appuyer simplement sur un article
des *Coutumes* de 1073, invoquèrent la prescription, et offri-

(1) *Charte de Léodegaire*, mai 1107 : « Postea vero dominus Ugo prior
et monachi dederunt ipsi Giraldo uxorem quamdam nomine Aldeardim, que
venerat de Francia, et erat juris sancti Dyonisii, et in Francia, et in hac terra,
quam ipse Giraldus tenuit quandiu vixit, et servivit cum filiis suis
sancto Dyonisio et monachis libere et absque omni calumpnia » (*ibid.*,
p. 71).

(2) *Ibid.* : « Mortuo vero Giraldo Carpentario, transactis multis diebus,
insurrexit Petrus de Cortils qui habebat uxorem sororem Bernardi Aimoini,
calumpnians monachis Capelle heredes illius Giraldi, de quo superius men-
tionem fecimus, dicens illos debere servire sibi, sicut pater eorum et genus
suum servierat Bernardo Aimoino » (*ibid.*).

(3) *Ibid.* : « Quapropter ego Leodegarius, Dei gratia Bituricensis archiepiscopus, notifico, tam presentibus quam futuris, qualiter altercatio, que fuerat inter Rodulfum priorem Capelle et Petrum de Cortils, de Giraldo Carpentario et heredibus suis » (*ibid.*).

(4) *Ibid.* : « Placitaverunt itaque prior et Petrus multis vicibus de Giraldo
Carpentario, sed non potuit diffiniri. Interea me veniente Capelle, venit
Petrus de Cortils in presentia mei clamorem faciens de monachis Capelle,
qui auferebant ei heredes Giraldi Carpentarii, qui debebant servire sibi »
(*ibid.*, p. 71-72).

(5) *Ibid.* : « Quo ego audito, faciens vocare ad me priorem, posui eum in
rationem de clamore quem Petrus de Cortils fecerat de eo. Prior vero respondit se facturum rectum Petro in curia sua » (*ibid.*, p. 72).

rent de prouver par des témoins légitimes qu'ils possédaient paisiblement depuis plus de trente ans (1).

Après avoir entendu les deux parties, l'archevêque leur demanda si elles voulaient être jugées. Sur leur réponse affirmative, il convoqua les *optimates* qui étaient avec lui, tant clercs que laïques, et leur soumit la question (2). Tous furent d'avis que la prescription était acquise au prieur de la Chapelle-Aude, et que les enfants de Giraud le Charpentier devraient à perpétuité « servir » les moines, comme leur père, et qu'il était inutile de continuer le procès (3).

55. — Peu auparavant, Humbaud d'Huriel le jeune avait attaqué violemment les privilèges des habitants (4). Il avait pénétré un jour, à la tête de quarante soldats, au retour d'une expédition, dans la ville de la Chapelle. Là, il avait fait héberger ses hommes ; puis était entré de force dans les maisons des bourgeois, et y avait pris le pain, le vin, la viande, et les autres choses nécessaires à sa troupe (5). Le

(1) *Ibid.* : « Statuimus itaque diem. Adveniente vero die, dixit Petrus de Cortils Geraldum Carpentarium Bernardo Aimoino servisse, et sui juris fuisse. Prior vero et monachi responderunt se hoc nescire, sed ipsum Geraldum servisse sco Dyonisio et sibi, triginta annis et amplius, quiete et sine omni calumpnia, testificantibus tribus legitimis testibus probare volentibus se tamdiu possedisse quamdiu ipsi asserebant » (*ibid.*, p. 72).

(2) *Ibid.* : « Auditis igitur ego utrisque rationibus, interrogavi utrumque, si vellent inde fieri judicium : qui responderunt se velle ; consentiens itaque voluntati utriusque, convocatis obtimatibus qui mecum erant, tam clericis quam laïcis, precepi fieri judicium secundum rationes quas audierant » (*ibid.*).

(3) *Ibid.* : « Convenientes igitur, tam clerici quam laïci, dixerunt esse rectum, etiamsi esset verum Giraldum Carpentarium Bernardo Aimoino servisse, monachos Sci Dyonisii non debere perdere hoc quod ecclesia XXXa annos et amplius quiete et sine omni calumpnia possederat, sed heredes Geraldi Carpentarii debere servire monachis perpetuo jure, sicut ipse Geraldus servierat, nec secundum canonica instituta priorem debere placitare de re quam tamdiu ecclesia Sci Dyonisii libere et absolute possederat, et unde legitimos testes habebant » (*ibid.*, p. 72). — Cette charte de Léodegaire est une des trois chartes datées de 1107 par Dom Thomas (*suprà*, préface, en note).

(4) Cf. sur cette affaire et les suivantes : CHAZAUD, *ibid.*, introd., p. xxx-xxxii.

(5) *Charte relative à Humbaud II d'Huriel,* mai ou juin 1107 : « Notificamus tam presentibus quam futuris Hunbaldum Uriacensem, filium Hunbaldi senioris, quadam die redeuntem de expeditione, apud Capellam venisse, et ibi cum XL militibus hospitasse, et domos burgensium per vim intrasse,

prieur Raoul II reprocha à Humbaud l'injustice et les dommages qu'il commettait envers « saint Denis ». Mais le seigneur d'Huriel, méprisant les plaintes du prieur, répondit qu'il n'avait fait aucune injure à saint Denis, ayant agi selon son droit et la « coutume » qu'il avait sur la Chapelle-Aude (1). L'affaire devenait grave : ce n'était plus seulement un brigandage ordinaire; il s'y mêlait une revendication de droit et de « coutume », qui allait directement à l'encontre des immunités de la Chapelle-Aude. Le prieur n'hésita pas : il rassembla ses sergents et les bourgeois de la Chapelle, et « par le feu et le glaive » expulsa les intrus (2). Humbaud le jeune, irrité d'un pareil affront, revint avec une bande armée, entra dans le cloître, et pilla tout ce qui appartenait au prieuré : blé, vin, vêtements, bœufs, vaches, etc. (3) : ceci se passait avant le mois de mai 1107.

Le prieur, impuissant, recourut alors à l'autorité de l'archevêque Léodegaire. Il alla le trouver à Bourges, et porta plainte contre son agresseur. L'archevêque se rendit à la Chapelle-Aude, à l'époque de l'Ascension, et invita Humbaud à faire droit au prieur. Le seigneur d'Huriel demanda qu'on lui donnât un jour convenable. L'archevêque lui assigna un jour au château de Saint-Désiré, où il devait se rendre en quittant la Chapelle (4). Au jour dit, les deux parties compa-

et panem, et vinum, et carnes, et alia militibus suis necessaria violenter rapuisse » (*ibid.*, p. 36-37).

(1) *Ibid.* : « Quod cum vidisset Radulfus prior, calumpniavit Hunbaldo injuriam et dampnum quod fecerat sco Dyonisio. Hunbaldus vero, parvi pendens calumpniam prioris, respondit se nullam sco Dyonisio fecisse injuriam, quia consuetudo sua erat » (*ibid.*, p. 37).

(2) *Ibid.* : « Prior itaque, audita responsione Hunbaldi esse suam consuetudinem dicentis, adjuncto sibi auxilio servientium et burgensium, vi expulit omnes de Capella, igne et gladio » (*ibid.*).

(3) *Ibid.* : « Quo audito, Hunbaldus nimium moleste ferens priorem ausum fuisse tantam inferre sibi contumeliam, cum militari manu ingressus est claustrum, rapiens res sancti Dyonisii, annonam, vinum, vestes, boves, vaccas, et omnia alia que invenire potuit » (*ibid.*).

(4) *Ibid.* : « Qua de causa, Radulphus prior, adiens curiam domni Leodegarii Bituricensis archiepiscopi, fecit clamorem de Hunbaldo Uriacense. Archiepiscopus itaque, audito clamore prioris, veniens apud Capellam, monuit Hunbaldum ut faceret sibi et priori rectum. Hunbaldo autem dicente debere dari sibi convenientem diem, dedit ei archiepiscopus convenientem

rurent devant Léodegaire, entouré de nombreux seigneurs.
Le prieur invoqua les privilèges donnés à Saint-Denis par les
rois de France et les princes de la région, notamment par
Archembaud II de Bourbon, dans le fief duquel se trouvait le
bourg de la Chapelle, au vu et au su d'Humbaud d'Huriel,
père d'Humbaud le jeune; il produisit des témoins, qui attes-
tèrent la liberté et l'immunité de la ville, que nul homme,
selon la décision du roi et d'Archembaud, ne devait en-
vahir (1). Humbaud le jeune se borna à répliquer qu'il
avait dans le bourg de la Chapelle droit de voirie, tonlieu,
gîte, crédit pour les choses vénales : pain, vin, et viande, et
que tous les hommes du bourg lui devaient le service militaire (2).

L'archevêque et les seigneurs présents, après avoir entendu
les deux parties, leur demandèrent séparément, selon la
procédure habituelle, si elles voulaient être jugées. Le prieur
acquiesça de suite. Mais Humbaud répondit qu'il voulait
auparavant demander conseil. Il s'adressa alors à Alard Guillebaud, seigneur de Châteaumeillant, homme très avisé (3),
à son frère Hélie d'Huriel, et à plusieurs autres de ses partisans, et finit par reconnaître qu'il n'avait rien à opposer aux
privilèges invoqués par le prieur, ni à ses témoins, n'ayant
de son côté ni témoins, ni saisine, par lui-même ou par son

diem apud Sanctum-Desideratum castrum » (*ibid.*, p. 37). — Pour la date
de l'Ascension 1107, cf. *suprà*, préface, *in fine*, en note.

(1) *Ibid.* : « Convenerunt igitur statuta die, apud Sanctum-Desideratum,
in presentia domni Leodegarii archipresulis, et multorum aliorum procerum,
Rodolfus prior et adjutores sui, Hunbaldus de Uriaco et adjutores sui.
Legens itaque prior privilegia Sancti Dyonisii que fecerant reges Francie et
principes istius terræ, scilicet Archimbaldus Burbunensis, de cujus fisco erat
burgus Capelle, vidente et audiente Hunbaldo Uriacense patre istius Hunbaldi, presentavit prior, in presentia omnium, legitimos testes testificantes et
vero testimonio probantes libertatem et immunitatem Capelle ab invasione
omnium hominum, sicut statuerant reges Francie et Archinbaldus Burbunensis, et quidam principes istius terre » (*ibid.*, p. 37).

(2) *Ibid.* : « Hunbaldus autem, auditis privilegiis et testimoniis prioris,
respondit se debere habere consuetudinaliter in burgo de Capella vicariam,
teloneum, hospitationem, creditionem rerum venalium, panis et vini et car-
nium, et homines ipsius burgi debere ire in expeditionem suam (*ibid.*, p. 38).

(3) Sur ce personnage, cf. CHAZAUD, *Chronologie*, *op. cit.*, p. 171-174;
— et E. CHÉNON, *Notice histor. sur Châteaumeillant*, *op. cit.*, p. 45-51.

père. Il confessa sa faute, offrit satisfaction à l'archevêque et au prieur, pour avoir envahi la ville et violé le cloître de la Chapelle-Aude, rendit intégralement tout ce qu'il avait pris aux moines et aux bourgeois, et renonça à ses prétendues « coutumes »; il jura même sur les Évangiles qu'il n'enlèverait plus jamais rien par force dans la ville de la Chapelle, et que ni lui, ni personne de sa race ne chercherait plus à établir les susdites « coutumes » (1). L'archevêque fit dresser du tout une charte, scellée de son sceau, charte qui doit être de la fin de mai ou du commencement de juin 1107 (2).

Hélas, après la mort de Léodegaire (1120), et dès les premières années du pontificat de Vulgrin, Humbaud le jeune oublia son serment et renouvela sa tentative. Il envahit de nouveau la Chapelle-Aude avec une troupe armée, s'y fit héberger, y commit plusieurs vols, et força les hommes du bourg à le suivre dans son expédition (3). Sur la plainte du

(1) *Charte relat. à Humbaud II*, mai ou juin 1107 : « Auditis igitur amborum rationibus, archiepiscopus et ceteri proceres, qui intererant judicio, interrogaverunt utrumque priorem scilicet et Hunbaldum, si vellent ex suis rationibus fieri judicium. Prior autem respondit se libentissimè auditurum judicium. Hunbaldus vero respondit se accepturum consilium : accepto itaque consilio cum Adelardo Willebaldo et Helia fratre suo et aliis quam pluribus sue parti faventibus, videns se non posse resistere privilegiis et testimoniis prioris, nec per se, nec per te slimonium, nec per vestituram quam pater suus vel aliquis de genere suo habuisset, patenti ratione convictus, recognoscens et confitens culpam suam, faciensque congruam satisfactionem archiepiscopo et priori de invasione ville Capelle et infractione claustri, reddens ex integro omnia que injuste abstulerat et monachis et burgensibus, dimisit consuetudines supra denominatas, ita ut nec ipse nec aliquis de genere suo eas amplius repeteret. Et quia archiepiscopus et prior donaverunt injuriam quam eis fecerat, excepto captallo, firmavit propria manu, super textum evangeliorum, se nunquam amplius in villa de Capella per vim aliquid rapere, nec consuetudines supra nominatas, per se vel per alium quemlibet de suo genere, ulterius querere » (*ibid.*, p. 38).

(2) *Ibid.* : « Ex hac conventione jussit domnus Leodegarius archiepiscopus, ipso Hunbaldo vidente et concedente, et eis qui cum eo erant, cartam fieri et suo proprio sigillo sigillari.... Hoc actum est tempore Philippi Francorum regis » (*ibid.*, p. 38-39).

(3) *Charte de Vulgrin*, 1121-1135 : « Ego itaque Wulgrinus, per Dei memoriam Bituricensis episcopus, notum fieri volo presentibus et futuris quia Radulphus monachus Sancti Dyonisii prior Capelle de Aldis querimoniam

prieur Raoul, Humbaud fut invité par l'archevêque Vulgrin à se présenter devant lui à Urçay. Il fut encore obligé de reconnaître qu'il n'avait pas le droit de gîte dans le bourg de la Chapelle, ni le droit de prendre quoi que ce soit, hommes ou biens, dans le territoire borné par les quatre croix, ni enfin le droit d'exiger des habitants le service militaire. Il confessa avoir péché, et promit d' « amender » son forfait au prieur [1]. Il promit aussi à l'archevêque de s'abstenir à l'avenir de pareilles injures, ajoutant assez naïvement que, « chaque fois qu'il partirait pour mal faire ou reviendrait ayant mal fait », il ne s'arrêterait en aucune manière à la Chapelle-Aude [2].

On a vu plus haut (*suprà*, n° 26) que, vers 1165, Archembaud le jeune, fils du comte de Bourbon, avait, lui aussi, envahi, « avec une troupe étrangère et exécrable », l'église et la ville de la Chapelle-Aude, placées cependant « sous la protection des sires de Bourbon ».

56. — En 1269, Roger de Brosse, seigneur de Sainte-Sévère, étant en même temps seigneur d'Huriel, renouvela les agressions d'Humbaud le jeune, son prédécesseur, et se livra à la Chapelle-Aude à de véritables actes de brigandage. On en jugera par les faits suivants, qui ont été constatés par une enquête du Parlement. — Par suite d'une convention conclue

fecit super Umbaldo de Uriaco, qui in burgo de Capella cum armata manu violenter hospitatus fuerat, et homines ejusdem burgi in expeditionem suam ire coegerat, nec non et homines quosdam et res eorum in eodem burgo ceperat » (*ibid.*, p. 39).

(1) *Ibid.* : « Invitatus igitur idem Hunbaldus super his rebus ad justiciam venit in presentiam nostram apud Ursiacum, et recognovit se in predicto burgo consuetudinem hospitandi non habere, neque ducendi homines in expeditionem, neque capiendi aliquem hominem vel res alicujus in burgo vel in confinio quod quatuor crucibus metatum est. Confessus est etiam se peccasse in his de quibus querimoniam prioris perscripsimus, et ideo coram nobis eidem priori rectitudinem fecit, et emendationis fiduciam dedit » (*ibid.*, p. 39). — *Ursiacum* = Urçay, commune du canton de Cérilly (Allier).

(2) *Ibid.* : « Michi autem misit in manu quod deinceps ab hujusmodi injuriis abstineret, et quotiens ad male faciendum pergeret vel a malefacto rediret, in burgo illo ullo modo hospitaretur » (*ibid.*, p. 40). Cette charte a été écrite par « le chancelier Hubert », qui en a écrit une autre de 1123 (*ibid.*, p. 109). De plus, les deux chartes ont plusieurs témoins communs. Il est donc à penser qu'elles sont à peu près contemporaines.

avec Roger de Brosse lui-même, « longtemps auparavant » (1),
le prieur de la Chapelle-Aude avait obtenu de n'être pas
soumis au ban des vendanges dont jouissait Roger dans sa
terre d'Huriel ; il était donc libre de vendanger au jour qui
lui convenait, même pendant le ban, et cela d'autant mieux
que plusieurs autres propriétaires vendangeaient dans le
même territoire : ce faisant, il ne commettait aucun forfait à
l'égard de Roger de Brosse ou des siens (2). A l'automne de
l'année 1269, Roger de Brosse avait, suivant l'usage, publié
son ban sous peine d'amende, et fait défense au prieur de
vendanger avant le temps fixé et de faire apporter à la Chapelle-Aude les raisins récoltés pour les vendre (3). Le prieur,
confiant dans la transaction intervenue, ne tint naturellement
aucun compte de ces défenses et commença à vendanger.
Roger de Brosse voulut faire payer aux vendangeurs l'amende
fixée pour la transgression du ban, et s'empara à titre de
gages de biens leur appartenant (4).

Que firent alors les habitants de la Chapelle-Aude? Roger
de Brosse, contredit par le prieur, prétend qu'ils prirent les
armes, reprirent les gages qu'il avait saisis, et frappèrent ses

(1) En tout cas pas avant 1264 ou 1265 ; car ce n'est qu'à cette date que
Roger de Brosse devint seigneur d'Huriel. Cf. sur ce point : E. Chénon,
Hist. de Sainte-Sévère, op. cit., p. 45-46 ; et *La succession de Robert III
de Bomez, loc. cit.*, p. 14 [tirage à part, tome II, p. 306].

(2) *Arrêt du Parlement*, Pentecôte 1270 : « Ad que respondit prior quod,
licet idem dominus bannum predictum posuerit, quia tamen, durante banno
ipsius, plures persone in ipso territorio vindemiabant, idem prior, secundum
compositionem super hoc factam, diù est inter eos factam, bannum ipsum
non tenebatur servare, et eidem et hominibus suis vindemiare licebat, et sic
in nullo forisfaciebant ipse et homines sui prefato domino sive suis » (*Olim*,
tome I, p. 341-343 ; et Chazaud, *ibid.*, p. 146).

(3) *Ibid. :* « ... et propter inhibicionem ab ipso Rogero factam, ne vinde-
miaret infra certum tempus, et ne illi qui colligunt uvas, postquam vindemie
facte sunt, eas deferent vendendas apud Capellam Aude » (*ibid.*, p. 145).

(4) *Ibid. :* « Ex adverso responsum fuit, pro ipso domino, quod... cum,
sicut ad eum pertinet, de consilio vassallorum suorum, bannum suum et sub
certa pecunie pena fecisset de non vindemiando usque ad certum tempus,
gentes et homines prioris predicti de Capella Aude, bannum suum, prout
tenebantur, servare nolentes, in ipsius prejudicium vindemiare ceperunt, et
cum eos, pro dicta pena sibi solvenda pro transgressione banni, prout ad
eum pertinet, faceret gagiari » (*ibid.*, p. 145).

hommes (1). Quoi qu'il en soit, le seigneur d'Huriel, à la tête
d'une troupe armée, envahit la terre et la justice du prieur.
Plusieurs hommes du prieuré furent battus de verges. L'un,
nommé Pierre Vilate, fut conduit captif à Huriel, la corde au
cou; un autre, Guillaume Parent, eut les doigts de la main
coupés avec une épée. De nombreuses injures furent adressées
par les gens de Roger aux hommes du prieur : « Es-tu
l'homme du prieur? disaient-ils; tu vas le payer » (2). Mais,
au temps de saint Louis, de pareils faits ne pouvaient rester
impunis. Le prieur se plaignit au roi; et après enquête du
Parlement, le seigneur d'Huriel et de Sainte-Sévère fut condamné, par arrêt rendu à la Pentecôte 1270, à payer au
prieur des dommages-intérêts. La fixation du taux fut toutefois retardée jusqu'au Parlement suivant, celui de la Saint-
Martin, afin que dans l'intervalle on sût si Guillaume Parent
avait les doigts complètement coupés, et s'il était par suite
mutilé ou non (3).

(1) *Ibid.* : « Ipsi nanta sua, propter hoc capta, cum armis rescusserunt,
suosque verberaverunt, gentibus suis plures injurias irrogando »; — « et
bene negabat dictus prior rescussam factam fuisse ab hominibus suis gentibus prefati Rogeri » (*ibid..* p. 145, 146).

(2) *Ibid.* : « Conquerebatur prior de Capella Aude quod, in vindemiis
ultimo præteritis, dominus Rogerus de Brocia, dominus de Huriaco, violenter
et cum armis, terram et fines justicie ipsius prioris intravit, plures armatos
secum ducendo, et quod tunc, per gentes ipsius Rogeri, ipso sciente vel
ratum habente, verberati fuerunt quidam de familia et hominibus dicti prioris;
Petrus eciam Vilate ductus fuit captus apud Huriacum, fune ligato ad collum,
et Guillelmo Parent scissi fuerunt digiti cum ense; et erant isti duo homines
dicti prioris; multæ eciam injurie alie irrogate fuerunt per gentes ipsius
Rogeri, familie et hominibus dicti prioris, sicut dicebat »; — « Facta igitur
super hoc inquesta, de mandato curie; quia inventum est quod dictus
dominus de Huriaco et sui, ipso sciente seu ratum habente, familiam et
homines dicti prioris verberaverunt, terram ipsius prioris cum armis intrantes,
et quibusdam ex ipsis hominibus prioris dicentes : « Es tu homo prioris? tu
comparabis »; dictum eciam P. Vilate, fune ligato ad collum, captum
duxerunt apud Huriacum, necnon et Guillelmo Parent manus digitos abscide-
runt, set adhuc nescitur utrum omnino » (*ibid.*, p. 145-146).

(3) *Ibid.* : « Pronunciatum est quod dictus dominus de Huriaco, hujus
[modi] injurias factas gentibus et hominibus dicti prioris, ipsi priori emendabit. Et differetur ejus emende taxatio usque ad proximum parlamentum
Sancti Martini; et interim debet sciri si dictus Guillelmus Parent habet
digitos ipsius manus penitus abscissos, et de eis est mutilatus an non »

57. — Après les seigneurs d'Huriel, ce fut avec les seigneurs de Culant que le prieur de la Chapelle-Aude eut maille à partir. En 1304, Renoul IV de Culant (1) avait saisi des gages, par violence et malgré l'opposition des gens du prieur, sur plusieurs hommes demeurant dans le ressort de la justice prieurale. Il avait de plus, avec une multitude de gens et de chariots, coupé et fait transporter à sa demeure les bois du prieuré. Enfin, rencontrant sur la voie publique un moine et le prévôt de la Chapelle-Aude, à cheval, il avait fait arrêter leurs montures, les avait jetés à terre, roués de coups et blessés; après quoi, il avait emmené prisonniers le prévôt et les chevaux (2).

Le procureur de l'abbaye de Saint-Denis-en-France dénonça le fait au Parlement, qui fit faire une enquête. A la suite de cette enquête, il ordonna, par arrêt rendu à Paris, le dimanche après la Chandeleur de l'an 1304 (= 7 févr. 1305), que le seigneur de Culant rendrait les prises de gages et de bois, si elles existaient encore en nature; sinon, l'estimation en argent. Les prises devaient être remises en la main du roi, comme main souveraine, et restituées par lui aux religieux, en attendant qu'un débat sur le fond s'ouvrît au Parlement au jour qui serait assigné. Pour les violences et injures, le seigneur de Culant était condamné à 500 livres tournois de dommages-intérêts envers les religieux, et à 1.000 livres d'amende envers le roi (3).

(ibid., p. 146). — Cf. CHAZAUD, ibid., introd.; — et E. CHÉNON, Hist. de Sainte-Sévère-en-Berry, op. cit., p. 47-48).

(1) Sur ce seigneur, cf. LA THAUMASSIÈRE, op. cit., t. III, p. 110.

(2) Arrêt du Parlement, 7 févr. 1304 (a. st.) : « Ph. Dei gracia Francorum rex universis presentes litteras inspecturis salutem. Notum facimus quod, cum nostre denunciasset curie procurator ecclesie beati Dyonisii in Francia, de speciali garda nostra cum membris suis existentis, quod in justicia prioratus dicte ecclesie de Capella Aude, super homines ibidem commorantes, dominus de Culento, violenter et contra prohibitionem gentium, dicti prioratus prora gagia ceperat, et secum portaverat, et cum multitudine gentium et cadrigarum nemus dicti prioratus secaverat et portari fecerat ad domum suam, et quemdam dicti prioratus monachum ac prepositum, per viam publicam equitantes, arrestaverat, de equis suis ad terram prostraverat, graviter verberaverat ac vulneraverat, et eorum equos dictumque prepositum duxerat secum captos » (Olim, t. III, p. 143; et CHAZAUD, ibid., p. 147).

(3) Ibid. : « Super predictis inquiri fecimus veritatem : visa igitur inquesta,

Renoul de Culant ne se hâta pas de s'exécuter. En décembre 1306, il n'avait encore ni payé les 500 livres de dommages-intérêts auxquelles il avait été condamné pour ses violences contre un moine, ni rendu les chevaux, cha‑ riots, et autres objets qu'il avait enlevés ou fait enlever à la Chapelle-Aude [1]. De plus, il mettait obstacle à l'exercice des droits que possédaient les religieux sur la partie de là forêt de Lap qui leur appartenait en propre, prétendant que cette forêt faisait partie de son fief, et que quelques-uns de ses hommes y avaient des droits d'usage [2]. Mais cette fois, au lieu d'aller plaider au Parlement, l'abbé de Saint-Denis, le prieur de la Chapelle et le seigneur de Culant recoururent à l'arbitrage d'Étienne, cardinal du titre de Saint-Cyriaque *in Thermis*, tous trois s'engageant expressément à obéir à sa sentence [3].

partibus vocatis, facta super hoc per auditores deputatos à nobis, ... per curie nostre judicium dictum fuit et pronunciatum, quod prisie predicte tam gagiorum quam lignorum integre reponantur ad locum, si extant, alioquin estimatio eorumdem, et ibidem reposite ad manum nostram tanquam supe‑ riorem ponantur, et de eis per manum nostram fiet recredentia religiosis predictis, et super debato hujusmodi dies competens partibus assignabitur Parisius coram nobis; et pro injuriis et violenciis supra dictis, idem dominus dictis religiosis quingentas ac nobis mille libras turonenses pro emenda persolvet.... Actum Parisius in parlamento nostro, dominica post Candelosam, anno Domini Mº CCCº quarto » (*ibid.*, p. 147).

(1) *Sentence arbitrale*, 18 décembre 1306 : « Petebant insuper dicti religiosi quingentas libras turonenses, in quibus idem miles, pro injuria per ipsum militem cuidam monacho prioratus de Capella Aude illata, per curiam regalem extiterat condempnatus; petebant etiam per dictum militem resai‑ siri de quibusdam equis et quadrigis ac aliis quibusdam in quibus fuerant per dictum militem seu ejus mandatum spoliati vel turbati » (*ibid.*, p. 148).

(2) *Ibid.* : « Cum controversia seu questionis materia verteretur inter religiosos viros abbatem et conventum monasterii Sancti Dyonisii in Francia ac priorem prioratus de Capella Aude membri ipsius monasterii, ex una parte, ac nobilem virum dominum Ranulphum dominum de Culento militem, ex altera, super eo quod dictus dominus de Culento impediebat jus et dominium, que dicti religiosi habebant et habent in quadam parte foreste de Lap, Bituricensis diocesis, asserendo dictus miles quod dicta forest erat de feodo suo, et quod aliqui de hominibus suis in dicta parte foreste dictorum religiosorum usagium habebant; dictis religiosis contrarium asserentibus et dicentibus dictam partem foreste ad se solum spectare pleno jure ».

(3) *Ibid.* : « Universis presentes litteras inspecturis, Stephanus, misera‑ cione divina titulo sancti Ciriaci in Termis presbyter cardinalis, salutem in

Après enquête, le cardinal Étienne rendit, le 18 décembre 1306, la sentence suivante (1) : — 1° le seigneur de Culant abandonnera à perpétuité tout ce qu'il a ou peut réclamer de droit de propriété, justice, fief, arrière-fief, ou usage dans la partie de la forêt de Lap qui appartient aux religieux; à ses frais et avant Pâques 1307, il obligera ses hommes à abandonner également les droits d'usage ou autres qu'ils pourraient prétendre sur cette même partie de forêt (2); — 2° ledit chevalier « ressaisira » les religieux des chevaux, chariots, et autres objets dont il les a dépouillés (3); — 3° il ira en personne, d'abord au monastère de Saint-Denis, faire amende honorable à l'abbé et à tout le convent; puis au prieuré de la Chapelle-Aude, faire amende convenable au moine qu'il a maltraité (4); — 4° d'autre part, avec le con-

Domino.... Super quibus et aliis contingentibus dicte partes in nos tanquam in arbitrum, arbitratorem, seu amicabilem compositorem, de alto et basso compromiserunt expresse, promittentes dicte partes bona fide tenere, adimplere, et inviolabiliter observare quidquid super premissis duxerimus statuendum, proferendum, et etiam ordinandum » (*ibid.*, p. 148-149).

(1) *Ibid.* : « Nos itaque, cognito de premissis et circumstanciis eorumdem, ac super premissis et circumstanciis eorumdem informatione perhabita diligenti,..... dictum nostrum arbitrium seu amicabilem compositionem protulimus in hunc modum.... Datum Parisius, XVIII° die decembris, anno Domini MCCC sexto » (*ibid.*, p. 149, 150).

(2) *Ibid.* : « Videlicet quod dictus miles quittet dictis religiosis et prioratui de Capella Aude in perpetuum quicquid juris dominii justicie feodi retrofeodi jurisdictionis et usagii ipse miles habebat seu habere et reclamare potest et poterat, in dicta parte foreste religiosorum et prioratus predictorum, super qua antea controversia movebatur; curabit etiam et procurabit suis sumptibus, infrà Pascha, quod homines ipsius quicumque quitabunt usagium et omnia jura alia quæcumque habent et habebant, ac habere seu reclamare possunt et poterant, modo quocumque, in dicta parte foreste » (*ibid.*, p. 149).

(3) *Ibid.* : « Item pronuntiamus et arbitramur quod idem miles resaisiet dictos religiosos de quibusdam equis et quadrigis et aliis quibuscumque in quibus iidem religiosi fuerant per dictum militem seu ejus mandatum spoliati et etiam turbati » (*ibid.*, p. 149).

(4) *Ibid.* : « Item pronuntiamus, dicimus, et eciam arbitramur quod dictus miles personaliter accedat ad monasterium Sancti Dyonisii in capitulo, abbatique et conventui emendet, si quid forisfecit eisdem. Item, pronunciamus, dicimus, et etiam arbitramur, quod dictus miles personaliter accedat ad prioratum de Capella Aude, et monacho, ut dicitur, injuriato emendam faciat competentem » (*ibid.*, p. 149).

sentement des moines, l'indemnité de 500 livres tournois, à laquelle ledit chevalier avait été condamné par la *Curia regis*, sera réduite de moitié ; la moitié restant due sera payée, en monnaie ayant cours au moment de la condamnation, en deux fois : à la fête de Toussaints prochaine et à la fête de Pâques suivante (1) ; — 5° les moines se désisteront du procès porté au Parlement (2). Les deux parties acquiescèrent, et la paix fut rétablie entre le prieur de la Chapelle et le seigneur de Culant (3).

58. — Nous arrêterons ici l'histoire du prieuré de la Chapelle-Aude, sur lequel nous n'avons plus, à partir du xiiie siècle, que des renseignements épars. On saisit seulement, à travers les documents publiés par M. Chazaud en appendice au *Cartulaire*, que la guerre de Cent Ans ne fut pas favorable au prieuré. En 1354, le prieur lutte contre les bourgeois de la Chapelle, dont beaucoup refusent de respecter son droit de banvin, et dont plusieurs se soustraient à sa juridiction en s'avouant bourgeois du roi (4), comme on l'a vu. Quelques années plus tard, les officiers de la douairière d'Huriel, Constance de la Tour, veuve de Louis de Brosse, seigneur de Sainte-Sévère, tué à la bataille de Poitiers en 1356, et remariée alors à Philibert de l'Espinasse, seigneur de la Clayette, renouvellent contre la Chapelle-Aude, « tenuë cependant du roi sans moyen », les exploits des précédents seigneurs d'Huriel au xiie siècle (5). En 1371, le prieur, fait

----

(1) *Ibid.* : « Item pronunciamus, dicimus, et etiam arbitramur quod de quingentis libris turonensibus, in quibus dictus miles pro injuria illata monacho prioratus de Capella Aude condempnatus extiterat per curiam regalem religiosis supradictis, eidem militi remittimus medietatem dictarum quingentarum librarum, de voluntate et assensu religiosorum eorumdem ; aliam vero medietatem, monete currentis tempore condempnacionis facte, ordinamus et statuimus solvendam, videlicet medietatem residui predicti in festo omnium Sanctorum proxime venturo, et residuum in Paschate inde sequenti, nisi aliud per hos interim fuerit ordinatum » (*ibid.*, p. 149-150).

(2) *Ibid.* : « Et premissis mediantibus et completis, dicti religiosi tenentur reddere dicto militi judicatum factum et probatum in curia regali contra militem prelibatum » (*ibid.*, p. 150).

(3) *Ibid.* : « Quibus dicte prolationi et arbitrio dicte partes animo emologandi acquieverunt, voluntate spontanea, coram nobis » (*ibid.*, p. 150).

(4) Cf. CHAZAUD, *ibid.*, p. 150-153 ; — et *suprà*, n° 31.

(5) Cf. CHAZAUD, *ibid.*, p. 156-158 ; — et sur Constance de la Tour :

prisonnier par les Anglais postés à Épineuil, est obligé de donner 300 francs d'or pour sa rançon [1]. En 1394, « à Pasques flories », le prieuré est envahi par une troupe d'individus « armés de cotes de fer et d'autres armeures » ; le prieur, frère Guérin du Cuignet, est expulsé, et remplacé par frère Olivier Areng, complice des envahisseurs ; les biens du prieuré sont alors « dicipés et gastés » [2], etc.

Puis vient la *commende*, qui achève l'œuvre de la guerre, et consomme la ruine morale et matérielle du prieuré. En 1518, il est en ruines [3]. Au xviie siècle, les bâtiments sont reconstruits, au moins en partie [4]. Enfin la suppression de la mense abbatiale de Saint-Denis, dont les revenus servirent à doter l'établissement nouveau de Saint-Cyr (1686), « met le prieuré dans la main du roi, qui ne cesse d'y nommer des prieurs (commendataires) jusqu'en 1792 » [5]. Ainsi déchu, le vieux prieuré du xie siècle, jadis si important, atteignit péniblement la Révolution, qui le supprima [6].

E. Chénon, *Le testament de Louis de Brosse*, dans les *Mém. des Antiq. du Centre*, t. XXXI, p. 82-86 [tirage à part, t. II, p. 36-40].

(1) Cf. Chazaud, *ibid*, p. 158, et *introd.*, p. lxxxii.

(2) Cf. *ibid.*, p. 153-155, et introd., p. lxxxii.

(3) Cf. *ibid.*, p. 158, et introd., p. lxxxii.

(4) Cf. *ibid.*, p. lxxxvi.

(5) Chazaud, *ibid.*, introd., p. lxxxiii-lxxxiv.

(6) L'église primitive, construite par le prieur Hugues, subsiste encore à la Chapelle-Aude : « c'est un petit édifice roman, bâti sur le même plan que les églises de Domérat et de Saint-Désiré, mais dans des proportions moins considérables » (*ibid.*, introd., p. lxxxvi-lxxxvii).

APPENDICES

I

Chronologie des papes, des rois de France, des archevêques de Bourges, des abbés de Saint-Denis, des sires de Bourbon, des prieurs de la Chapelle-Aude, de 1050 à 1200.

Papes.

Léon IX, élu en décembre 1048, sacré le 12 février 1049, mort le 19 avril 1054.

Victor II, élu en septembre 1054, sacré le 13 avril 1055, mort le 28 juillet 1057.

Etienne IX, élu le 2 et sacré le 3 août 1057, mort le 29 mars 1058.

Nicolas II, élu en décembre 1058, sacré le 24 janvier 1059, mort le 27 juillet 1061.

Alexandre II, élu et sacré le 1er octobre 1061, mort le 21 avril 1073.

Grégoire VII, élu le 22 avril et sacré le 30 juin 1073, mort le 25 mai 1085.

Victor III, élu le 24 mai 1086, sacré le 9 mai 1087, mort le 16 septembre 1087.

Urbain II, élu et sacré le 12 mars 1088, mort le 29 juillet 1099.

Pascal II, élu le 13 et sacré le 14 août 1099, mort le 21 janvier 1118.

Gélase II, élu le 25 janvier et sacré le 10 mars 1118, mort le 29 janvier 1119.

Calixte II, élu le 2 et sacré le 9 février 1119, mort le 14 décembre 1124.

Honorius II, sacré le 21 décembre 1124, mort le 13 février 1130.

Innocent II, élu le 14 et sacré le 23 février 1130, mort le 24 septembre 1143.

Célestin II, élu et sacré le 26 septembre 1143, mort le 9 mars 1144.

Lucius II, élu et sacré le 12 mars 1144, mort le 15 février 1145.

Eugène III, élu le 15 et sacré le 18 février 1145, mort le 8 juillet 1153.

Anastase IV, élu le 9 juillet 1153, mort le 2 décembre 1154.

Adrien IV, élu le 3 décembre 1154, mort le 1er septembre 1159.

Alexandre III, élu le 7 et sacré le 20 septembre 1159, mort le 30 août 1181.

Lucius III, élu le 1er et sacré le 6 septembre 1181, mort le 25 novembre 1185.

Urbain III, élu le 25 novembre et sacré le 1er décembre 1185, mort le 20 octobre 1187.

Grégoire VIII, élu le 21 octobre, sacré le 25, mort le 17 décembre 1187.

Clément III, élu le 19 et sacré le 20 décembre 1187, mort le 27 mars 1191.

Célestin III, élu le 30 mars et sacré le 14 avril 1191, mort le 8 janvier 1198.

Innocent III, élu le 8 ou 9 janvier et sacré le 22 février 1198, mort le 16 juillet 1216.

Rois de France.

Henri Ier, sacré le 14 mai 1027, roi en titre le 20 juillet 1031, mort le 4 août 1060.

Philippe Ier, sacré le 23 mai 1059, roi en titre le 4 août 1060, majeur le 1er septembre 1067, mort le 29 juillet 1108.

Louis VI, élu avant le 25 décembre 1100, sacré le 3 août 1108, mort le 1er août 1137.

Louis VII, sacré le 25 octobre 1131, roi en titre le 1er août 1137, mort le 18 septembre 1180.

Philippe-Auguste, sacré le 1er novembre 1179, roi en titre le 18 septembre 1180, mort le 14 juillet 1223.

Archevêques de Bourges.

Aymon de Bourbon, 1030 à 1071.
Richard II, 24 avril 1071 à 25 mai 1092.
Audebert, 1092, mort après le 14 mai 1097.
Léodegaire ou *Léger*, 1098 à 31 mars 1120.
Vulgrin, décembre 1120 à 6 janvier 1136.
Albéric ou *Aubry*, 1136 à 1140.
Pierre de la Châtre, 1140 à 1er mai 1171.
Étienne de la Chapelle, 1171 à 1173.
Guérin, 1174 à 20 mars 1180.
Pierre II, 1180 à 1184.
Henri de Sully, 1184 à septembre 1200.
Saint Guillaume, 24 novembre 1200 à 10 janvier 1209.

Abbés de Saint-Denis (1).

Hugues IV, 1050 à 1060.
Rainier, 1060 à 1073; a dû mourir le 18 janvier 1074.
[*Guillaume Ier*, 1071 ; ne semble avoir fait qu'un simple intérim en l'absence de Rainier, parti pour Rome.]
Ives Ier, 1074 à 1094.
Adam, 1094 (?) à février 1122.
Suger, mars 1122 à janvier 1152.
Eudes II de Deuil, 1152 à 1162.
Eudes III de Taverny, 1162 à 1169.
Ives II, 1169 à février 1172.
Guillaume II de Gap, 1172 à mai 1186.
Hugues V de Foucaud, mai 1186 à octobre 1197.
Hugues VI de Milan, 1197 à avril 1204.

Sires de Bourbon (2).

Archembaud Ier, succède à son père, Aimon Ier, vers 980, mort entre 1031-1034 ; — époux d'Ermengarde, morte vers 1034.
Archembaud II, dit le Blanc (*Albus*) ou du Montet (*de Monticulo*),

(1) D'après la *Gallia christiana*, tome VII, col. 363-383, et le *Cartulaire de la Chapelle-Aude*.
(2) D'après CHAZAUD, *Chronologie des sires de Bourbon* (xᵉ-xɪɪɪᵉ s.), *op. cit.*

fils du précédent, mentionné en 1034, mort le 16 juillet 1078 ; — époux d'Aurea (*aliàs* Beletrud).

Archembaud III, dit le Fort, fils du précédent, lui succède le 16 juillet 1078, est mentionné pour la dernière fois en 1096 ; — époux de Béliarde.

Archembaud IV, fils du précédent, mentionné en 1105 ; — époux de Maaline ou Dulcia.

Aimon II, dit Vaire-Vache, usurpateur, frère du précédent, mentionné en 1108, mort le 5 juillet 1112-1115 ; — époux de Lucia de Tonnerre.

Archembaud V, fils du précédent, mentionné vers 1115 et en 1119, mort en 1171 ; — époux d'Agnès de Savoie, sœur d'Alix, reine de France, et nièce du pape Calixte II.

[*Archembaud le Jeune*, fils du précédent, né en 1140, mort avant son père, en 1169.]

Mathilde, fille du précédent, dame de Bourbon en 1171 ; — épouse : 1° avant 1183, Gaucher de Vienne, sire de Salins, dont elle est séparée pour cause de parenté en mai 1195 ; 2° en juin 1196, Guy de Dampierre, maréchal de Champagne, mort le 18 janvier 1216 ; — Mathilde lui survit jusqu'au 2 avril 1218 (?).

Prieurs de la Chapelle-Aude (1).

Hugues, 1059-1060, mentionné pour la dernière fois en 1087 ou 1089.

Raoul Ier, mentionné entre 1090-1092.

Eudes Ier, mentionné à Pâques 1092 ou 1093, et en 1095-1096.

Vivien, prédécesseur de Raoul II.

Raoul II Grossinel, mentionné en 1096 ou 1097 et pour la dernière fois en 1135 ; donne alors sa démission.

Eudes II de Deuil, 1135 ou 1136, part en 1146 ou 1147 pour la Croisade ; devient en 1152 abbé de Saint-Denis.

Pierre, de 1147 à 1150 environ.

Guillaume, pour la première fois, vers 1150 ; prédécesseur de Rorgon.

Rorgon, août 1153, et 1154.

Guillaume, pour la seconde fois, vers 1160.

Richer, vers 1172.

H., 1208.

(1) Cf. *suprà*, n° 11.

II

Index chronologique des chartes utilisées de 1050 à 1880.

1. — Entre le 23 mai 1059 et le 4 août 1060. — Charte de Jean de Saint-Caprais, portant donation du lieu de la Chapelle : « apud Capellam, diebus domni Haymonis Biturigæ sedis archiepiscopi, et Henrici regis Francorum, et Philippi filii sui jam in regem designati ».

[Chazaud, XII ; — *suprà*, n° 6].

2. — 1059 ou 1060 (avant le 4 août)- — Notice sur l'invasion d'Aude : « apud Spinioculum, tempore Henrici regis Francorum et Aimonis Bituricensis archipresulis ».

[P. Gautier, XVI ; — *suprà*, n° 6].

3. — 27 mai 1067. — Diplôme de Philippe Ier, conférant divers privilèges à la Chapelle-Aude : « in die Pentecosten, anno VII° regni nostri, in palatio Parisiacensi » ; mention d'Aimon, archevêque de Bourges, et de Rainier, abbé de Saint-Denis.

[Chazaud, XIII ; — *suprà*, n° 8].

4. — 11 mai 1073. — Charte de Richard II, confirmant les *Coutumes* de la Chapelle-Aude : « in eadem villa Capelle, sabbato post ascensionem Domini, secundo et dimidio anno archiepiscopatus Richardi, regnante Philippo rege, septimo regni sui anno, abbate quoque Rainerio Sancti Dionisii ecclesie presidente ».

[Chazaud, XIX ; — *suprà*, n° 9 et IIe partie].

5. — Mai 1075 (avant le 14). — Charte de Richard II, relative au champ dominical de Preuille : « apud Capellam,... tempore Philippi regis Francorum ». Nombreux témoins communs avec les n°s 6 et 9.

[Chazaud, XXIII ; — *suprà*, n° 13].

6. — 14 mai 1075. — Charte d'Humbaud d'Huriel, restituant l'église d'Aude et faisant une donation : « apud Capellam, die ascensionis Domini, regnante Philippo rege Francorum.... S. Angisi, qui. hanc cartam scripsit ». Scribe et nombreux témoins communs avec le n° 9.

[Chazaud, XV ; — *suprà*, n°⁸ 12 et 18].

7. — 14 mai 1075. — Charte de Richard II, notifiant la restitution de l'église de Lanage : « apud Capellam Sancti Dionysii, in die ascensionis Domini, tempore Philippi Francorum regis ». Charte évidemment du même jour que le n° 6.

[P. Gautier, XXIV ; cf. Chazaud, p. 142-143 ; — *suprà*, n° 12].

8. — 15 ou 16 mai 1075. — Charte de Richard II, faisant tradition à la Chapelle-Aude de l'église et du fief presbytéral de Lanage. — Faite à la Chapelle, et de très peu postérieure au n° 7 qu'elle reproduit au début ; doit dater du lendemain ou surlendemain.

[Chazaud, LX ; — *suprà*, n° 12].

9. — 17 mai 1075. — Charte de Richard II, relative aux foires de la Chapelle : « apud Capellam, die dominica post Rogationes, regnante Philippo rege Francorum, anno ab incarnatione Domini MLXV° (*lire :* MLXXV°).... S. Angisi, qui hanc cartam scripsit ».

[Chazaud, XVI ; — *suprà*, n°⁸ 41-42].

10. — Mai 1075. — Charte de Dea, dame de Vallon : « in manu Richardi archiepiscopi Bituricensis et Ugonis prioris Capelle ; ... apud Capellam, regnante Philippo rege.... Algisius qui hanc cartam scripsit ». Scribe et nombreux témoins communs avec les n°⁸ 6 et 9.

[Chazaud, XXXII ; — *suprà,* n° 13].

11. — Entre le 15 ou 16 mai 1075 et Pâques 1076. — Charte de Richard II, érigeant la Chapelle-Aude en paroisse : « [anno] M° LX° V° (*lire :* M° LXX° V°) ab incarnatione Domini, regnante Philippo rege ». Charte postérieure aux n°⁸ 7 et 8, qui s'y trouvent visés.

[Chazaud, XXII ; — *suprà*, n° 9].

12. — 23 juin 1079. — Charte d'Archembaud III de Bourbon, confirmant la seconde donation de Jean de Saint-Caprais et les privilèges concédés par son père : « apud Montemlucium, vigilia beati Johannis Baptiste, in presentia domini Ricardi Bituricensis archiepiscopi, regnante Philippo rege Francorum.... S. Angisi, qui hanc cartam scripsit ». Archembaud II est mort le 16 juillet 1078.

[Chazaud, XIV; — *suprà*, n° 19].

13. — Vers 1080. — Charte de Richard II, notifiant la donation de Guillaume Blanc et sa confirmation par Giraud de Linières : « apud Cuslencum, in manu Richardi archiepiscopi Bituricensis et Hunbaldi Uriacensis... apud castrum Cuslencum, regnante rege Philippo ». Giraud de Linières figure parmi les destinataires-d'une lettre de Grégoire VII du 20 mars 1079 (n. st.).

[Chazaud, XXV; — *suprà*, n° 19].

14. — Entre le 1er mai 1079 et le 5 mai 1082. — Charte de « restauration » de Richard II : « apud Masciacum, vigilia ascensionis Domini, regnante Philippo rege. S. Angisi qui hanc cartam scripsit ». Parmi les témoins se trouve Wormond, abbé de Déols, installé en mars 1079, mort en 1082.

[Chazaud, XX; — *suprà*, n° 14].

15. — 1079 à 1087. — Charte de Raoul de Passac, restituant l'église Saint-Pierre de Viplaix et faisant une donation : « in manu Hugonis prioris... regnante Philippo rege, et Richardo archiepiscopo Bituricensi existente ». Charte antérieure au n° 16, qui y fait allusion.

[P. Gautier, X; — *suprà*, n° 15, 20].

16. — 1079 à 1087. — Charte d'Humbaud de Passac, confirmant la donation précédente.

[P. Gautier, XI; — *suprà*, n° 20].

17. — Juin 1087 ou juin 1089. — Charte de Richard II, relative aux églises de Viplaix : « ad quandam villam mei archiepiscopatus Vippleis nomine... in tempore Philippi regis vicesimo et nono anno regni sui.... Signum Benedicti Sancti Gildasii monachi qui hanc cartam scripsit ». Charte contemporaine du n° 21.

[Chazaud, XXI; — *suprà*, n° 15].

18. — Juin 1087 ou juin 1089. — Charte d'Amblard Guillebaud, restituant l'église de Nocq : « sciens domnum Richardum facientem consecrationem altaris apud Vicum-plenum, adii presentiam ejus... tempore Philippi Francorum regis ». Charte évidemment du même jour que le n° 17.

[Chazaud, XXIV; — *suprà*, n° 16 et 20].

19. — Juin 1087 ou juin 1089. — Charte d'Ameil de Chambon, restituant l'église de Givrettes : « apud Capellam, in manu Richardi archipresulis, regnante Philippo rege.... S. Ugonis prioris ». Charte contemporaine du n° 21.

[Chazaud, XXIX ; — *suprà*, n°s 16 et 20].

20. — Juin 1087 ou juin 1089. — Charte de Richard II, relative à Ameil de Chambon et à sa femme Ermengarde Gaudeth : « apud Capellam Sancti Dyonisii, tempore Francorum regis Philippi.... S. Angisi, qui hanc cartam scripsit ». Nombreux témoins communs avec le n° 21.

[Chazaud ; XXXI ; — *suprà*, n° 44].

21. — 23 juin 1087 ou 23 juin 1089. — Charte de Richard II, relative à Raoul de Florigny : « apud Capellam Sancti Dyonisii, in vigilia sci Johannis Baptiste, regnante Philippo Francorum rege.... S. Benedicti qui hanc cartam scripsit ». Charte contemporaine du n° 17 ; scribe et nombreux témoins communs.

[Chazaud, XXX ; — *suprà*, n° 20].

22. — *Post* 1087 ou 1089. — Accensement des moulins de Néronde et de Chambon, en partie. La donation du moulin de Néronde a eu lieu en 1087 ou 1089.

[Chazaud, XXXIV ; — *suprà*, n° 32].

23. — Entre 1071 et 1090. — Charte du prieur Hugues, portant rachat d'un quart des dîmes d'Onrezat : « *Ego* igitur Hugo monachus Sci Dyonisii, prior de Capella... apud Capellam Sci Dyonisii, vigilia ascensionis Domini, tempore Richardi Bituricensis archiepiscopi ».

[Chazaud, XXVIII ; — *suprà*, n° 32].

24. — Entre 1075 et 1090. — Charte de Guillaume et Raoul de Passac : « in manu domni Hugonis prioris, tempore domni Richardi, Bituricensis archiepiscopi, et Philippi Francorum regis ». Il est question dans cette charte de la mort de Géraud de Passac, qui vivait encore en 1075.

[Chazaud, XXVI ; — *suprà*, n° 20].

25. — Entre 1071 et 1092. — Charte d'Aimon de Veauce : « apud Capellam Sci Dionysii, ubi tunc erat Richardus archiepiscopus... ». Richard II a été présent à la Chapelle en mai 1073, mai 1075, juin 1087 ou 1089.

[P. Gautier, III ; — *suprà*, n° 29].

26. — Entre 1071 et 1092. — Charte d'Ermensendis de Culant :
« in manu domni Richardi archipresulis ».

[P. Gautier, IV ; — *supra*, n° 21].

27. — Entre 1071 et 1092. — Charte de Guillaume de Riaterre :
« ad Capellam Sci Dyonisii... tempore Richardi archipresulis,
regnante Philippo ».

[Chazaud, XLII ; — *supra*, n° 21].

28. — Entre 1090 et mai 1092. — Charte de Richard II, restituant
l'église de Preuille : « in manu prioris Radulfi ». Il s'agit du prieur
Raoul Ier.

[P. Gautier, II ; — *supra*, n° 16].

29. — Entre 1090 et mai 1092. — Charte d'Ameil et Roger relative à l'église d'Archignat : « in manu prioris Radulfi », au temps de
l'archevêque Richard II.

[Chazaud, LXXIV ; — *supra*, n°s 16 et 33].

30. — Entre 1090 et mai 1092. — Charte d'Arnaud de Saint-
Christophe, relative à l'église d'Archignat : « in manu et præsentia
prioris Radulfi », au temps de Richard II.

[Chazaud, LXXV ; — *supra*, n°s 16 et 33].

31. — Entre 1090 et mai 1092. — Charte du chapelain Emenon,
relative à l'église d'Archignat et à son entrée au monastère de la
Chapelle. — Charte contemporaine des deux précédentes.

[Chazaud, LXXVI ; — *supra*, n°s 16 et 33].

32. — Pâques 1092 ou Pâques 1093. — Charte d'organisation
d'Ives Ier, abbé de Saint-Denis : « per manus Odonis monachi
nostri,... in monasterio beati Dionysii, (in) capitulo nostro, XV
kalendas aprilis (*lire :* V kalendas aprilis, *ou :* XV kalendas maii),
die Resurrectionis Domini, regnante Philippo rege ». Suivant la cor-
rection adoptée, la date est : 28 mars 1092 ou 17 avril 1093.

[P. Gautier, XXV ; — *supra*, n° 17].

33. — Entre nov. 1095 et août 1096. — Charte d'Arnaud d'Aiguirande, au moment de partir pour Jérusalem : « in manu Odonis
prioris... apud Capellam Sancti Dyonisii, tempore Aldeberti Bituricensis archiepiscopi, tempore Philippi regis Francorum ».

[Chazaud, XLIII ; — *supra*, n° 22].

34. — Vers 1095. — Charte relative à Arnaud II de Saint-Christophe : « me Odone existente priore ».

[Chazaud, LXXVIII ; — *suprà*, n° 33].

35. — 1096 ou 1097. — Partage de serfs entre le prieur Raoul II et Guillaume, vicomte d'Aubusson : « apud Capellam Sci Dyonisii, tempore Rodulfi prioris, domno Hildeberto Biturica sedi presidente et Philippo regnum Francie regente ».

[Chazaud, LIV ; — *suprà*, n° 30].

36. — 14 mai 1097. — Charte de l'archevêque Audebert, restituant l'église d'Estivareilles : « Carta Hildeberti Bituricensium archiepiscopi ... apud Novum Castrum, in die ascensionis Domini, anno Incarnati Verbi MXCVII, indictione V ».

[P. Gautier, I ; — *suprà*, n° 17].

37. — 24 décembre 1096 ou 1097. — Donation par Humbaud, Rorgon, et Hugues d'Huriel : « in manu Rodulfi prioris, vigilia Natalis Domini, Hildeberto presidente Biturigensi sedi, Philippo moderante regnum Francorum ».

[P. Gautier, XIX ; — *suprà*, n° 22].

38. — Mai 1107. — Charte de l'archevêque Léodegaire, relative aux enfants d'un serf : « me veniente Capelle... tempore Rodulfi prioris, regnante Philippo rege ». Cette charte et les deux suivantes, qui sont contemporaines, sont datées par Dom Thomas de l'an 1107.

[Chazaud, XXXIII ; — *suprà*, n° 30].

39. — 23 mai 1107. — Charte de l'archevêque Léodegaire, relative à une serve : « apud Capellam Sci Dyonisii, in die ascensionis Domini, tempore Philippi Francorum incliti regis ».

[Chazaud, XXXV ; — *suprà*, n° 29].

40. — Fin mai ou juin 1107. — Charte de Léodegaire, relative aux excès commis par Humbaud d'Huriel le jeune : « Archiepiscopus veniens apud Capellam ....; dedit ei (Hunbaldo) convenientem diem apud Sanctum Desideratum castrum; ... apud Sanctum Desideratum, in presentia Leodegarii archipresulis... tempore Philippi Francorum regis ». Charte postérieure à la précédente.

[Chazaud, XVII ; — *suprà*, n° 55].

41. — Entre 1098 et 29 juillet 1108. — Charte d'Aimon Palazeis :
« apud Malliacum, regnante Philippo rege, et Leodegario Bituricensi
archiepiscopo ».

[Chazaud, XL; — *suprà*, n° 22].

42. — Entre 1098 et 29 juillet 1108. — Charte d'Ermengarde de
l'Age : « in manu Rodulfi prioris, apud Urciacum, regnante rege
Philippo, et Leodegario Bituricensium archiepiscopo ».

[P. Gautier, VIII; — *suprà*, n° 22].

43. — 1113 (après le 20 février). — Notice du prieur Raoul II,
relative à l'église de Viplaix : « post caput jejunii, sequenti die »;
un peu antérieure au n° 44.

[Chazaud, LXXXV; — *suprà*, n° 47, 48].

44. — 18 octobre 1113. — Jugement de la cour de Léodegaire,
relatif à l'église de Viplaix : « Bituricas, ad sinodum quæ XV kal.
novembris celebratur »; antérieure au n° 45.

[Chazaud, LXX; — *suprà*, n° 47, 48].

45. — 27 janvier 1114. — Jugement de l'archevêque Léodegaire
relatif à l'église de Viplaix : « Data presidente Romane ecclesie sedi
papa Paschali II°, regnante rege Ludovico, anno ab incarnatione
Domini MCXIII, VI kal. febr., epacta XIIᵃ ».

[Chazaud, XLV; — *suprà*, n° 48].

46. — 1114. — Charte du prieur Raoul II, concédant l'église de
Viplaix au prêtre Raoul. — Postérieure à la précédente à laquelle
elle fait allusion.

[Chazaud, LXXI; — *suprà*, n° 34].

47. — Vers 1115. — Lettre du légat G. Engot à l'archevêque
Léodegaire, relative aux églises de Viplaix et de Givrettes. — Postérieure au n° 45.

[Chazaud, LXIX; — *suprà*, n° 48].

48. — 1122. — Convention entre le prieur Raoul II et le clerc
Mathieu : « apud Capellam Sci Dionysii in manu Rodulfi prioris,
anno ab incarnatione Domini M.C.XXII°, regnante Ludovico rege
Francorum, et Vulgrino præsidente Bituriæ sedi ».

[Chazaud, XCVIII; — *suprà*, n° 24].

49. — 1123. — Accord entre le prieur Raoul II et Guillaume,
vicomte d'Aubusson, au sujet d'une serve : « apud Capellam, in manu

Rodulfi prioris, regnante Ludovico rege et domno Wulgrino Bituricæ sedi præsidente, anno ab incarnatione Domini MCXXIII ».

[Chazaud, LII, et P. Gautier, XXIII; — *suprà*, n° 30].

50. — 2 août 1123. — Jugement de l'archevêque Vulgrin, relatif à l'église d'Estivareilles : « Data per manum Huberti cancellarii, anno incarnationis Domini M.CXXIII° ». Pour le jour, cf. ci-dessous le n° 52.

[Chazaud, LXVIII; — *suprà*, n° 49].

51. — 1124. — Notice sur le jugement précité de Vulgrin ; ce jugement a été rendu « ad festum sci Stephani augusto intrante ».

[Chazaud, LV; — *suprà*, n° 49].

52. — Fin 1124. — Notice sur l'affaire d'Estivareilles. Le jugement précité a été rendu « ad diem quæ subsequitur festum sci Stephani, quod celebratur in kal. augusti ». Cette notice est postérieure à la fête de saint Luc : « scilicet feriam secundam post synodum quæ agitur post festum sci Lucæ ».

[Chazaud, LXXXIV; — *suprà*, n° 49].

53. — Entre 1097 et 1129. — Confirmation par Humbaud II Goulfier d'un accord passé par son père avec le prieur Raoul II. — Parmi les témoins se trouve « Beraudus prior Sancti Desiderati », lequel est mort en 1129.

[Chazaud, XLIX; — *suprà*, n° 30].

54. — Entre 1097 et 1129. — Charte d'Hélie d'Huriel, mourant, restituant la dîme de Vaux au prieur Raoul II : « in manu Beraldi prioris de Sancto Desiderato ». Sur Beraud, cf. le numéro précédent.

[Chazaud, XLI; — *suprà*, n° 17].

55. — Entre 1122 et 1129. — Lettre de Vulgrin à Beraud, prieur de Saint-Désiré. — Cette lettre mentionne Suger, abbé de Saint-Denis (1122-1152). Sur Beraud, cf. le n° 53.

[Chazaud, LXXIX; — *suprà*, n° 52].

56. — Entre 1122 et 1129. — Lettre de l'archevêque Vulgrin au prieur Beraud. — Postérieure à la précédente.

[Chazaud, LXXX; — *suprà*, n° 52].

57. — Entre 1122 et 1129. — Lettre de Jérôme, abbé de Cluse, à l'archevêque Vulgrin.

[Chazaud, LXXXII; — *suprà*, n° 52].

58. — 1129 ou 1130. — Lettre de Vulgrin à Amblard, prieur de Saint-Désiré. — Antérieure à la Pentecôte.

[Chazaud, LXXXIII; — *suprà*, n° 5 2].

59. — 1130. — Lettre d'Innocent II à Jérôme, abbé de Cluse. — Antérieure au mois de septembre.

[Chazaud, LXIV ; — *suprà*, n° 52].

60. — 1130. — Lettre d'Innocent II à Vulgrin, archevêque de Bourges. — Contemporaine de la précédente.

[Chazaud, LXIII; — *suprà*, n° 52].

61. — 4 novembre 1131. — Seconde lettre d'Innocent II à l'archevêque Vulgrin : « Datum Remis IIII novembris ».

[Chazaud, LXXXI; — *suprà*, n° 52].

62. — Novembre ou décembre 1131. — Seconde lettre de Vulgrin au prieur Amblard. — Postérieure aux lettres d'Innocent II, auxquelles elle fait allusion.

[Chazaud, LXVI; — *suprà*, n° 52].

63. — 1133. — Lettre de Suger, défendant d'aliéner les églises dépendant de Saint-Denis : « Rogatu Radulfi prioris... anno M°C°XXXIII° ab incarnatione Domini, regnante Ludovico inclito rege Francorum, Wulgrino archiepiscopo Bituricæ sedi presidente ».

[Chazaud, LIX ; — *suprà*, n° 33].

64. — Entre 1097 et 1135. — Donation de Josbert Ponton : « tempore prioris Radulphi, in die Pasche ».

[Chazaud, LXI ; — *suprà*, n° 25].

65. — Entre 1097 et 1135. — Accord entre le prieur Raoul et Amblard de Saujac : « apud Capellam, tempore Rodulfi prioris ».

[Chazaud, LVI; — *suprà*, n° 30].

66. — Entre 1097 et 1135. — Échange entre le prieur Raoul II et Humbert, prévôt du monastère d'Evaux.

[Chazaud, L; — *suprà*, n° 25].

67. — Entre 1097 et 1135. — Accord entre le prieur Raoul II et Ameil de Chambon, au sujet d'une serve.

[Chazaud, XLVIII; — *suprà*, n° 30].

68. — Entre 1097 et 1135. — Accord entre le prieur Raoul II et Géraud, frère de Pierre Faure.

[Chazaud, XLIV; — *suprà*, n° 44].

69. — Avant 1121-1135. — Confirmation par Raymond de Bouessè et ses frères du don fait aux moines de la Chapelle de l'ouche d'Archignat. — Antérieure au n° 79.

[P. Gautier, V; — *suprà*, n° 25].

70. — Avant 1121-1135. — Donation de l'ouche d'Archignat par Roger de Bouesse, partant pour Jérusalem. — Antérieure au n° 79.

[P. Gautier, VII; — *suprà*, n° 25].

71. — Entre 1121 et 1135. — Charte de l'archevêque Vulgrin, relative aux injures commises par Humbaud d'Huriel le jeune à l'égard du prieuré de la Chapelle-Aude : « apud Ursiacum... Hubertus cancellarius scripsit ». Même scribe que le n° 50.

[Chazaud, XVIII; — *suprà*, n° 55].

72. — Entre 1121 et 1135. — Charte d'Audebert de Culant, abandonnant ses prétentions sur les terres de Caux : « in manu Radulfi prioris et Guillelmi de Cuslenc ». — Charte postérieure à la précédente.

[P. Gautier, XV; — *suprà*, n° 45].

73. — Entre 1121 et 1135. — Donation de Roger d'Huriel, au moment de se faire moine : « apud Uriacum, in domo ipsius Rotgerii, tempore Rodulfi prioris, regnante Ludovico rege, et Vulgrino Bituricæ sedi præsidente ».

[Chazaud, LIII; — *suprà*, n° 23].

74. — Entre 1121 et 1135. — Charte d'Isabelle de Passac, femme de Josbert de Culant : « apud Cuslenum, tempore Radulfi Capellæ prioris, regnante Ludovico rege Francorum, et Wulgrino Bituricæ sedis antistite ».

[P. Gautier, IX; — *suprà*, n° 24].

75. — Entre 1121 et 1135. — Charte concernant Bernerard de Culant : « apud Capellam, in manu Rodulfi prioris, Ludovico Francigenis dominante, et Vulgrino Bituricense archipresule ».

[Chazaud, XLVII ; — *suprà*, n° 38].

76. — Entre 1121 et 1135. — Charte du prieur Raoul II concernant la terre d'*Utis* : « apud Capellam,... tempore W. archiepiscopi et Ludovici regis Francorum ».

[Chazaud, XXVII ; — *suprà*, n° 45].

77. — Entre 1121 et 1135. — Charte concernant la dîme d'Onrezat : « apud Capellam, tempore domini Vulgrini Bituricæ sedis archiepiscopi, et Ludovici Francorum regis ».

[Chazaud, XXXVIII ; — *suprà*, n° 45].

78. — Entre 1121 et 1135. — Donation d'Airaud *de Brethoilis* : « apud Capellam Sci Dyonisii, die lune Rogacionis Domini, tempore Vulgrini archiepiscopi Bituricensis, et Ludovici Francorum regis ».

[Chazaud, XXXIX ; — *suprà*, n° 23].

79. — Entre 1121 et 1135. — Notice sur le plaid de Saint-Christophe, relatif à l'ouche d'Archignat : « in manu Rodulfi prioris, apud Sanctum Christophorum, quod est juxtà Uriacum, tempore Ludovici regis et Vulgrini archiepiscopi Bituricensis ».

[P. Gautier, VI ; — *suprà*, n° 46].

80. — Entre 1121 et 1135. — Donation de Geofroy Grossinel, entre les mains du prieur Raoul II : « ad Capellam in die sancto Pentecosten,... regnante Ludovico Francorum rege, et Vulgrino Bituricæ sedis antistite ».

[Chazaud, LVII ; — *suprà*, n° 23].

81. — Entre 1121 et 1135. — Charte de Geofroy Grossinel, se donnant avec son fils Raoul au monastère de la Chapelle.

[P. Gautier, XIII ; — *suprà*, n° 23].

82. — Entre 1121 et 1135. — Charte de Geofroy Grossinel, donnant son fils Amblard pour être moine : « apud Sanctum Desideratum, precepto et consilio Agnetis uxoris suæ ».

[P. Gautier, XIV ; — *suprà*, n° 23].

83. — Entre 1121 et 1135. — Charte d'Humbaud Grossinel, confiant ses biens à son oncle, le prieur Raoul II : « apud Sanctum Desideratum, tempore Ludovici regis Francorum, Wlgrini Bituricensis archiepiscopi ».

[P. Gautier, XII ; — *suprà*, n° 23].

84. — Entre 1122 et 1135. — Charte de Suger, abbé de Saint-Denis, relative aux quatre ermites de Parsac : « apud Capellam, in manu Rodulfi prioris, regnante Ludovico rege Francorum, Wulgrino Biturigensium archiepiscopo existente ».

[Chazaud, LXII ; — *suprà*, n° 24].

85. — 1123-1133. — Lettre de l'archevêque Vulgrin à Guy, archiprêtre d'Hérisson.

[Chazaud, LXVII ; — *suprà*, n° 49].

86. — Entre 1132 et 1134. — Lettre du légat G. de Lèves à l'abbé d'Ahun.

[Chazaud, LXXXVI ; — *suprà*, n° 50].

87. — 1133 ou 1134. — Deuxième lettre de l'archevêque Vulgrin à Guy, archiprêtre d'Hérisson.

[Chazaud, LXXXVII ; — *suprà*, n° 50].

88. — 1134 ou 1135. — Troisième lettre de Vulgrin à Guy, archiprêtre d'Hérisson.

[Chazaud, LXXXIX ; — *suprà*, n° 51].

89. — 1134 ou 1135. — Quatrième lettre de Vulgrin à Guy, archiprêtre d'Hérisson.

[Chazaud, XC ; — *suprà*, n° 51].

90. — 1135. — Accord du prieur Raoul II et de l'archiprêtre Mathieu au sujet de la chapellenie de Chasemais : « anno ab incarnatione Domini MCXXXV° ».

[Chazaud, LVIII ; — *suprà*, n° 35].

91. — Entre 1136 et 1146. — Charte du prieur Eudes de Deuil, relative au moulin d'Espalais : « Ego vero Odo de Diogilo, ipsius Rodulfi consilio... ».

[Chazaud, LI ; — *suprà*, n° 46].

92. — Entre 1136 et 1146. — Charte relative au formariage d'une serve : « Odo vero de Diogilo, tunc prior... ».

[Chazaud, LXXVIII ; — *suprà*, n° 30].

93. — 1144 ou 1145. — Lettre de Suger à l'archevêque Pierre de la Châtre, relative à l'église d'Estivareilles.

[Chazaud, LXIII ; — *suprà*, n° 51].

94. — 1145 ou 1146. — Lettre du légat Albéric à l'abbé d'Ahun.

[Chazaud, LXXXVIII ; — *suprà*, n° 51].

95. — Entre 1147 et 1150. — Charte de Raoul de Passac et de ses frères : « tempore Petri prioris ».

[P. Gautier, XVII ; — *suprà*, n° 20].

96. — Entre 1147 et 1150. — Notice sur l'affaire du moulin d'Espalais : « inter ipsum Geraldum (de Cuslenc) et Petrum priorem Sci Dyonisii de Capella... apud Ruiniacum ».

[P. Gautier, XVIII ; — *suprà*, n° 46].

97. — Entre 1147 et 1150. — Seconde notice sur l'affaire du moulin d'Espalais : « apud Ruiniacum, in manu domni Petri prioris... ».

[P. Gautier, XXII ; — *suprà*, n° 46].

98. — Entre 1147 et 1150. — Charte de Guillaume de Culant, confirmant les donations de son père . «. Petro priori ejusdem ecclesiæ (de Capella)... ».

[P. Gautier, XXI ; — *suprà*, n° 46].

99. — Vers 1150. — Contrat entre le prieur Guillaume et les deux prêtres Raoul, chapelains de Viplaix : « Wuillelmus prior... apud Capellam ».

[Chazaud, LXXII ; — *suprà*, n° 34].

100. — 2 août 1153. — Contrat du prieur Rorgon avec les deux Raoul, chapelains de Viplaix : « apud Capellam, prima dominica augusti, luna VIII^a, anno ab incarnatione Domini M° C° LIII° ».

[Chazaud, LXXIII ; — *suprà*, n° 34].

101. — 6 décembre 1153. — Lettre du pape Anastase à Pierre de la Châtre, archevêque de Bourges, au sujet de l'église de Chasemais : « Datum Laterani, septimo idus decembris ».

[Chazaud, XCII ; — *suprà*, n° 53].

102. — 1154. — Lettre d'Eudes de Deuil, abbé de Saint-Denis, relative à l'église de Chasemais : « Domini papae A., qui nunc sanctæ

Ecclesiæ romanæ præest... » — Postérieure à la précédente, à laquelle elle fait allusion.

[Chazaud, XCIII ; — *suprà*, n° 53].

103. — 1154. — Seconde lettre d'Eudes de Deuil, sur le même sujet : « R. priorem de Capella... Domini Anastasii, qui nunc super-est... ». — Postérieure à la précédente.

[Chazaud, XCIV ; — *suprà*, n° 53].

104. — 1154. — Nouvelle lettre du pape Anastase à l'archevêque Pierre de la Châtre.

[Chazaud, XCV ; — *suprà*, n° 53].

105. — Entre 1154 et 1171. — Charte relative à Hugues et Mathieu d'Huriel : « Iterum eodem Willelmo existente priore Capellæ ».

[P. Gautier, XX ; — *suprà*, n° 26].

106. — Vers 1172. — Charte d'Agnès de Savoie, comtesse de Bourbon : « Richerius prior... ». — Charte postérieure à la mort d'Archembaud le jeune, fils d'Agnès, mort en 1169, et à celle d'Archembaud V, mari d'Agnès, mort en 1171.

[Chazaud, XXXVI ; — *suprà*, n° 26].

107. — Vers 1172. — Charte du prieur Richer, accensant divers héritages à Jean, prieur de Reugny : « Ego Richerius, prior de Capella... ».

[Chazaud, XCVI ; — *suprà*, n° 32].

108. — 1175. — Donation d'Ebbes de Charenton : « in presentia Garini Bituricensis archiepiscopi, anno Incarnati Verbi MCLXXV°, archiepiscopatus predicti Garini primo, Ludovico Francorum regnante ».

[Chazaud, XLVI ; — *suprà*, n° 26].

109. — 1188. — Charte de l'archevêque Henri de Sully, relative aux donations des seigneurs de Culant : « actum anno Incarnati Verbi MCLXXXVIII°, pontificatus vero nostri VI° ».

[Chazaud, XCVII ; — *suprà*, n° 27].

110. — 1188. — Accord entre l'archevêque Henri de Sully et l'abbé de Saint-Denis au sujet de la dîme de Gros-Bois : « actum anno Incarnati Verbi MCXX [C] octavo ».

[Chazaud, XXXVII ; — *suprà*, n° 32].

111. — 1208. — Charte de saint Guillaume, archevêque de Bourges, relative à la dîme de Viplaix : « H. priorem de Capella Aude.... Actum anno Domini MCCVIII ».

[Chazaud, XCIX ; — *suprà*, n° 32].

112. — 23 février 1246. — Charte de Raoul de Culant, au sujet de la vicairie de la Creste : « Datum anno Domini M. CC. XL. V., in vigilia sci Mathiæ apostoli ».

[Chazaud, C ; — *suprà*, n° 17].

113. — Août 1249. — Charte de Guillaume, abbé de Saint-Denis, affranchissant les habitants de la Chapelle : « passée sous les sceaux desdits abbé et convent au mois d'août 1249 ».

[Chazaud, *Additions*, p. 483-485 ; — *suprà*, n° 31].

114. — Août 1249. — Accord entre Guillaume, abbé de Saint-Denis, et Renoul II, seigneur de Culant : « passé sous les sceaux desdits abbé et convent au mois d'août 1249 ».

[Chazaud, *ibid.*, p. 485-489 ; — *suprà*, n° 43].

115. — 4 mai 1252. — Charte de Robert de Bomez, seigneur d'Huriel, portant concession d'un *marché* à la Chapelle : « Datum anno millesimo ducentesimo quinquagesimo secundo, mense mayo, apud Bomez castrum meum, die sabbati post festum apostolorum Philippi et Jacobi, anno incarnationis Domini M. CC. L. II ».

[Chazaud, CI ; — *suprà*, n° 43].

116. — Pentecôte 1270. — Arrêt du Parlement, relatif aux excès commis par Roger de Brosse, seigneur de Sainte-Sévère et d'Huriel.

[Chazaud, CII ; — *suprà*, n° 56].

117. — 7 févr. 1305. — Arrêt du Parlement contre Renoul IV de Culant : « Actum Parisius in parlamento nostro, dominica post Candelosam, anno Domini M° CCC° quarto ».

[Chazaud, CIII ; — *suprà*, n° 57].

118. — 18 décembre 1306. — Sentence arbitrale d'Étienne, cardinal du titre de Saint-Cyriaque *in Thermis*, entre les moines de la Chapelle et Renoul IV de Culant : « Datum Parisius XVIII° die decembris MCCC sexto ».

[Chazaud, CIV ; — *suprà*, n° 57].

119. — 1354. — Accord entre le prieur et les bourgeois de la Chapelle, au sujet du droit de banvin et des aveux de bourgeoisie royale.

[Chazaud, CV; — *suprà*, nos 31 et 39].

120. — 1357-1386. — Mémoire pour l'abbé de Saint-Denis et pour Jean du Rond (*de Rotundo*), prieur de la Chapelle-Aude en Berry, contre les officiers de Constance de la Tour, dame douairière d'Huriel.

[Chazaud, CVII; — *suprà*, n° 58].

ERRATUM

Page 18, note 1, ligne 11 : au lieu de *n*, lire *in*.

Page 88, ligne 3 : au lieu de *francs*, lire *sous*.

Page 127, note 1, ligne 1 : au lieu de *ve*, lire *vel*.

Page 152, dernière ligne : au lieu de *ne*, lire *nec*. ·

Page 167, note 1, ligne 5 : au lieu de *ibid.*, lire CHAZAUD, *op. cit.*

TABLE

PRÉFACE.. p. v

INTRODUCTION

LES POSSESSIONS EN BAS-BERRY
DE L'ABBAYE DE SAINT-DENIS-EN-FRANCE
DU VII° AU X° SIÈCLE

1. La donation de la villa de Nassigny (695). — **2.** Les faux
diplômes mérovingiens : triage et critique. — **3.** Donation
des villas de Viplaix, Vaux, Argentière, Maillet, et autres.
— **4.** Les spoliations de Charles-Martel, et la restitution de
l'an 802. — **5.** Les invasions hongroises (x° s.), et les usurpations des seigneurs féodaux............................. p. 1

PREMIÈRE PARTIE

ORIGINES ET HISTOIRE DU PRIEURÉ
DE LA CHAPELLE-AUDE

CHAPITRE I

FONDATION DU PRIEURÉ

6. La donation de Jean de Saint-Caprais (1059-1060). — **7.** Fondation du prieuré de la Chapelle-Aude. — **8.** Le diplôme
royal du 27 mai 1067; critique. — **9.** Accroissement rapide
du bourg de la Chapelle; son érection en paroisse (1075). —
10. Les recherches de l'abbé Rainier, et son voyage à Rome.
— **11.** Chronologie des prieurs de la Chapelle-Aude....... p. 16

CHAPITRE II

RESTITUTION A L'ABBAYE DE SAINT-DENIS DES ÉGLISES ET DIMES USURPÉES

12. Restitution des églises d'Aude et de Lanage (14 mai 1075).
— **13.** Restitution du champ dominical de Preuille (mai 1075).
— **14.** Excommunication générale des détenteurs de biens
d'Église; la charte de « restauration » de l'archevêque Richard II. — **15.** Restitution des deux églises de Viplaix
(1087 ou 1089). — **16.** Restitution des églises de Nocq,
Givrettes, Preuille, et Archignat. — **17.** La charte « d'organisation » d'Ives, abbé de Saint-Denis (Pâques 1092 ou 1093);
restitution de l'église d'Estivareilles et d'une moitié de la
dîme de Vaux; les vicairies de Notre-Dame-des-Claustres et
de Notre-Dame-de-Sardat.......................... p. 32

CHAPITRE III

DONATIONS AU PRIEURÉ DE LA CHAPELLE-AUDE SOUS L'ARCHEVÊQUE RICHARD II

18. Les premiers donateurs : Amblard Gaudeth, Archembaud II
de Bourbon, Humbaud d'Huriel l'ancien. — **19.** La deuxième
donation de Jean de Saint-Caprais (vers 1078); confirmation par Archembaud III de Bourbon (1079); donation de
Guillaume Blanc. — **20.** Donations de Guillaume et Raoul
de Passac (1075-1090), d'autre Raoul de Passac (avant 1087),
d'Ameil de Chambon et d'Amblard Guillebaud (1087 ou
1089), de Raoul de Florigny (23 juin 1087 ou 1089), d'Arnaud
de Saint-Christophe et du chapelain Emenon (1090-1092). —
21. Donations diverses entre 1071 et 1092............... p. 50

CHAPITRE IV

DONATIONS AU PRIEURÉ DE LA CHAPELLE-AUDE SOUS LES SUCCESSEURS DE RICHARD II

22. Donations diverses sous les archevêques Audebert et
Léodegaire, de 1092 à 1120. — **23.** Donations faites sous
l'archevêque Vulgrin, par Ayraud *de Brethoilis*, Roger
d'Huriel, Geofroy Grossinel. — **24.** Suite; conventions avec
le clerc Mathieu (1122), et avec les quatre ermites de Parsac
en Limousin; donation d'Isabelle de Passac, dame de

Culant. — **25.** Suite; donations de Josbert Ponton, et de Raymond de Bouesse; échange avec les moines d'Évaux. — **26.** Donations d'Hugues d'Huriel (avant 1153), d'Agnès de Savoie (vers 1172), d'Ebbes de Charenton (1175). — **27.** Les droits d'usage concédés par les seigneurs de Culant; le terrier de la Chapelle-Aude de 1528...................... p. 62

DEUXIÈME PARTIE

COUTUMES DE LA CHAPELLE-AUDE AU MOYEN AGE

CHAPITRE I

CONDITION DES PERSONNES A LA CHAPÉLLE-AUDE

28. Condition des *bourgeois*, sujets et tenanciers du prieur; leurs droits sur leurs maisons. — **29.** Les *serfs* de la Chapelle; leurs origines : donations, oblations, aveux de servage. — **30.** Suite; leur condition; partage des enfants issus de formariage; serfs indivis. — **31.** La charte de franchise de 1249; nouveaux privilèges des habitants; les droits d'assise et d'avenage ; les aveux de bourgeoisie royale............ p. 79

CHAPITRE II

CONDITION DES TERRES ET DES ÉGLISES DÉPENDANT DE LA CHAPELLE-AUDE

32. Les tenures roturières; les tenures serviles; les dîmes. — **33.** Les « tenures » d'églises : conventions relatives à l'église d'Archignat. — **34.** Suite; conventions relatives à l'église de Viplaix : le chapelain Raoul; les deux chapelains Raoul. — **35.** Suite; conventions relatives à l'église de Chasemais; chapelains d'autres églises mentionnés au *Cartulaire.* — **36.** Le droit de *patronage* du prieur de la Chapelle en 1528...................................... p. 94

CHAPITRE III

LES DROITS DE JUSTICE DU PRIEUR DE LA CHAPELLE-AUDE

37. Compétence judiciaire exclusive du prieur entre les quatre croix; pénalités diverses. — **38.** Suite; l'exécution des jugements; la convention de 1249 entre le prieur de la Chapelle et le seigneur de Culant; le prêt sur gages. — **39.** Les droits de « justice » du prieur : banvin, taxe du vin, droit de mesurage, forage, rouage, crédit forcé. — **40.** Suite : banalité de moulin et de four; droits sur les bœufs et les porcs; indiction de la monnaie; droit de gîte et de procuration . . . . p. 109

CHAPITRE IV
COUTUMES ET POLICE DES FOIRES
A LA CHAPELLE-AUDE

41. Convention du 17 mai 1075 avec le seigneur d'Huriel; mise en commun des péages d'Huriel et des revenus des foires de la Chapelle. — **42.** Justice et police des foires; rapports à ce sujet entre le prieur de la Chapelle et le seigneur d'Huriel. — **43.** Conventions d'août 1249 avec le seigneur de Culant; concession d'un marché en 1252 par le seigneur d'Huriel . . . . p. 122

TROISIÈME PARTIE
CONFLITS ET PROCÈS AVEC LES SEIGNEURS
ET LES MONASTÈRES VOISINS

CHAPITRE I
CONFLITS RELATIFS AUX DOMAINES DU PRIEURÉ

44. Conflits avec Ameil de Chambon et sa femme Ermengarde Gaudeth, à propos des donations d'Amblard et Geofroy Gaudeth (1087 ou 1089), et avec Giraud, frère de Pierre Faure. — **45.** Conflits avec Humbaud de l'Age à propos de la dîme d'Ourezat, et avec Ameil de Saint-Caprais à propos de l'alleu d'*Utis*. — **46.** Conflits avec les héritiers d'Eudes de l'Age à propos de l'ouche d'Archignat, et avec Dalmas d'Hérisson et Giraud de Culant à propos du moulin d'Espalais; etc. . . . . p. 135

CHAPITRE II
CONFLITS RELATIFS AUX ÉGLISES DÉPENDANT DU PRIEURÉ

47. Conflits avec les moines d'Ahun au sujet des églises de *Viplaix* : assignations et réassignations. — **48.** Suite; le pseudo-diplôme de Childéric II; le jugement du 27 janvier 1114. — **49.** Nouveau conflit avec les moines d'Ahun au sujet de l'église d'*Estivareilles* : le jugement du 2 août 1123. — **50.** Suite : l'abbé d'Ahun fait appel à Rome; intervention du légat G. de Lèves. — **51.** Suite : voies de fait; résistance des moines d'Ahun; intervention du légat Albéric (1145 ou 1146). — **52.** Conflit avec les moines de Saint-Désiré au sujet des églises de *Saint-Désiré* et de *Courçais*. — **53.** Conflit avec l'archevêque Pierre de la Châtre au sujet de l'église de *Chasemais*.................................. p. 144

CHAPITRE III
CONFLITS RELATIFS AUX IMMUNITÉS DE LA CHAPELLE-AUDE

54. Conflit avec Pierre des Courtils à propos des enfants du serf Giraud le Charpentier. — **55.** Conflits avec Humbaud d'Huriel le jeune, qui avait envahi la Chapelle en 1107 et après 1120. — **56.** Conflit avec Roger de Brosse, seigneur d'Huriel, à propos de son ban de vendanges (1270). — **57.** Conflit avec Renoul IV, seigneur de Culant, à propos de saisie de gages et de voies de fait; sentence arbitrale du 18 décembre 1306. — **58.** *Conclusion :* la guerre de Cent ans et la commende...................................... p. 166

APPENDICES

I. — Chronologie des papes, des rois de France, des archevêques de Bourges, des abbés de Saint-Denis, des sires de Bourbon, et des prieurs de la Chapelle-Aude, de 1050 à 1200.................................... p. 180
II. — Index chronologique des chartes utilisées, de 1050 à 1380.................................... p. 184